破题

曹鹏飞 著

国家行政学院出版社
NATIONAL ACADEMY OF GOVERNANCE PRESS
中央党校出版集团

图书在版编目（CIP）数据

破题 / 曹鹏飞著 . —北京 : 国家行政学院出版社，2022.6
ISBN 978-7-5150-2677-0

Ⅰ . ①破…　Ⅱ . ①曹…　Ⅲ . ①中国经济—经济发展—研究　Ⅳ . ① F124

中国版本图书馆 CIP 数据核字（2022）第 064673 号

书　　名　破　题
　　　　　　POTI
作　　者　曹鹏飞
责任编辑　陈　科
出版发行　国家行政学院出版社
　　　　　　（北京市海淀区长春桥路 6 号　100089）
综 合 办　（010）68928887
发 行 部　（010）68928866
经　　销　新华书店
印　　刷　北京盛通印刷股份有限公司
版　　次　2022 年 6 月北京第 1 版
印　　次　2022 年 6 月北京第 1 次印刷
开　　本　170 毫米 ×240 毫米　16 开
印　　张　22
字　　数　286 千字
定　　价　66.00 元

本书如有印装问题，可联系调换，联系电话：（010）68929022

目 录

第一部分 百年智慧与政治自觉

第二部分　党的领导与顶层设计

第三部分　党的精神谱系与党建格局

第四部分　能力提升与本领建设

第五部分　民族复兴与未来之路

破题

第一部分　百年智慧与政治自觉

全党要以学习贯彻党的十九届六中全会精神为重点，深入推进党史学习教育，进一步做到学史明理、学史增信、学史崇德、学史力行，教育引导全党同志学党史、悟思想、办实事、开新局，更好用党的创新理论把全党武装起来，把党中央决策部署的各项任务落实下去。

——习近平

第一章　学习百年党史
——启迪新时代经验智慧

2021年是中国共产党成立100周年重大时刻，中国社会现代化进程走到一个关键节点上，许多重大现实问题需要我们党汲取百年奋斗经验与智慧去加以有效解决。中国共产党百年奋斗历史，为我们积累了宝贵的精神资源、政治资源和理论资源，为解决当今中国面临的政治、经济、社会、文化等重大问题，提供了非常宝贵的智慧和力量。党的历史积累形成的理论优势、政治优势和工作优势，对于深度理解当代中国发展、观察当下中国问题具有非常直接的现实意义。

一、百年党史中蕴含着智慧和力量

国家市场监管总局对阿里巴巴集团进行了182.28亿元的巨额罚款，这个事件凸显了当代中国经济关系的重大变革。近些年，随着市场经济的发展，以市场和社会力量为代表的私人部门不断快速增长，对我国整体社会结构、经济结构和观念结构产生了十分明显的影响。对迅速成长起来的私人部门，我国在规范和管理方面需要强有力的调节手段。如果以党的组织体系、政治体系为代表的公共力量发展不足、能力不足或者执行力不够，在实践中就可能出现公共部门和私人部门、公共力量和私人力量之间的严重失衡，必然导致整个国家宏观调控手段、力量和能力的不足，引起中国经济结构、社会结构及人们观念结构部分扭曲或不良发展。保持私人力量和公共力量的均衡发展、健康发展，是当代中国可持续发展的现实需要，加强以党委、政府为代表的公共力量和公共能力建设，有利于中国社会健康发展和良好治理。

100多年的中国共产党历史，实际上是以中国共产党的组织面貌为代表的一部国家公共力量和公共能力的成长史，展现了代表国家前景的公共能力从小到大、从弱到强的发展过程。党在处理国家重大政治问题、经济问题和社会问题过程中，只有在自身具有明显公共能力优势的前提下，面临的许多棘手重大问题才能得到正确、合理和科学的解决。习近平总书记在党史学习教育动员大会上讲话指出："在全党开展党史学习教育，是党中央立足党的百年历史新起点、统筹中华民族伟大复兴战略全局和世界百年未有之大变局、为动员全党全国满怀信心投身全面建设社会主义现代化国家而作出的重大决策。"①

党史学习教育不是一般的党的政治生活学习教育实践活动，而是在党的百年奋斗历史方位上，重新观察和审视中国共产党在今天所处的情形，所面临的党情、国情和世情。从党情来讲我们党正处在百年大党的历史新起点上，从国情来讲我们党正在领导中华民族伟大复兴的战略全局，从世情来讲我们党正面临世界百年未有之大变局。处理这种以党情、国情、世情为代表的重大国际国内现实关系，需要我们重新回到党史、学习党史，通过学习党史，总结历史经验、把握历史规律。党史是中国共产党人智慧和力量的来源，离开党的历史，我们党不但说不清楚自己的现在，也解释不了中国社会今天取得的伟大成就。党的历史既可以帮助我们理清自己是怎样一路走来的，也可以帮助我们阐明当今中国国家发展的历史逻辑、理论逻辑和实践逻辑。回

① 习近平：《在党史学习教育动员大会上的讲话》，《求是》2021年第7期。

到党史中，不仅有利于增强我们的组织自觉、政治自觉和历史自觉，而且有助于我们更好地理解当前、把握未来。

习近平总书记指出学习党史有三个主要目的：一是注重用党的奋斗历程和伟大成就鼓舞斗志、明确方向；二是用党的光荣传统和优良作风坚定信念、凝聚力量；三是用党的实践创造和历史经验启迪智慧、砥砺品格。鼓舞斗志、明确方向，坚定信念、凝聚力量，启迪智慧、砥砺品格，是今天中国共产党执政须臾不可离开的精神能力与价值基础。

我们党在执政过程中，需要有方向感、力量感，以及相应精神能力与智慧。这种方向感、力量感和精神能力与智慧不是空穴来风，是需要回到党的奋斗历程中去发现，把握蕴含其中的组织自觉、精神自觉和政治自觉，领会蕴藏其中的社会规律、政治规律、历史规律。今天的中国共产党更具有历史的自觉意识，习近平总书记把这种自觉意识总结为三个方面：一是牢记初心使命、推进中华民族伟大复兴历史伟业的必然要求，代表着一种清晰的民族自觉；二是坚定理想信念、在新时代坚持和发展中国特色社会主义的必然要求，代表着一种坚定的制度自觉；三是推进党的自我革命、永葆党的生机活力的必然要求，代表着一种清醒的组织自觉。民族自觉、制度自觉、组织自觉三个方面，恰好构成了当代共产党人在精神、政治和实践三个维度上所展现出来的现实风貌。

政党之所以有力量，在于它不同于一般的社会组织，它是一种自觉能动的政治力量，有着显著的先进性和纯洁性特点与优势。如果党内在的先进性和纯洁性优势丧失了，把自身等同于一般的社会力量，政党的优势和价值就会受到削弱，党领导执政的政治功能和作用就不能很好地得到发挥。习近平总书记在讲党史学习教育的要求时，讲到五个方面的要求，都关系到从现实出发、解决现实中具体直接的重大问题。例如，做到“两个维护”、增强工作当中的政治自觉，保持马克思主义政党的本色、凝聚新时代的精气神，应对风险挑战、推动事业发展的能力和水平，等等，这些都是今天的中国共产党领导和执政实践中特别需要的组织感、力量感和精神感。我们党在精神气质、党性修养上区别于其他政党，我们作为马克思主义政党不仅有独特的精神气质，而且有明确的实践价值取向，有自身的能力优势和组织特征。

从这个角度来讲，今天要强化共产党的宗旨意识、信念意识，要强化共产党的政治立场、政治本色，就需要保持党在精神上、组织上、实践上和党的历史与传统的一致性。

“救人之外无事功，度众生之外无佛法。”中国共产党正是如此，以人民为中心，依靠其显著的组织优势、政治优势、理论优势、精神优势、能力优势，把全心全意为人民服务的宗旨定位为安身立命的根本，采取了完全不同于其他利益性、权力性政党的行动方略，真正把自己打造成一个救民于水火、为广大人民群众所拥戴、实实在在和群众在一起的党。我们党走到今天，仍然要继续走群众路线，继续保持和人民群众的紧密联系。今天，我们党要以一种什么样的精神准备、组织能力、工作方法及政治价值取向来继续保持和人民群众的紧密联系，无疑是对党的执政能力、领导能力的巨大考验。今天全党统一学习“四史”，就是要增强历史自信、历史自觉，把握历史规律，更好地处理新时代党和人民群众的根本关系。

一部党史就是中华民族的运动史、中国历史的发展史、中国社会革命的斗争史，在这种历史过程中所体现出来的历史必然性、历史规律和历史理性，依然是今天的中国共产党需要借鉴的历史智慧与力量。

二、科学把握党的百年奋斗历程

党的百年奋斗历程分为新民主主义革命时期、社会主义革命和建设时期、改革开放和社会主义现代化建设新时期、中国特色社会主义新时代四个历史时期，这四个历史时期既相互独立又相互联系，共同构成党的百年奋斗历史的整体面貌。从历史发生的逻辑进程来讲，党的早期历史活动为后期历史实践在不断地创造相应的政治条件和政治前提，四个历史时期赓续不断，前后相继，是一个有机的统一整体。正如习近平总书记所说，“不能用后一个历史时期否定前一个历史时期，也不能用前一个历史时期否定后一个历史时期”①。每个历史时期都有它独特的重大历史价值，都有它独立的重大历史功能，都有它独立的重大历史地位。

四个不同的历史时期分别发挥着不同的历史功能与作用。新民主主义革命时期、社会主义革命和建设时期、改革开放和社会主义现代化建设新时期、中国特色社会主义新时代，是我们今天回溯历史自觉作出的阶段性划分。从历史发展的进程来讲，没有初期的历史运动和环境条件的创造，就没有中期、后期的历史实践和现实。所以说，这四个历史时期都是中国共产党历史与中华民族历史自身发展运动的内在重要有机组成部分，各有其特点和功能，分别实现了中华民族站起来、富起来、强起来的重大历史任务。四个不同的历史时期，分别塑造的是中国社会发展的不同历史阶段和形态面貌。

中国共产党百年历史非常富有效率，其引起的民族历史发展的深度、广度和跨度，都是以往中国历史运行过程难以比拟的。党领导的百年奋斗历史彻底终结了中国封建历史，终结了旧民主主义革命，正式开启了从新民主主义革命到社会主义革命、社会主义建设，再到改革开放的全新历史进程。正是在这 100 年的历史运动中，中华民族历史的进程明显加快，历史运动的效率显著提高。中国共产党领导的这一场历史运动，使中华民族历史达到了一个前所未有的高度，在思想理论、社会建设、经济发展上都取得了前所未有的成就。之所以说党的历史是伟大的，正是在于这种客观、激烈、有效的历史变革和历史

① 《十八大以来重要文献选编》(上)，中央文献出版社 2014 年版，第 459 页。

运动，给予了中华民族前所未有的历史主动能力，这种伟大的背后是中华民族的历史进程和历史能力获得了实质性的巨大增长。

（一）近代中国的民族危机

从1921年到1949年，28年的新民主主义革命时期所实现的历史进程的变化，其影响并不仅仅局限于新民主主义革命时期。中国共产党领导的无产阶级运动及其所主张的民族整体性的历史观，是一种历史唯物主义史观，是承认历史矛盾和历史能动性相统一的唯物史观。从历史运动和历史矛盾的角度看，中华民族所面临的难题是一种系统性民族危机，是文化领域、政治领域、经济领域、军事领域、思想领域都存在缺陷的整体性危机。为什么中国在鸦片战争以来就加速进入这样一个历史危机时期？从根本上来讲，这既是中国自身面临的民族危机、国家危机，也是当时所有封建国家面对资本主义迅猛发展必然遭遇的普遍制度危机。

从普遍制度危机角度讲，封建主义相较于资本主义而言是一种落后的制度现实，它既是一种生产效率低下的制度，也是一种精神能力、精神观念严重落伍的陈旧制度。这种政治制度一旦遭遇资本主义的全面竞争，就非常缺乏竞争力。马克思、恩格斯曾指出，“资产阶级在它的不到一百年的阶级统治中所创造的生产力，比过去一切世代创造的全部生产力还要多，还要大”[①]。这说明资本主义是一种更富有效率的制度安排，与资本主义发展现实相比较，以封建制度为内在逻辑的中华民族，遭遇制度危机，就必然等同于民族危机，这种民族危机跟封建制度所塑造的社会结构、社会能力、社会现实密切相关。

中国封建社会的一般治理结构是封建的官僚政治和县以下的宗族自治并存的双轨政治。封建制度设计中皇权不下县，县以上归朝廷管理，县以下归群众自治。正是这种双轨制的政治结构和二元分层的社

① 《马克思恩格斯选集》（第一卷），人民出版社2012年版，第405页。

会结构，导致上面以朝廷为代表的国家力量虚弱，下面以百姓为代表的社会力量同样虚弱。二元结构导致国家与社会不能团结起来、动员起来、组织起来，没有团结、动员和组织起来的社会就是一盘散沙。一方面“天下兴亡，匹夫有责”，另一方面“国家兴亡，肉食者谋之”，国家有难是当官的人的事情，老百姓可以不管。为什么老百姓不管？因为上层的官僚政治和下层的宗族自治政治是两个体系，互相相对独立，最后造成的结果就是朝廷和百姓都羸弱不堪。所以，爱新觉罗家族的危机，清政府遭遇资本主义侵略面临的制度危机，本质上都是由这种二元的社会结构引起的。这种结构性二元危机，就是分层结构的社会危机，这种社会结构本质上是一种没有实现统一、团结和组织的社会结构，因此必然缺乏力量。

以中国共产党为代表的先进政治力量，真正要面对的是中国社会和中华民族所遭遇的根本性危机，即自洽于封建制度的结构性社会危机。谁能够解决中国社会一盘散沙的局面，谁就能在政治上有所作为。围绕解决中国社会一盘散沙的问题，当时出现了各种各样的解决方案，洋务运动、戊戌变法、辛亥革命、五四新文化运动，等等，但都是从某个单一领域解决危机的政治方案、经济方案、科技方案或文化方案，中国所面临的是一场全面危机，既包含文化危机，也包含经济危机、政治危机、社会危机和军事危机，这种类似于专科治疗的方案注定是行不通的，是不能彻底治愈中国全局的，中国面临的系统性全面危机，需要的是“全科大夫”而不是“专科医生”。

中国社会深层次的结构性危机，必然导致中国社会运动、政治运动，以及社会调整、政治调整的力度、深度和广度都是前所未有的。民国初年，全国范围内正式在国会注册的政党多达 300 多个，到了今天，只剩下中国共产党与 8 个民主党派。可见，一般的政党力量，其理论和实践能力是不够的，是不足以解决中国社会系统性的全局问题的。正如习近平总书记所说：“在中华民族积贫积弱、任人宰割的时期，各种主义和思潮都进行过尝试，资本主义道路没有走通，改良主义、自由主义、社会达尔文主义、无政府主义、实用主义、民粹主义、工团主义等也都‘你方唱罢我登场’，但都没能解决中国的前途和命运问题。”①

（二）中国共产党的解决方案

其他政党没能解决中国社会的前途和命运问题，根本原因在于这些政治团体、政治力量无论是其政党的理论、能力、力量，都不足以拿出一个彻底的解决方案，真正有效地解决社会问题。中国共产党的成立代表了一种全新的历史解决方案，我们党立足于人民的幸福、立足于民族的复兴、立足于中国历史的长期结构性问题，而不仅仅是针对一个政权、一个政府或一个政治力量。我们党所代表的社会革命，不是简单意义上的权力革命和军事革命，而是一种全方位的系统性整体革命。这种革命，要解决的核心问题不是国民党政府重视的权力结构问题，也不是国民党政府集中力量推进的改组问题，而是国家政权的性质问题。国家政权性质问题的背后，实际上是国家总体解决方案的选择问题，即怎样把一盘散沙的社会团结、统一、组织起来，变成强有力的社会能力和国家能力，增强民族行动的现实活力，进而解决民族自身的问题，这才是关键所在。

1949年，毛泽东在天安门城楼上讲：“我们应当进一步组织起来。我们应当将全中国绝大多数人组织在政治、军事、经济、文化及其他各种组织里，克服旧中国散漫无组织的状态。”②毛泽东这段讲话的核心关切就是中国社会的组织化程度问题。一般人看到的是新国家建立和新政权诞生的现象级政治，而在毛泽东眼里，中华人民共和国的成立，其本质在于标志着中国社会组织化的进程达到了一个特定的历史阶段，但这种社会组织化的程度还是不够的，中国社会的组织化进程还远远

① 《十八大以来重要文献选编》（上），中央文献出版社2014年版，第109页。

② 《毛泽东文集》（第五卷），人民出版社1996年版，第348页。

没有完成，依然需要加快和加强社会组织化进程。以中国共产党为代表的政治力量和政治解决方案，实际上就是中国社会一盘散沙的结构性危机的解决方案。把一盘散沙的社会统一起来、动员起来、组织起来，把“百家姓”变成马克思主义一个姓，把“百家人”变成一家人，让马克思主义在完成民族思想统一、政治统一、组织统一问题上实实在在地发挥作用，有效推进马克思主义的中国化和大众化。让中国人都成为马克思主义的忠实信徒，按照一体化的思想方案、组织方案、政治方案行动，中国社会才掀起了思想革命、组织革命、社会革命、政治革命，才完成了以思想统一、组织统一、政治统一、社会统一为标志的组织化进程，只有在这个基础之上，我们才能去实现政治统一、军事统一、经济统一。因此，从这个角度来讲，以中国共产党革命为代表的中国社会现代运动，是不同于过去2000多年间的旧式农民运动的，而是一种更高历史阶段、更高历史水平的社会自救自强运动。这种社会自救自强所形成的社会能力、社会结构，所达到的社会形态和社会面貌，就是一种在党的自觉领导下依靠社会自身力量科学形成的全新小康社会结构与社会能力。

（三）党在实践历练中的积极成长

中国共产党要完成政治上的重大作为，首先需要完成自身在各方面的成长，因为只有在党的理论、组织、政治、军事、制度等方面走向成熟，并凝结为强大的思想理论能力、组织能力、政治能力、军事能力、制度能力，中国共产党才能够担负起全面改造中国社会的艰巨历史重任。

中国共产党的成长史就是中华民族的奋斗史、磨炼史。在新民主主义革命的政治实践、军事实践和社会运动中，中国共产党逐步完成了自身在理论、组织、政治、军事、思想、制度等方面的成长，党从初始形态、幼年形态逐渐走向各领域的全面成熟。

1. 从五四新文化运动到马克思主义的传播

最早的中国共产党不是我们今天理解的完整意义上的政党，而是一个偏重理论和思想形式的党。这时的党最典型、最突出的表现不是其物质的组织结构，而是其所倡导的思想、理论及主义。从理论角度来讲，五四新文化运动和中国共产党的理论品格都代表着其对近现代中华民族出路的一种思考与反思。五四新文化运动尽管不是体现中国共产党思想理论活动的直接方式，但客观上为中国共产党的建立创造了足够有利的政治思想理论条件。以五四新文化运动为标志的近代民族反思和民族批判中的一部分批判思想、批判力量走入社会实践领域，从“批判的武器过渡到武器的批判”，逐渐演变为中国共产党领导社会运动的实践雏形。以思想文化为代表的精神批判要进入以组织和军事为代表的物质批判阶段，这是社会自我批判的必然逻辑。没有批判的武器，就不会有武器的批判，没有这种精神的启蒙觉醒，就不会有以组织为代表的物质批判和政治行动。中国共产党和五四新文化运动所代表的中国社会的内在精神逻辑，从历时性和共时性上具有相当大的一致性。

在五四新文化运动阵营里，代表性人物有陈独秀、蔡元培、胡适、李大钊、鲁迅，他们在当时的历史条件下，是代表中国社会最强思想能力的一批知识分子，他们的观念、理论是站在世界历史进程的高度来审视中华民族及其发展的，在这种民族与世界等量齐观的平行思考中，为近代中国变革厘定了准确的历史坐标、时代坐标和精神坐标。与同期世界其他民族国家的历史发展进程相比，当时的中国急需明确自身的落后、退步表现在什么地方，如何对这种落后、退步进行反思和批判，并提出切实可行的建设性方案。在这一点上，五四新文化运动所起到的民族思想解放和启蒙作用，是非常了不起的。一大批五四新文化运动的“健将”可以被看作中华民族2000多年来第一次举起蜡烛和火把的人，他们不仅披露了2000多年封建统治造成的近代中国社会积贫积弱的社会现状，照亮了近代中国社会的前进方向，而且让中华民族第一次有机会在世界历史进程中寻找自己的坐标与方位，使中华民族具有进行现代反思的意识和能力。所以从根本上来说，五四新文化运动本身就是中国历史进行现代性反思与关照的一种现实民族能力。没有这种现代性的思想和精神能力，中华民族仍将继续滞留于传统的历史结构与历史叙事当中，必将缺乏现代民族的批判能力和行为能力。

早期的五四新文化运动阵营中，蔡元培、陈独秀、胡适、李大钊、鲁迅都是一个战壕里的同志，蔡元培“三顾茅庐”把陈独秀请到北京大学，以北京大学为阵地，掀起一场影响全国的新文化运动。新文化运动实际上代表的是一种新观察、新视野、新思想、新观念、新批判。正因为这种全新文化能力和精神能力，中国人才第一次从封建制度的长期危机中回过神来，才懂得世界历史发展的潮流趋势和规律，才主动地把民族历史和世界历史联系起来，有效激发民族历史的自觉性和批判性，这种自觉性和批判性就是民族历史实践的能动性。

五四新文化运动时期的民族精神领袖、文化英雄所开启的历史潮流是伟大的，然而仅有民族历史的现代批判是远远不够的，关键还是要形成民族历史的现代行动能力，要拿出民族历史的现代解决方案。正是在现代批判和现代实践的民族解决方案探索过程中，陈独秀、李大钊、胡适、蔡元培、鲁迅等新文化运动旗手才有了不同的选择。陈独秀、李大钊走向了社会实践领域，由文化批判进入社会批判，而蔡元培、胡适、鲁迅等人依然从事文化批判。这个时期，毛泽东到了北京，当时的主要任务是护送湖南留法学生，因为生活所迫，就在北京大学红楼当助理馆员，月工资 8 块大洋，同时期陈独秀月工资 300 块大洋，胡适月工资 280 块大洋。胡适和毛泽东年龄相差仅两岁，工资却相差几十倍。但是，以毛泽东为代表的中国共产党人，在政治、思想、社会进程上已经远远走在了胡适等人的前面，这既是历史发展的进步，也是政治发展的进步。

五四新文化运动阵营中以陈独秀和李大钊为代表进行的社会实践批判，应该说是富有成效的。首先，他们传播了马克思主义，为中国共产党的建立奠定了思想基础。其次，以陈独秀、李大钊为代表的各地的共产主义小组纷纷成立，为中国共产党奠定了组织基础。有了思想基础和组织基础，中国共产党的成立就变成水到渠成的事情，所以俄共远东局派维经斯基等人来到中国，帮助中国成立共产党。在这种自发思想基础和组织基础，以及俄共远东局的帮助下，中国共产党迅速建立起来。

2. 从中国共产党成立到第一次国共合作

1921 年，中国共产党第一次全国代表大会在上海和嘉兴南湖相继召开。党的一大制定了中国共产党的纲领，按照一大决议，确定了党的中心任务和党组织的领导机构，陈独秀、张国焘、李达三人组成中央局。一大的召开，标志着中国共产党正式诞生，标志着中国共产党正式登上中国历史舞台，标志着以中国共产党为代表的一种全新的、彻底的、先进的民族解决方案正式出现。中国革命从此迎来了新的领导力量、新的思想资源和组织资源、新的群众基础和阶级能力。正是这种领导力量、思想纲领和群众基础，正是其先进性和纯洁性的政党属性，让中国共产党具备了独特的政治优势。和其他政治力量相比，中国共产党在政治上具有明显的阶级优势，具有坚实的群众基础，代表着中国社会进步的能力与方向。

1922 年 7 月，党的二大召开，通过了第一部《中国共产党章程》，对中国共产党作为工人阶级政党进行了严格的规范，让党在组织上、思想上、纲领上、纪律上表现得更加完整。党的政治、组织不断发展，为党领导工人运动创造了条件，党和社会运动之间形成了相互激励、相互促进的良性建构关系。在整个社会运动领域，党的作用发挥得越来越明显，中国工人运动也因此进入一个新的历史阶段，以工人运动为代表的社会觉醒和无产阶级意识的兴起，反过来又进一步加快了中国社会的能动性、自觉性进程。

党的三大确定了第一次国共合作策略，为中国共产党的发展壮大奠定了坚实的组织基础和政治基础。中国共产党依托已有的政治环境和条件，第一次真正意义上普遍地参与中国革命的实践领域，广泛接触到中国社会的各个方面，迅速获得了组织上、思想上、政治上甚至军事上的各方面成长。

党的三大之后，中国共产党进入一个非常迅速的历史发展阶段，加入党组织的人数迅速增多，培养和选拔了大批党的优秀干部。国共两党合作建立黄埔军校，中国共产党第一次直接接触了军事，培养了军事政治人才。国共两党的合作对中国共产党的发展、壮大起到了显著的助推作用。党的四大自觉地把领导工人阶级的革命运动、领导农民的革命运动作为党的工作的一个中心议题进行了专门讨论。讨论过程中，党在思想上、组织上进一步成熟起来，把工人运动、农民运动又推向一个新的高潮。

国共合作不仅促进了工人运动的高涨，也推动了农民运动的巨大开展，由共产党人彭湃等领导的海陆丰农民运动更加扩大，成为全国农民运动的先锋。无产阶级工人运动积极向农民运动的扩展，是中国无产阶级革命运动的重要转折。1926 年，中共中央成立由毛泽东担任书记的中央农民运动委员会，在毛泽东的主持下，中央农委决定以湖南、湖北、江西、河南四省农运为重点，同时在陕、川、桂、闽、皖、苏、浙七省全面推动农民运动。中国共产党广泛进入中国社会的主流群体——农民群体当中，进行广泛的农民运动和革命宣传，为中国共产党的发展奠定了科学的社会基础和政治基础，使我们党在这个时期获得了快速发展和成长。

中国共产党领导工人运动和农民运动的过程，就是不断发动工人阶级和农民阶级革命化的过程，让工人阶级和农民阶级获得政治上的成长与进步，形成自身鲜明的阶级意识，自觉采取阶级行动。正是因为这种阶级意识的觉醒，阶级共同体和阶级革命意识自然就扩散开来，中国共产党领导无产阶级革命的社会基础和思想基础日渐自觉形成。

3. 从大革命失败到土地革命时期

国共两党的合作迅速在蒋介石和汪精卫发动的“四一二”反革命政变和“七一五”反革命政变中走向“破产”。西山会议派的出现为国共两党的统一战线画上句号，以国共合作为标志的国民革命宣布结束。

中国共产党领导中国革命的历史，从国民革命时期进入土地革命时期的标志性事件就是党的第五次全国代表大会。党的五大在总结大革命失败的教训时，批判了陈独秀右倾机会主义和投降主义在党内的统治。随后在八七会议上撤销了陈独秀总书记的职务，选举了临时中央政治局，暂时由共产国际指定瞿秋白担任党的临时总负责，确定了土地革命和武装反抗国民党反动派的总方针。中国共产党第一次在思想上、组织上、政治上、军事上走向独立自主。尤其是在八七会议上，毛泽东明确提出“枪杆子里出政权”，中国共产党由此走向军事独立。军事独立是中国共产党发展壮大的物质力量基础，党掌握了自己的武装力量，党的思想、组织、纲领才有依托和捍卫力量，中国共产党才可以在军事能力和组织能力方面真正成熟起来。

由于以陈独秀为代表的右倾机会主义和投降主义的出现，党的领导结构发生了较大的变化。结束了以陈独秀为代表的知识分子领导时期，迎来了以向忠发为代表的工人领袖领导时期。然而，党的事业并未因此迎来顺利发展，相反，这个时期在路线上犯了激进和冒险主义的错误。最典型的就是李立三提出的城市暴动激进路线，“立三路线”是革命的冒进主义、盲动主义，要在一省或者多省率先取得革命胜利，主张城市暴动，最终夺取全国政权。这种激进的“立三路线”给早年的中国共产党，尤其是城市的党组织造成了巨大打击，让中国共产党积累的组织基础，尤其是城市的组织基础和社会基础迅速遭到削弱和破坏。

1931 年 4 月，顾顺章叛变，给中国共产党带来了巨大的伤害。作为中央特科的负责人，顾顺章掌握着党的核心情报和机密，出卖了中共中央在上海的机关和主要领导人。向忠发在上海被捕，周恩来等人被迫转移。王明去了苏联，成了中共驻共产国际的常驻代表团团长。博古、张闻天、陈云等人留在上海中央，在共产国际和王明的指示下，博古成为临时中央负责人。因为不懂军事，博古请了共产国际的军事顾问李德来做助手。博古和李德从 1931 年到 1935 年，在持续四年多的时间里推行“王明路线”。这四年多的错误路线让中国共产党遭受了巨大的损失，尤其是第五次反“围剿”失败，中国共产党从 10 万人减员到开始长征时的 8.6 万人，再到遵义会议时只有 3 万多人。博古的湘西北上路线和毛泽东的西进贵州路线在党内发生分歧，经过通道会议、黎平会议和猴场会议，毛泽东在党内获得了多数支持。

1935 年 1 月，中共中央政治局在贵州召开遵义会议，随后博古、李德把最高军事指挥权上交到中共中央政治局。毛泽东进入中共中央政治局常委会担任常委，在遵义会议之后的扎西会议、苟坝会议上逐渐确立了毛泽东在党内和军内的领导地位。以毛泽东为代表的马克思主义路线正式在党内获得了应有的组织地位和政治地位，从此中国共产党在政治上开始走向成熟，党的历史和中国革命的历史也因此实现了伟大的历史转折，中国共产党一路顽强北上到达延安，在延安时期利用西安事变的历史机遇，开展第二次国共合作，中国共产党再次获得了公开活动的合法政治身份。

4. 从第二次国共合作到新中国成立

以 1937 年卢沟桥事变为标志，以国共两党第二次联合抗日统一战线为契机，中国共产党顺利打开了面向全国、面向华北华东抗日的广阔政治空间。在抗日主战场上，中国共产党利用自己的英明策略，作出了杰出贡献，既获得了相应的政治声望和政治地位，也实现了自身的迅速发展壮大。1938年，党的六届六中全会正式解决了党的组织工作问题。至此为止，遵义会议的军事路线，瓦窑堡的政治路线，党的六届六中全会的组织路线，延安整风的思想路线，再加上党的七大提出的群众路线，以五大路线形成为标志的中国共产党正式走向中国政治舞台的中央，党在组织上、政治上、军事上、思想上、社会基础上的全面成熟，为党在中国政治舞台上发挥至关重要的作用奠定了坚实基础。中国共产党领导核心团队的形成，有力促使党领导的新民主主义革命进入加速发展时期，三年解放战争彻底完成了对国民党反动派在军事和政治上的全面清算。

1949年，中华人民共和国成立，一个全新的国家诞生，在新生国家政权的基础上，中国共产党通过三大改造、“三反”“五反”运动，迅速奠定了社会主义的经济基础和制度基础。1956年，社会主义过渡时期的总路线完成之后，中国进入社会主义建设时期。尽管这个时期先后出现了反右运动、“大跃进”、“文化大革命”等不利局面，但这个时期的发展为新中国奠定了制度基础、经济基础和社会基础，很多国家层面上的重大问题都在这个时期得到集中解决。这个时期的经济、政治和军事建设，为我们以后的经济发展、政治发展和军事发展都奠定了坚实有利的基础。

三、党的百年奋斗伟大成就

任何一个时代都有自身发展的历史主线，自动凝结着该时代人民普遍追求的共同愿景。纵观中国共产党百年奋斗历程，认真回顾和总结党在百年历史进程中的全部活动，无不是为了实现国家富强、民族复兴、人民幸福这一崇高历史目的而展开。党的十九届六中全会通过的《中共中央关于党的百年奋斗重大成就和历史经验的决议》（以下简称《决议》），紧扣中华民族伟大复兴这一党的百年奋斗历史主线，对中国共产党百年历史以《决议》的方式进行了权威总结和回顾，明确将党的百年辉煌历程划分为新民主主义革命时期、社会主义革命和建设时期、改革开放和社会主义现代化建设新时期、中国特色社会主义新时代四个历史时期，全面系统地总结了中国共产党在四个历史时期的卓越贡献和伟大成就。在每个历史时期的总结中，都是以中国共产党所面临的主要任务作为开端，以有效解决各个历史时期的社会主要矛盾为依归，科学展示了中国共产党人是如何在实践中不断探索创新，在总结经验中不断取得实践与理论上的伟大成就，并在百年历史高度上“向世界庄严宣告”当代中国共产党人的明确主张，彰显了中国共产党经过百年奋斗实践历练变得更加成熟的崭新境界。

（一）新民主主义革命时期

新民主主义革命时期，中国共产党所面临的主要任务是，“反对帝国主义、封建主义、官僚资本主义，争取民族独立、人民解放，为实现中华民族伟大复兴创造根本社会条件”①。此时帝国主义和中华民族的矛盾、封建主义和人民大众的矛盾，从根本上决定了实现中华民族伟大复兴的进程中，首要的就是进行反帝国主义反封建主义的斗争。中国共产党领导的新民主主义革命发源于半殖民地半封建社会的不利条件，决定了中国革命必然经历艰难困苦。以毛泽东同志为主要代表的中国共产党人，领导人民先后经历了建党初期和大革命时期、土地革命战争时期、抗日战争时期、解放战争时期等一系列艰苦卓绝的战斗，在实践中取得了一次又一次的胜利。

在革命实践中创立的毛泽东思想，是基于马克思列宁主义与中国具体实际相结合，对革命中积累的独创性经验所作出的理论概括，科学回答了在一个落后的半殖民地半封建的东方大国领导广大人民进行革命的性质、任务、前途、动力、途径等一系列基本问题。“中国共产

① 《中国共产党第十九届中央委员会第六次全体会议文件汇编》，人民出版社2021年版，第21页。

党和中国人民以英勇顽强的奋斗向世界庄严宣告，中国人民从此站起来了，中华民族任人宰割、饱受欺凌的时代一去不复返了，中国发展从此开启了新纪元。”[①]

（二）社会主义革命和建设时期

社会主义革命和建设时期，中国共产党所面临的主要任务是，“实现从新民主主义到社会主义的转变，进行社会主义革命，推进社会主义建设，为实现中华民族伟大复兴奠定根本政治前提和制度基础”[②]。此时，在中国共产党的领导下，虽然已经推翻了帝国主义、封建主义、官僚资本主义三座大山，但是面对战后中国政治、经济、军事等方面的内忧，以及复杂国际环境的外患，中国共产党领导人民排除万难，砥砺前行，建立起社会主义制度，使得新中国在风云诡谲的国内外环境中站稳了脚跟。1956年，党的八大基于当时国内形势对中国社会主要矛盾作出了正确的判断，即“人民对于经济文化迅速发展的需要同当前经济文化不能满足人民需要的状况之间的矛盾”。党领导人民开始了全面的大规模的社会主义建设，在工业体系和制度体系建设，以及农业、教科文卫体、国防、军队、外交、党的建设等方面都取得了初步成效。

在这个时期，以毛泽东同志为主要代表的中国共产党人，基于马克思列宁主义基本原理与中国具体实际的“第二次结合”，与时俱进地提出包括社会主义社会论断、正确处理两大矛盾和社会主义建设的十大关系、党派关系方针、科学文化工作方针等有关社会主义建设的一系列具有独创性的理论成果，丰富和发展了毛泽东思想。虽然党在社会主义建设探索时期经历过严重曲折，但是党领导人民所取得的巨大成就，为新时期开创中国特色社会主义奠定了物质基础，积累了宝贵

① 《中国共产党第十九届中央委员会第六次全体会议文件汇编》，人民出版社2021年版，第28页。

② 同上。

经验，提供了理论准备。“中国共产党和中国人民以英勇顽强的奋斗向世界庄严宣告，中国人民不但善于破坏一个旧世界、也善于建设一个新世界，只有社会主义才能救中国，只有社会主义才能发展中国。”[①]

（三）改革开放和社会主义现代化建设新时期

新中国成立后，高度集中的计划经济体制虽然造成国家经济效率迟缓低下，经济系统和经济能力整体落后，但是塑造现代国家功能，打造现代国家运行基础，这些基本要求在这一体制中都得到了有效满足。社会主义建设时期为改革开放打下了坚实的制度基础、政治基础、社会基础。正因有这些前提基础，我们才迎来了中国改革开放的快速发展。改革开放和社会主义现代化建设新时期，中国共产党所面临的主要任务是，“继续探索中国建设社会主义的正确道路，解放和发展社会生产力，使人民摆脱贫困、尽快富裕起来，为实现中华民族伟大复兴提供充满新的活力的体制保证和快速发展的物质条件”[②]。

以邓小平同志为主要代表的中国共产党人创立的邓小平理论，科学回答了“什么是社会主义”“怎样建设社会主义”的根本问题，明确提出以经济建设为中心、改革开放、社会主义本质、社会主义初级阶段的基本路线、“三步走”发展战略等重大战略观点，成功开创了中国特色社会主义。以江泽民同志为主要代表的中国共产党人形成的“三个代表”重要思想，加深了对“什么是社会主义、怎样建设社会主义”和“建设什么样的党、怎样建设党”的认识，明确提出社会主义市场经济体制改革、基本经济制度、分配制度、全面改革开放、党的建设新的伟大工程等重大战略观点，成功把中国特色社会主义推向 21 世纪。以胡锦涛同志为主要代表的中国共产党人形成的科学发展观，深刻认识和回答了“新形势下实现什么样的发展、怎样发展”等重大问

---

① 《中国共产党第十九届中央委员会第六次全体会议文件汇编》，人民出版社 2021 年版，第 34—35 页。

② 同上书，第 35 页。

题，明确提出有关建设、发展、民生、党的执政能力建设和先进性建设等重大战略观点，进一步在新形势下坚持和发展了中国特色社会主义。改革开放 40 多年取得的伟大成就举世瞩目，我国经济实现了从生产力相对落后的状况到经济总量跃居世界第二的突破，人民生活实现了从温饱不足到总体小康再到全面小康的跨越，推进了中华民族从站起来到富起来的伟大飞跃。“中国共产党和中国人民以英勇顽强的奋斗向世界庄严宣告，改革开放是决定当代中国前途命运的关键一招，中国特色社会主义道路是指引中国发展繁荣的正确道路，中国大踏步赶上了时代。”[①]

（四）中国特色社会主义新时代

“一切划时代的体系的真正的内容都是由于产生这些体系的那个时期的需要而形成起来的。”[②]党的十八大以来，中国特色社会主义进入新时代，这是对于我国发展新的历史方位。新时代党面临的主要任务是，“实现第一个百年奋斗目标，开启实现第二个百年奋斗目标新征程，朝着实现中华民族伟大复兴的宏伟目标继续前进”。[③]党的十八大以来，以习近平同志为主要代表的中国共产党人创立的习近平新时代中国特色社会主义思想，科学系统回答了新时代坚持和发展什么样的中国特色社会主义、怎样坚持和发展中国特色社会主义，建设什么样的社会主义现代化强国、怎样建设社会主义现代化强国，建设什么样的长期执政的马克思主义政党、怎样建设长期执政的马克思主义政党等一系列重大时代课题。《决议》在党的十九大报告“八个明确”概括基础上，另外增加了“两个明确”，其中“明确必须坚持和完善社会主义基本经济制度”体现了习近平新时代中国特色社会主义经济思想，“明确

---

① 《中国共产党第十九届中央委员会第六次全体会议文件汇编》，人民出版社 2021 年版，第 44—45 页。

② 《马克思恩格斯全集》（第三卷），人民出版社 1960 年版，第 544 页。

③ 同①书，第 45 页。

全面从严治党的战略方针”体现了新时代党的建设伟大工程的任务与格局，另外在“八个明确”中，除了“明确全面深化改革总目标”“明确全面推进依法治国总目标”沿用了十九大的提法，其余“六个明确”均在十九大基础上增加了新的内容，标志着习近平新时代中国特色社会主义思想得到了进一步丰富和完善；《决议》还从党的全面领导、全面从严治党、经济建设、全面深化改革、政治建设、全面依法治国、文化建设、社会建设、生态建设、国防和军队建设、维护国家安全、坚持“一国两制”和推进祖国统一、外交工作13个领域总结了新时代党和国家事业取得的重大成就。“中国共产党和中国人民以英勇顽强的奋斗向世界庄严宣告，中华民族迎来了从站起来、富起来到强起来的伟大飞跃。”[①]

四、汲取党史中的智慧与力量

回顾党的百年历史征程，可以自豪地说，不但成就巨大，而且彪炳史册。我们砸烂一个旧世界，建立一个新中国，推翻了三座大山，取得了新民主主义革命胜利的了不起成就。进行社会主义革命，建立社会主义政权，这同样是更了不起的成就。坚持改革开放、推动社会主义现代化建设也是前所未有的巨大成就。中国特色社会主义进入新时代，必将建立更加辉煌的功勋，取得更加醒目的历史成就。正是通过这种先破后立的社会进程，通过破旧立新的彻底解决方案，让中国在政治上、经济上、思想上、文化上、军事上获得了全面成长，让我们在今天的世界舞台上成为一个政治大国、经济大国、文化大国、军事大国。党的百年奋斗历史，其伟大的历史贡献和作用是非常显著的，通过学习百年党史，我们能够得到的历史经验与启示也是异常深刻的。

① 《中国共产党第十九届中央委员会第六次全体会议文件汇编》，人民出版社2021年版，第90页。

党的十九届六中全会《决议》秉持马克思主义历史辩证法，淬炼出中国共产党百年奋斗中形成的具有全局指导意义的十条历史经验，深刻解答了中国共产党为什么能、中国特色社会主义为什么好、马克思主义为什么行的时代课题，揭示了中国共产党领导人民取得光辉成就的成功密钥。

（一）坚持党的领导

坚持党的领导位于中国共产党百年奋斗的经验之首，这既是对历史中党的领导的肯定，更是对现在和未来党的领导重要性的根本坚守。纵观中华民族近现代以来180多年的历史，中国共产党成立以来100多年的历史，中华人民共和国成立以来70多年的历史，中国社会的面貌、中国人民的风貌在党成立后都有了根本的改变，中华民族能够扭转近代以来备受列强压迫的局面，究其根源就在于有了中国共产党的领导。党的领导水平、建设程度决定着中国社会的发展进程，决定着中国共产党的贡献和成就。在党的领导、党的建设落实得好的时期，中国社会、党的事业的发展都要顺利很多；在党的领导、党的建设不利的时期，中国社会的发展和党的事业都要遭受挫折。从党的百年历史经验来看，坚持和加强党的领导，是我们长期不可动摇的重大政治战略。党的领导是核心，是关键。为了坚持党的领导，必须加强党的建设，坚持全面从严治党，让中国共产党永远保持生机活力，让中国共产党永远保持政治新鲜，让中国共产党永远保持政治能力和政治优势。历史和实践证明，中国共产党所具有的强大领导力和执政能力，是中国特色社会主义伟大事业顺利发展的有力支撑和重要保障。

（二）坚持人民至上

中国共产党一路走来，能够取得巨大的历史成就，作出巨大的历史贡献，重要原因之一就在于党有非常充分和广泛的群众基础与社会基础。人民既是中国共产党一切工作的出发点，也是落脚点，坚持人民至上是我们党的根本政治立场与价值准则。离开人民的支持，中国共产党就变成了一般意义上的政治型政党，单纯地靠党自身的能力、靠党自身的力量慢慢完成社会进程是万万不可能的。只有亿万人民群众团结起来、统一起来、组织起来、动员起来，依靠人民的能力优势、力量优势，才能把马克思历史唯物主义的观点变成中国的行动，变成中国历史的发展进步和发展能力。“人民”一词在党的十九届六中全会《决议》中出现了249次，出现频率如此之高，充分彰显了中国共产党始终坚持全心全意为人民服务的根本宗旨。坚持党的领导与坚持人民至上是不矛盾的，坚持党性与人民性的统一，既是对“党的根基在人民、血脉在人民、力量在人民”的根本诠释，又是对割裂党与人民紧密联系的不良企图的有力反击。

（三）坚持理论创新

中国共产党从成立之日起，就坚定地选择了马克思主义，并在实践中不断发展创新。马克思主义理论从来都不是教条，而是基于中国实际的行动指南。中国共产党历来重视理论创新，在实践中坚持马克思主义原理与具体实际相结合，与中华民族优秀传统文化相结合，在不同历史时期不断开辟马克思主义新境界。新民主主义革命时期，中国共产党坚持理论创新，凝聚全党智慧，创立了毛泽东思想；社会主义革命和建设时期，进一步丰富和发展了毛泽东思想；改革开放和社会主义现代化建设新时期，中国共产党坚持理论创新，勇于解放思想，创立了包括邓小平理论、“三个代表”重要思想、科学发展观在内的中国特色社会主义理论体系；进入中国特色社会主义新时代，中国共产党坚持理论创新，接续时代重任，创立了习近平新时代中国特色社会主义思想，在继承马克思主义基础上作出了许多原创性理论贡献，如在马克思主义建党学说方面提出坚持和加强党的全面领导，在马克思主义世界历史理论方面提出人类命运共同体，等等，这些都体现了习近平新时代中国特色社会主义思想基于实践基础的理论创新，是新时代党和国家事业的行动指南。

（四）坚持独立自主

独立自主、自力更生，是中国共产党在百年奋斗实践中总结的宝贵经验。“天行健，君子以自强不息”，中国共产党在举旗定向、道路选择、国家建设、外交政策、党的建设等各方面，将独立自主原则贯穿各个领域。我们走自己的路，仅用短短几十年的时间，就走完了一些发达资本主义国家几百年才完成的工业化道路，根本原因就在于我们坚定不移走中国特色社会主义道路，只有这条道路才能创造出经济快速发展和社会长期稳定两大奇迹。综观世界各国发展之路，没有任何一个国家仅仅靠照搬国外模式、依靠外部力量就能走向富强的。当然，坚持独立自主并不等于自我封闭，也不是盲目排外，而是要在坚定历史自信的基础上，虚心学习借鉴国外的有益经验。新的历史征程上，面对百年未有之大变局，面对国内外形势的新变化，时代在不断提出更具挑战性的问题，但我们坚信挑战和机遇同在，民心、时势与共产党并肩前行，在党的领导下，坚定独立自主，就一定能够自己掌握自己的命运，朝着中华民族伟大复兴的前景砥砺前行。

（五）坚持中国道路

方向决定道路，道路决定前途。道路选择问题直接关系到党和国家前途命运的兴衰成败。百年来，党领导人民经过艰苦卓绝的尝试，探索出扎根中国本土的正确道路。习近平总书记指明了中国共产党能够不断从胜利走向胜利的真谛：“党在革命、建设、改革各个历史时期，坚持从我国国情出发，探索并形成了符合中国实际的新民主主义革命道路、社会主义改造和社会主义建设道路、中国特色社会主义道路，这种独立自主的探索精神，这种坚持走自己路的坚定决心，是我们党不断从挫折中觉醒、不断从胜利走向胜利的真谛。”[①] 当前及未来的中国道路仍将是中国特色社会主义道路，“是创造人民美好生活、实现

① 《十八大以来重要文献选编》（上），中央文献出版社 2014 年版，第 117－118 页。

中华民族伟大复兴的康庄大道”[①]。中国特色社会主义道路虽然形成于改革开放时期，但其奠基于党长期奋斗的实践经验中。自改革开放以来，正因为毫不动摇坚持走中国特色社会主义道路，我国的政治、经济、军事、科技实力，以及国际地位等显著提高，广大人民的生活水平实现了从温饱不足到全面小康的跨越。事实证明，只要坚持走自己的道路，走社会主义现代化强国之路，在中国特色社会主义道路的征程上昂首阔步，康庄大道必将越走越宽、越走越顺。

（六）坚持胸怀天下

中国共产党始终秉持共产主义远大理想，矢志为全人类作出更大贡献而不懈奋斗。中国共产党的百年奋斗，始终注重以世界眼光去关注和思考全人类的前途命运，从人类发展大潮流、世界变化大格局、中国发展大历史正确认识和处理中国同外部世界的关系，成为人类文明进步的重要推动力量。中国共产党在百年奋斗中形成的历史经验，也为其他国家的发展贡献了中国方案与中国智慧。比如中国共产党领导下的新民主主义革命的胜利，极大地改变了世界政治格局，也极大地鼓舞了世界上其他被压迫民族争取独立和被压迫人民争取解放的斗志；比如人类命运共同体的提出，打破和超越了社会制度、意识形态、民族、国家的界限，旨在造福于全世界各国人民，彰显了天下为公、胸怀天下的担当精神。

（七）坚持开拓创新

中国共产党在领导人民进行革命、建设和改革的百年奋斗中，并没有现成的答案，其他国家的实践经验也并不能拿来完全生搬硬套。因此，中国共产党领导人民不断革故鼎新、开拓创新，推进理论创新、实践创新、制度创新、文化创新及其他各方面创新。在理论创新

① 《中国共产党第十九届中央委员会第六次全体会议文件汇编》，人民出版社2021年版，第98页。

方面，中国共产党成立之初就把马克思主义作为前行旗帜，同时又结合中国具体实际，创立了毛泽东思想、邓小平理论，形成了“三个代表”重要思想、科学发展观，创立了习近平新时代中国特色社会主义思想，不断推进马克思主义中国化的最新理论成果，为党和人民事业发展提供了科学的理论指导。在实践创新方面，中国共产党开辟的中国道路，改革开放、社会主义现代化建设、“一带一路”倡议、中国特色减贫道路等，为世界贡献了中国智慧。在制度创新方面，率先从经济体制改革开始，进而全面推动政治、社会、文化、生态、党的建设等领域进行深层次的体制机制改革。党的十九届四中全会明确构建起中国特色社会主义制度体系，有利于将制度优势更好地转化为国家治理效能，构筑起国家治理体系和治理能力现代化的制度支撑。时代是出卷人，中国共产党是答卷人，人民是阅卷人。过去的一百年，中国共产党向时代和人民交出了优异的成绩，今后党必将继续团结带领人民开拓创新，踏上第二个百年奋斗的新征程，向时代和人民呈现更加优异的成绩。

（八）坚持敢于斗争

百舸争流，奋楫者先；中流击水，勇进者胜。敢于斗争是中国共产党的鲜明品格。“社会是在矛盾运动中前进的，有矛盾就会有斗争。”① 中国共产党深刻认识社会矛盾运动规律，准确把握共产党执政规律、社会主义建设规律、人类社会发展规律，所以能够历经百年沧桑依然风华正茂。“党和人民取得的一切成就，不是天上掉下来的，不是别人恩赐的，而是通过不断斗争取得的。”② 中国共产党诞生于内忧外患的苦难中，在斗争中不断成长，形成了“安而不忘危，存而不忘亡，治而不忘乱”的忧患意识和敢于斗争的勇气。在如今百年未有之大变

① 《习近平谈治国理政》（第三卷），外文出版社 2020 年版，第 12 页。

② 《中国共产党第十九届中央委员会第六次全体会议文件汇编》，人民出版社 2021 年版，第 99 页。

局之下，国际形势、全球疫情、国内发展等相互交织，我们党仍将长期面临“四大考验”和“四大危险”，中国共产党在新发展阶段的使命任务也随之加重，必须以“咬定青山不放松”的坚韧坚持敢于斗争，以乘风破浪的姿态带领中国人民奋楫向前。

（九）坚持统一战线

统一战线作为中国共产党克敌制胜与执政兴国的重要法宝，在党的百年奋斗历程中为最大限度凝聚力量发挥了重要作用。早在1922年，《中国共产党对于时局的主张》就明确指出，中国共产党主张建立民主主义的联合战线，以反对共同的敌人。毛泽东将统一战线誉为“三大法宝”之一，体现了统一战线对于中国共产党的价值意蕴。社会主义革命和建设时期，一大批爱国人士积极响应党的统一战线政策，纷纷投身于科研工作、工业建设等，为新中国的发展作出了卓越的贡献。改革开放后，邓小平强调：“统一战线仍然是一个重要法宝，不是可以削弱，而是应该加强，不是可以缩小，而是应该扩大。”[①]江泽民指出：“在我国社会阶级关系和主要矛盾发生根本变化的历史条件下，在建设社会主义的历史进程中，统一战线仍然是中国共产党的总路线、总政策的重要组成部分，仍然是我们排除万难、夺取胜利的一大法宝。”[②]胡锦涛强调：“统一战线是中国共产党夺取革命建设改革事业胜利的重要法宝，是中国共产党执政兴国的重要法宝，是实现祖国完全统一和中华民族伟大复兴的重要法宝。”[③]习近平总书记指出统战工作的本质要求是“大团结大联合，解决的就是人心和力量问题”。[④]统一战线以党和国家事业的发展为己任，其中心任务随着时代的发展不断变化，但始终不变的是坚持中国共产党的领导。唯有坚持党的领导，

① 《邓小平文选》（第二卷），人民出版社1994年版，第203页。

② 《江泽民文选》（第二卷），人民出版社2006年版，第412页。

③ 胡锦涛：《充分认识统一战线的重要地位和作用》，人民政协网，2014–02–27，http://www.rmzxb.com.cn/c/2014-02-27/298159.shtml。

④ 《习近平关于社会主义政治建设论述摘编》，中央文献出版社2017年版，第128页。

统一战线工作才能沿着正确的轨道继续前进，凝聚各民族大团结力量，凝聚全体中国人民和中华儿女的大团结力量。在新发展阶段，伴随着国内外形势的变化、世界格局的演变，社会阶层更加多元，社会思想意识更加多样，经济所有制形式更加复杂，更加需要利用好统一战线法宝，正确处理好政党关系、民族关系、宗教关系、阶层关系、海内外同胞关系，最大程度团结汇聚各种奋斗力量，共同续写中华民族的新篇章。

（十）坚持自我革命

中国共产党作为长期执政的马克思主义政党，区别于世界上其他政党的显著标志就是坚持自我革命。马克思主义政党之所以能够保持先进性与纯洁性，就是不断地在自我革命中淬炼的成效。对于困扰所有政党的治乱兴衰问题，如何跳出这一历史周期率，毛泽东在延安以“只有让人民来监督政府，政府才不敢松懈”回答了“窑洞之问”。中国共产党经过百年的实践探索，尤其是党的十八大以来，以习近平同志为核心的党中央以勇于自我革命回答了“时代之问”。正是由于中国共产党始终保持刀刃向内的决心、刮骨疗毒的勇气，在实践中不断提高自我净化、自我完善、自我革新、自我提高的能力，中国共产党的领导才得以经久不衰，中华民族伟大复兴的进程才得以稳步前行。

第二章 增强新时代历史与政治自觉

党的十九届六中全会是在重要历史关头召开的一次具有重大历史意义的会议。全会审议通过的《决议》，通篇融汇了中国共产党成立百年来践行为中国人民谋幸福、为中华民族谋复兴的初心使命，以及所进行的奋斗、牺牲和创造，深刻揭示了“过去我们为什么能够成功、未来我们怎样才能继续成功”的奥秘。

一、党的十九届六中全会召开的背景分析

党的十九届六中全会召开的具体环境，和党的十九届四中、五中全会召开的环境是不一样的，这种会议背景的差异性决定着会议精神及其任务的不同。注重从时代环境的客观性去理解和把握中国共产党的工作及其活动规律，既符合党的实事求是思想路线，也符合党一贯的工作方针。从党的十九届六中全会的背景分析入手，领会和把握全会精神，从党的整体政治逻辑落实会议要求，把吃透全会精神和对党的整体认识结合起来，既是学习全会精神的现实需要，也是加强党的领导和党的建设的普遍规律。

（一）现实背景

党的十九届六中全会召开的现实背景包括国内背景和国外背景两个方面。领导干部要胸怀“两个大局”，一个是中华民族伟大复兴的战略全局，另一个是世界百年未有之大变局，这是我们谋划工作的基本出发点。

1. 国内现实背景

国内最大的现实背景是着眼于实现中华民族伟大复兴的战略全局。中华民族的伟大复兴是主导中华民族近 100 多年以来历史进程的一个重要主题，习近平总书记在庆祝中国共产党成立 100 周年大会上的讲话中指出：“中国共产党一经诞生，就把为中国人民谋幸福、为中华民族谋复兴确立为自己的初心使命。一百年来，中国共产党团结带领中国人民进行的一切奋斗、一切牺牲、一切创造，归结起来就是一个主题：实现中华民族伟大复兴。”[①] 中华民族伟大复兴这一长期历史主题，客观主导了中华民族近 100 多年来的历史运动。

到了今天，这个主题依然在主导着当前历史进程，但具体实践过程有其自身的特殊性，必然打着深刻的时代烙印。今天，中华民族伟大复兴的物质条件、精神条件、制度条件和以往相较，已经发生了积极的、巨大的、不可逆的变化。习近平总书记指出：“中国特色社会主义进入新时代，我们比历史上任何时期都更接近、更有信心和能力实现中华民族伟大复兴。”[②] 中华民族伟大复兴这个关乎全局的内部主导性因素出现了积极有利的深刻变化。这种变化的具体含义需要我们主动去认真体会，就好像我们距离目的地 100 公里，走了 10 公里，走了 50 公里，走了 90 公里，不同距离它的意义是不一样，走了 10 公里意味着刚刚出发，走了 50 公里意味着路程过半，走了 90 公里意味着目

① 习近平：《在庆祝中国共产党成立100周年大会上的讲话》，人民出版社2021年版，第 3 页。

② 《习近平谈治国理政》（第三卷），外文出版社 2020 年版，第 531 页。

的地近在咫尺，马上要成功了。所以，尽管中华民族伟大复兴是一个漫长的历史过程，但在不同历史阶段民族复兴的实践含义是不一样的。

中华民族伟大复兴的战略全局不是对当今中国现实的模糊叙述，恰恰相反，中华民族伟大复兴的物质条件、精神条件、制度条件的准备，今天已经是有史以来最充分、最完善的时候。围绕民族复兴主题，国内当下的政治环境、经济环境、社会环境、精神环境都正在发生积极的变化，全民族的凝聚力、向心力、号召力大大提升，内部团结及“四个自信”显著增强，政治认同及政治号召能力得到极大改善，人民有信仰，民族有希望，国家有力量。

2. 国际现实背景

习近平总书记在“不忘初心、牢记使命”主题教育总结大会上讲：“当今世界正经历百年未有之大变局，我国正处于实现中华民族伟大复兴关键时期，我们党正带领人民进行具有许多新的历史特点的伟大斗争，形势环境变化之快、改革发展稳定任务之重、矛盾风险挑战之多、对我们党治国理政考验之大前所未有。”① 世界百年未有之大变局和中华民族伟大复兴的战略全局并存的国际国内环境相互交织、相互影响，一方面在塑造和牵引中国国家的对外战略，另一方面也在创造和改变中国国家的内部发展结构，改革发展稳定、治党治国治军、内政外交国防，几乎所有领域的发展都受到这一背景的影响。习近平总书记指出，领导干部要胸怀“两个大局”，一个是中华民族伟大复兴的战略全局，另一个是世界百年未有之大变局，这是我们谋划工作的基本出发点。

“两个大局”既是党的十九届六中全会召开的历史坐标，也是会议谋划的现实环境、现实条件和现实基础。好的会议必然做到实事求是，不能 5 分成绩的现实开成 10 分成绩的大会，那样会议精神就会和现实脱节，犯冒进主义错误。20 世纪 50 年代的反右派斗争扩大化、“大跃进”、人民公社等政治现象的出现，都是政治上犯了冒进主义错误，致

---

① 《习近平谈治国理政》(第三卷)，外文出版社 2020 年版，第 537 页。

使政策严重脱离实际。

可见，政治未必都是理性的。如果政治都是理性的，都是遵循科学的，那么理论上就不会出现重大政治失误，也就不会有政治权力的治乱循环。正因为政治层面的思想、举措最后都要转换为政策，具体实施到经济和社会活动层面上，所以只有当经济社会活动遭遇危机，才会导致政治权力更迭。

政治犯保守主义或冒进主义的错误，在我们党的历史上也曾出现过。1927 年八七会议之后，一直到遵义会议之前，“立三路线”“王明路线”都曾一度在党内占据主导地位，两种路线都脱离中国革命实际，犯了“左”倾冒进主义错误。

党的十九届六中全会究竟开成什么样，实际上并没有一个绝对正确的抽象答案，很大程度上恰恰是取决于党的十九届六中全会所面临的客观社会环境、政治环境和时代环境，有什么样的环境就会有什么样的会议精神，执政党会议就是对时代和环境的把握。在中国的现实环境里，以内部和外部各自为主的“两个大局”就是当前环境里最主要的决定性因素，一切都要从“两个大局”出发。领导干部胸怀“两个大局”谋划工作，坚持实事求是，坚持从实际和现实出发，让工作构想和策略尽可能地契合实际，把实践作为检验真理的唯一标准，把理论跟实践相结合，把政治跟现实相结合，真正做到政治科学化、工作科学化。

（二）时间背景

按照唯物辩证法的基本观点，现实是运动的、变化的。运动变化的现实意味着人的两只脚不可能踏进同一条河流，前脚和后脚，左脚和右脚在不同的时间一定踏不进同一条河流，正是时间节点的特殊存在决定特定对象的独特价值。因此，时间背景决定着党的十九届六中全会的时效性特征，时间的特殊性对应价值的时效性。

在中国共产党成立100周年的重要历史时刻，在党和人民胜利实现第一个百年奋斗目标，全面建成小康社会，正在向着全面建成社会主义现代化强国第二个百年奋斗目标迈进的重大历史时刻，全面总结党的百年奋斗重大成就和历史经验，对推动全党进一步统一思想、统一意志、统一行动，团结带领全国各族人民夺取新时代中国特色社会主义新的伟大胜利，具有重大现实意义和深远历史意义。

在“两个一百年”的历史交汇期，我们应该干什么？我们能干什么？这是由当前历史环境和党的历史任务决定的，在这个特殊时点上我们既要展望未来，也要回顾过去，真正做到以史为鉴，面向未来。总结回顾第一个百年奋斗目标的历史经验和成就，支撑和保障第二个百年奋斗目标的顺利完成。在“两个一百年”的历史交汇期，政治视野上必须具备大格局和大周期意识，面向第一个百年历史，展望第二个百年的未来。在“两个一百年”的历史坐标与周期逻辑中，准确把握党的十九届六中全会回顾过去、展望未来的历史自觉与历史主动，领会特定历史时点的政治功能及其实践价值。

（三）思想背景

要开好中央全会，就得有统一的思想基础、组织基础和政治基础，尤其是思想基础，直接决定着会议的精神基础、主导方向、价值目标和政治方向。党的十九届六中全会召开的思想环境是什么样的呢？《决议》内容明确谈道，“习近平新时代中国特色社会主义思想是当代中国马克思主义、二十一世纪马克思主义，是中华文化和中国精神的时代精华，实现了马克思主义中国化新的飞跃”。[①] 正因为有了习近平新时代中国特色社会主义思想这一中华文化和中国精神的时代精华，这个当代中国马克思主义、二十一世纪马克思主义，我们在今天才能够实现马克思主义中国化新的飞跃，才为当代中国实践找到理论支撑和

① 《中共中央关于党的百年奋斗重大成就和历史经验的决议》，人民出版社2021年版，第26页。

精神动力。在我们党的历史上，自党成立百年来，马克思主义中国化整体上经历了三次飞跃。马克思主义中国化的第一次飞跃有了毛泽东思想，马克思主义中国化的第二次飞跃有了中国特色社会主义理论体系。党的十八大以来，经过十年艰辛探索，我们经历了新的实践，积累了新的认识和经验，成功实现了中国特色社会主义迈进新时代的重大转变。与此相对应，党的指导思想、指导理论也同步发生了重大变革与调整。“党确立习近平同志党中央的核心、全党的核心地位，确立习近平新时代中国特色社会主义思想的指导地位，反映了全党全军全国各族人民共同心愿，对新时代党和国家事业发展、对推进中华民族伟大复兴历史进程具有决定性意义。”①中国特色社会主义进入新时代，习近平新时代中国特色社会主义思想实现了马克思主义中国化的第三次飞跃，这一重要思想背景的确立对今天中国发展全局具有极其重要的意义。

（四）时代课题背景

开会要解决什么问题？时代逻辑是什么？时代问题又是什么？有杰出作为的会议必须植根时代逻辑，具备时代意识，解决时代问题。每个时代都有自己的特定课题，时代背景不同，时代课题一定会发生巨大变化。党的十九届六中全会《决议》指出：“习近平同志对关系新时代党和国家事业发展的一系列重大理论和实践问题进行了深邃思考和科学判断，就新时代坚持和发展什么样的中国特色社会主义、怎样坚持和发展中国特色社会主义，建设什么样的社会主义现代化强国、怎样建设社会主义现代化强国，建设什么样的长期执政的马克思主义政党、怎样建设长期执政的马克思主义政党等重大时代课题，提出一

① 《中共中央关于党的百年奋斗重大成就和历史经验的决议》，人民出版社2021年版，第26页。

系列原创性的治国理政新理念新思想新战略”。[①]习近平新时代中国特色社会主义思想有其特定的时代背景，需要解决特定的时代问题，《决议》对时代问题的权威总结，就是时代给党提出的历史任务，这三大政治任务就是中华民族伟大复兴征途上的“三块巨石”，党的执政活动就是要克服“巨石”拦截，为民族复兴创造有利条件。如果时代课题的“三块巨石”搬不动、挪不动，那么这条路就走不通，党和国家的事业发展就要受到彻底影响。

坚持和发展什么样的中国特色社会主义、怎样坚持和发展中国特色社会主义？对这个问题需要作出新的思考、新的回答。邓小平同志在党的十二大以后不断总结，对时代之问及时作出了回答，对社会主义初级阶段的任务、依靠力量、领导力量、时代环境、路线方针等问题进行了深入思考。时代是不断发展的，邓小平同志的战略构想、战略思考只能解决那个时代的烦恼和问题，代替不了我们的独立担当，代替不了我们独立回答自己的时代问题，代替不了我们独立做出自己的贡献。一代人有一代人的使命，一代人有一代人的担当，各自担负起各自应该承担的责任，而不是“搭便车”，搞政治路径依赖，搞历史虚无主义，甚至无视历史的发展变化，想一招鲜横贯所有历史周期。实践证明，历史的虚无主义和教条主义都是要不得的，要实现历史进步，就必须进行自我超越，进行理论和实践迭代，实实在在地面对历史情境中的问题，准确把握历史的动态性和实践性。

建设什么样的社会主义现代化强国、怎样建设社会主义现代化强国？对这个问题需要在今天特定时点上进行独立思考，作出战略性回答和行动，为中国现代化重新创建和构想出路。现代化的环境条件和语意已经发生深刻变化，过去代替不了现在，新“两步走”现代化战略构想超越原来“三步走”战略，这是中国现代化实践不断深入发展

① 《中共中央关于党的百年奋斗重大成就和历史经验的决议》，人民出版社2021年版，第26页。

的必然结果。把原定于2050年实现的现代化目标提前到2035年，再利用剩余15年时间走向社会主义现代化强国，对中国现代化进行提速和提质，在现代化强国目标中建立人民群众的美好生活，才能最大限度地激发中国社会的活力，调动各方面积极性，摆脱历史的停滞和原地踏步。

建设什么样的长期执政的马克思主义政党、怎样建设长期执政的马克思主义政党？这是一个首次提出的重大命题。长期执政的马克思主义政党建设不同于一般的政党建设，长期执政的目标和要求会更高，西方政党四年换届选举一次，不可能有长期主义的要求，而长期执政的马克思主义政党就必须面对社会发展的长期问题，不解决长期执政，党的路线方针政策就不能得到长期贯彻执行。奥巴马医改法案尽管政治正确，很好地解决了美国大多数人的医疗问题，但特朗普还是要予以废除，这是由前后两个不同总统任期的竞争关系决定的。每届总统班子都有自己的个性和利益，所以每届总统班子做得对不对、好不好，不是由人民和实践来评判，而是由该届班子团队的内部关系决定的。如果后一届总统否定前一届总统，后续政策否定前续政策，那整个国家和社会的长期积累怎么完成呢？所以，如果美国存在衰退，那么必然跟这种政治的短期行为特征有着内在联系。机会主义政党活动一方面会破坏政策的科学性，另一方面也会侵蚀政策的长期性和实效性。一个政党、一个国家，没有积累就没有盈余，没有积累就没有价值创造，机会主义的选举政治注定不是长期主义者，也就注定政治上难有大的成就和作为。

中国的情况很不一样，邓小平同志在党的十三大上曾经指出，党的十一届三中全会以来的路线方针政策要管100年，党的十三大报告一个字都不准改动，要原原本本地贯彻落实。正是依靠党的长期执政，正确的路线方针政策才会得到长期的贯彻落实，不因领导人的改变而改变，不因领导人的注意力改变而改变，坚持一张蓝图绘到底，稳扎稳打不走样。这样才能够在积累中实现盈余，才能够在长期主义策略中取得成就。党的十九届六中全会之所以能够进行百年奋斗实践总结，回顾历史性成就和历史性变革，其根本在于百年积累成就百年变革，唯有长期执政的马克思主义政党才能确保国家长期繁荣与增长。

（五）民族进程背景

党的十九届六中全会《决议》指出，“党的十八大以来，以习近平同志为核心的党中央领导全党全军全国各族人民砥砺前行，全面建成小康社会目标如期实现，党和国家事业取得历史性成就、发生历史性变革，彰显了中国特色社会主义的强大生机活力，党心军心民心空前凝聚振奋，为实现中华民族伟大复兴提供了更为完善的制度保证、更为坚实的物质基础、更为主动的精神力量。中国共产党和中国人民以英勇顽强的奋斗向世界庄严宣告，中华民族迎来了从站起来、富起来到强起来的伟大飞跃。”①

实现中华民族强起来的伟大飞跃，这意味着一个全新的历史高度。从中华民族近100年的历史进程来讲，每个历史阶段的地位、功能、作用、性质都是不一样的。站起来的阶段、富起来的阶段和强起来的阶段是三个截然不同的历史阶段，每个阶段各自所需要的资源、各自所要实现的任务、各自所要取得的成就都是不一样的。到了今天，强起来的伟大飞跃必将为中华民族的伟大复兴提供更为完善的制度保证、更为坚实的物质基础、更为主动的精神力量。这样一个积极主动的历史阶段和条件，无疑会成为实现中华民族伟大复兴的最有利环境，标志着中华民族进入更为主动的历史阶段。

（六）主题背景

在党的十九届六中全会《决议》中，党进一步确立习近平同志党

① 《中共中央关于党的百年奋斗重大成就和历史经验的决议》，人民出版社2021年版，第61—62页。

中央的核心、全党的核心地位，确立习近平新时代中国特色社会主义思想的指导地位，反映了全党全军全国各族人民的共同心愿，对新时代党和国家的事业发展、对推进中华民族伟大复兴历史进程具有决定性意义。党在全会上的重大进步和政治成就，都要回归到中华民族伟大复兴的主题逻辑上，为推动和深化这一历史主题作出重大贡献，提供直接支持。历史主题决定党的政治走势，党的政治发展为实现历史主题任务服务，从历史主题统一中把握政治发展逻辑，理解党的十九届六中全会的精神要义，无疑是观察中国政治走向的最有效视角。

（七）发展背景

党领导人民成功走出中国式现代化新道路，创造了人类文明新形态，给世界上那些既希望加快发展，又希望保持自身独立性的国家和民族提供了全新选择。从发展的角度讲，中国式现代化新道路开创了人类文明新形态，和这种中国式现代化新道路、人类文明新形态相对应的政治能动性，必然要求党的活动符合人类文明新形态的高度与要求，必然要求党的中央全会有重大作为，发挥应有的政治功能和影响，而不是成为无所作为的一般政治活动，发展背景就是政治活动背景，发展的要求就是政治活动的价值取向。

（八）政治背景

就国际政治背景来看，中印边境冲突、台海局势紧张、祖国统一进程问题日益凸显，这些反映的是一种地缘政治、本土政治复杂化的倾向。我们所倡导的新发展阶段、新发展理念、新发展格局，以及共同富裕、人类文明新形态、收入分配体制改革、重塑资本和权力的关系等重大理论和实践问题，在现有政治议题能力中都不容易解决，需要我们在政治上有足够的准备和作为，要为解决这些问题创造足够积极有利的政治条件。

随着这些年改革开放、经济社会力量的增长，我国成了世界第二大经济体，这一方面表明中国社会具有强大的增长能力、增长规模和增长现实，另一方面也带来新的问题，大规模的增长及增长后的巨大体量，对国家政治层面的管理体制和管理能力提出了新的要求，需要对国家治理体系和治理能力进行调整和变革。如果政治体系维持不变，政治能力结构维持不变，但政治管理对象变了，就意味着政治管控力降低，意味着管控力量被管控对象的不断增长稀释掉了，最后必然造成各个系统管理不严不实，也就是我们长期抵制的“宽松软”、不严不实问题，“跑冒滴漏”问题，有令不行、有禁不止问题。

只有加强政治建设，提高政治能力，才能真正解决这些问题。要加强政治能力，就得进行重大的根本的政治调整。由于整个社会力量、经济力量获得了巨大增长，带来了整个社会独立化倾向，人们的利益和精神独立性倾向日益明显，整个社会的集中统一难度明显增大。社会集中统一性是社会共同体得以存在的基础，这是任何个人、企业、社会群体都逃避不了的客观现实，任何主体能力再强，也不可能脱离社会统一性而孤立存在。假如一个人有企业和工厂，也有私人飞机，不需要乘坐公交、地铁，他可能会觉得自己对公共产品的依赖性很低，但这只是一种肤浅的社会表象，倘若没有警察维护秩序，所有人的日子能过得舒坦吗？你兜里有点钱，但钱和整个社会庞大运行体系相比，只是很小一个方面。再厉害再有钱的人，都离不开一个庞大稳定有效安全的公共体系支持。这种公共能力、公共产品从何而来？当然是由政治体系运作来维持庞大公共产品的生产，以及公共秩序和公共安全的良好状态。这种政治必要性及其创造的公共产品价值是毋庸置疑的。但是具体建立什么样的公共秩序、培养什么样的公共能力，由于社会的不断发展，人们关于秩序、道德和利益的认识也会不断变化。政治在整个社会力量的此消彼长中，要不断适应这种社会变化，不断进行有效调整，这是一种历史运动的常态，这种常态的背后意味着要付出一定的成本和代价，这种代价不能简单地归结为经济代价、精神成本。

把中国历史上人口生产和变化的趋势规律刻画出来，再把中国历史的重大事件、重大战争轨迹刻画出来，我们会发现二者在频率上极其一致。战争消灭人口，和平年代生产人口。国泰民安时百姓盖房子、娶媳妇、生孩子，人口膨胀，社会资源趋于稀缺和紧张，最终导致极端冲突即战争，战争消灭人口，调节总量人口，重新获得政治和经济的平衡。中国人口的高峰期基本上都是战争爆发期，人口低谷期基本上都是战争刚结束后的和平时期，这种古老的自然平衡机制的成本代价很高。从 1921 年新民主主义革命到 1949 年中华人民共和国成立，中国死了很多人，这种残酷调整的历史周期很长，成本很高。所以，改革就显得弥足珍贵，因为改革就是不通过激烈的战争手段和死人的方式来缓解社会矛盾。

全面深化改革之所以地位重要，就在于改革是平滑处理社会矛盾的一种积极手段。改革就是建立政治、经济、社会的新的平衡，新平衡建立了，改革就成功了；平衡建立失败了，改革也就失败了。40 多年改革开放带来的激烈社会变革，必然促进社会力量、经济力量、观念力量的增长，这就需要在政治和经济社会增长现实之间建立一种新的平衡。从总趋势讲，社会力量、经济力量、精神力量增长会加大统一的难度，统一的成本增高，统一的程度降低，正是因为统一难度的上升，所以在实现统一上对政治资源的消耗就比以往任何时候都多。

统一难度加大、统一对象变多，维护统一性的力量就要相应增强。增强统一性力量，政治上就是要做到“两个维护”，拥护“两个确立”。坚决维护习近平总书记党中央的核心、全党的核心地位，坚决维护党中央权威和集中统一领导，既是维护统一性的政治要求和手段，也是社会在经历经济解放与观念独立后，人和人之间，人和社会之间，社会和国家、政府之间关系的一次重大变革与调整。

根据社会现实的变化，政治领域进行深度调整，建立有效维护社会运转的政治体系，依托体系的能力维持社会的公共性和统一性。在这种政治重建的过程中，党的十九届六中全会就扮演了非常重要的角色。因为这种政治变革，是新的政治和经济平衡关系的一次集中、直接、根本的解决，也是改革开放40多年积累的社会力量、经济力量、精神力量不得不调节的特定历史阶段。这种重大调节不是一般的政治资源、政治手段、政治能力所能完成的，它是一种大调节，是一种系统调节，与此相应，对政治能力、政治环境、政治条件的要求也不是一般政治环境和条件所能满足的。

自古到今，事在四方，要在中央。过去有“政令不出中南海”“我的地盘我做主”“各自为政”等不良政治倾向。这种不良倾向扩散蔓延，必然造成产业政策、经济政策落空，政治体系、权力体系、组织体系失灵。当统一的要求和统一性的力量减弱，任由社会分散性长期发展，必然会导致社会分裂，引起社会体系崩溃。

出现政府调控不力的根源还是在政治，由于党中央的集中统一领导权威不够，所以整体性、统一性就维护不力，必然造成地方分散主义。分散主义的严重后果就是政治腐败、经济政策失灵、资本的逻辑和市场化导向过于突出，社会公平正义无法得到维护，“公地悲剧”自然就发生了，这种问题逻辑自古到今一直存在。一方面社会运行离不开公共产品，另一方面在公共产品的维护、经营和投入上，大家都重视不够，对公共领域漠不关心，公共秩序、公共道德、公共精神越来越薄弱，长期发展下去社会势必走向丛林法则，弱肉强食。如果不加强对商业秩序和社会秩序的监管，不加强对市场和资本的监督，社会的公共秩序与安全还会继续遭到削弱。

以恒大债务为例，危机苗头初现时，企业就对政府有了依赖心理，以七八十万员工稳定为由，希望政府出面制止企业倒闭，避免大批人员下岗造成社会动荡。企业这样做自认为天经地义，办企业办砸了，给社会制造了动荡和麻烦，还摆出了一副这是政府的事的态度，不尽企业的政治责任、经济责任和社会责任。如果企业和企业家都这么想、这么干，而没有强大公共力量对公共秩序和公共安全的维护，那么整个社会势必都要受到威胁。了解类似这些问题，有助于我们更好地理解党的十九届六中全会的功能和作用，深刻认识政治层面上的重大意义，真正领会全会的精神实质和要义。

二、历史决议的地位及其任务

通过中央全会表决，对党的重大历史问题作出正式政治决议，既是党开展重大工作的一种严谨形式，也是处理党内重大历史问题的一种方法。党的历史决议的形成，必须要有特定的历史情境及其问题，关于历史问题的决议不同于中央全会开展工作的一般事务性决策，历史问题决议一经形成，不仅决定党内的长期思想发展，而且对于党内其他工作问题的处理都将产生直接影响。

（一）历史决议的地位

党的十九届六中全会通过的《决议》是党的历史上第三个决议。这是一件很特别的事，因为党的会议一般形成的是工作决议，很少形成历史决议。把工作决议变成历史决议，就像是把政治任期 5 年内的事务性管理变成了更长历史周期的管理。1945 年的时候，党的六届七中全会通过了《关于若干历史问题的决议》，这是党的历史上第一个决议，其作用是“对建党以后特别是党的六届四中全会至遵义会议前这一段党的历史及其经验教训进行了总结，对若干重大历史问题作出了结论，使全党特别是党的高级干部对中国革命基本问题的认识达到了一致，增强了全党团结，为党的七大胜利召开创造了充分条件，有力促进了中国革命事业发展”①。

党的七大胜利召开对党的事业发展至关重要，意味着中国共产党

① 《中国共产党第十九届中央委员会第六次全体会议文件汇编》，人民出版社 2021 年版，第 108 页。

在军事路线、政治路线、组织路线、思想路线、群众路线上彻底走向成熟，中国共产党开始真正具备能力和条件，能够建立领导中国政治发展进程的高规格、高水平核心团队。这个核心团队领导的核心政治力量必将决定和主导着中华民族和中国的历史进程与历史走势。高规格、高水平领导核心之所以能够形成，是与党的历史发展进程及重大历史问题的解决分不开的。从 1928 年党的六大召开，到 1945 年党的七大召开，中间间隔 17 年的时间。为什么间隔 17 年才召开党的第七次代表大会？只有一个原因，之前不具备开会条件，党内还没有完成思想统一、政治统一和领导权统一，这种政治不确定性既是党的能力和组织发展不充分的表现，也是党的政治客观面临的组织风险和隐患所在。由此可见，党的发展需要经历不同的历史阶段和发展水平，党内政治力量的形成并不是任何时候都有能力解决自身的问题。

所以，一个政治团队的形成，跟一个企业的管理层的形成是一样的，不是随便拉几个人过来组成团队就可以。团队磨合得怎么样？搭配得怎么样？运行得怎么样？这些都是党的发展面临的现实问题。班子如何配置是历史上普遍的政治难题，在中国共产党的历史上，早期党内群雄逐鹿，要形成一个核心、一个权威，非常不容易。中国共产党是由陈独秀、李大钊在 1921 年创建的，1927 年 4 月李大钊被张作霖杀害，1927 年八七会议上陈独秀被解除中央总书记职务，1929 年被开除出党。陈独秀、李大钊之后，陈独秀的得意门生张国焘，李大钊的得力助手毛泽东，开始在党的政治舞台上历练和开展工作。张国焘在一大的时候，是中共中央政治局的三个执行委员之一，当时的成员有陈独秀、李达、张国焘，陈独秀是党的创始人，李达是中国当时马克思主义理论水平最高的人物，而张国焘虽然年纪轻、资历浅，但已经开始跟党内的这两个重要人物平起平坐。张国焘从党的一大开始担任中央政治局执行委员，在中国共产党第二、第四、第五、第六次代表大会上均被选为中央委员，并在 1927 年和 1934 年两次当选中共中央政治局常委。毛泽东在遵义会议之前，历史上最高政治职务做到中共中央政治局委员。就当时的政治地位而言，张国焘一直领先于毛泽东。到了1935年，毛泽东带领的红一方面军大约有1万人，而张国焘带领的红四方面军大约有8万人，张国焘因此企图另立第二中央。1935年1月，在遵义会议上，毛泽东在党和军队的领导地位已经确立了，但1935年红一、红四方面军会师的时候，张国焘却出来发难，等到张国焘挑战中央领导权这一“劫难”过去，党在长征进入陕北之后就进入加速发展时期。尤其是西安事变之后，国共两党签署了统一联合声明，中国共产党在法理上正式结束了肇始于1927年的地下活动状态，开始了全国范围内的公开活动状态，也正是在这一国共合作的重要时期，党在各方面都获得了巨大发展。然而，1937年，当王明以共产国际“钦差大臣”的身份从苏联回到陕北，毛泽东的地位再一次被边缘化了。所以毛泽东本人讲他当时在政治上是很孤立的，他的命令是出不了窑洞的。如果党内一直是这样一种政治面貌和政治发展水平，党的七大能成功召开吗？所以从1938年召开党的六届六中全会着重解决党内组织问题开始，到1945年党的七大顺利召开，总共间隔了7年多的时间，正是经过7年多时间的精心准备工作，才创造了召开党的第七次全国代表大会所需要的思想基础、组织基础和政治基础。

党的六届六中全会的核心任务，就是解决党的领导权的问题，即究竟谁是党内的掌舵人，由谁来作党中央的报告。王明觉得应该由他来作这个报告，但也有一部分人觉得毛泽东长期负责党内重要事务，应该由毛泽东代表中央作报告。最后在党的六届六中全会召开前的中央政治局会议上专门决议这个事情，王明和毛泽东两个人同时作报告，然后由大家投票，决定谁的报告通过，谁代表中央在全会上作报告。在统一战线问题上，王明的主张就是陈独秀的翻版，这种投降主义的错误政策，在1927年曾经导致很多共产党人被国民党杀害，根本原因就在于共产党完全放弃了独立性，所以当毛泽东主张党在统一战线内部独立自主开展工作，获得了大多数人的认可，毛泽东的报告得以通过。党的六届六中全会由毛泽东同志作主报告，意味着全党再次确认了他的重要政治地位，接下来开展延安整风运动，加强党的思想政治工作，不断提高党内思想认识，巩固党内思想统一。

在整风运动基础上，中央牵头对六大以来的党内重要文件进行汇编，依托这些重要文献资料来凝聚党内共识。把中国共产党内过去20多年的与重大是非问题相关的重要文件全部装订汇编成册，包括各个历史时期党中央正式签发的红头文件，以及地方上具体怎么干的一些总结，这样，党的历史遗留问题自然就有了解决办法，党历史上的功过是非全都一目了然。对《六大以来——党内秘密文件》、《六大以前——党的历史材料》和《两条路线》等重要文献的整理，就是这一时期党的工作的重要任务。在这些基础工作之上，在延安整风运动和党内文件汇编支持下，才有了1945年党的六届七中全会通过的《关于若干历史问题的决议》，对中国共产党的历史公开进行正式决议，起到一锤定音的作用，彻底完成了党在思想上、政治上、组织上的正式统一，只有具备了这一统一基础，党的全国代表大会才有条件召开，党的七大才有能力建立中国共产党的核心团队和领导班子。

中央全会的工作制度，本质上代表着一种合法解决政治问题的权威性程序，用权威高效的政治程序管人管事，就是用制度管人管事，解决问题的强大能力就是其合法性的主要来源。政治问题之所以经常不好处理，主要就在于政治形式并不等于政治内容，程序正义并不等于实质正义。我们过去围绕公款吃喝的问题发了多个红头文件，也没彻底管住，背后原因就是政治并不等同于形式，政治的内部结构与组织关系没理顺的时候，发的文件再多也没用，文件作为一种精神产品是需要组织的物质力量去支撑和保证的。历史决议和一般工作决议、一般政治决议不同。工作决议就事论事，是针对具体问题的决策行为。

但历史决议不一样，正是因为通过历史决议对党内重大历史问题进行决断和总结，才有毛泽东时代开启的历史基础、组织基础、思想基础和政治基础，党的历史才真正进入团结统一和干事创业快速发展时期。党的七大之后各方面事业之所以进入加速发展时期，很快迎来抗日战争和解放战争两大战事的胜利，根本来讲就是党的七大完成了党的核心领导团队的建立，有了强有力的党的正确领导，各方面事业的发展自然就进展得比较顺利。

1981 年党的第二个历史决议，也是遵循同样的逻辑，对党的一些重大历史事件和重要历史人物作出了历史性决议，正确评价了毛泽东同志和毛泽东思想，纠正了“左”、右两方面的错误观点，统一了全党思想，对推动全党团结一致向前看、更好推进改革开放和社会主义现代化建设产生重大影响，开启了邓小平时代。

到了今天，我们又面临新时代发展和历史过程的关系问题，正如习近平总书记所说，“现在，距离第一个历史决议制定已经过去了 76 年，距离第二个历史决议制定也过去了 40 年。40 年来，党和国家事业大大向前发展了，党的理论和实践也大大向前发展了。站在新的历史起点上，回顾过去，展望未来，全面总结党的百年奋斗重大成就和历史经验特别是改革开放 40 多年来的重大成就和历史经验，既有客观需要，也具备主观条件”[①]。

这里的客观需要是指改革开放发展 40 多年到今天，党和国家的事业发展需要重新调整再出发，我们不能做政治上的“啃老族”，继续沿袭邓小平改革开放的基本逻辑和基本架构继续往前走，毕竟历史和现实都有了巨大的发展变化。如何进一步超越改革开放历史进程，开启更高标准、更高质量的新时代发展格局，正式打开新时代的独立叙事结构，无疑是摆在当代共产党人面前的现实问题。新发展阶段、新发

① 《中国共产党第十九届中央委员会第六次全体会议文件汇编》，人民出版社 2021 年版，第 109 页。

展理念、新发展格局所定义的新时代面貌，就是把改革开放进行到底，实现对邓小平时代完美超越的重大举措。如果中国发展走不出邓小平时代，不能够实现真正全面、彻底的超越，那么中国的历史就没法继续保持进步，这种进步就是辩证法的能动实现，就是新事物对旧事物的替代，就是时代的自我否定之否定。

现在都在讲“躺平”，有这样一个段子，一个孩子给他爸爸写信，勉励他爸爸好好奋斗，要勤勉地经营家族企业，利用好现在的现成条件好好干，这样总好过他未来需要面对诸多不确定性，他将来就指望爸爸了，以后继承现有的家产，躺平就行了。孩子反过来让爸爸好好学习，天天向上，不断自我学习，自我提高。他的道理很简单，认为爸爸的基础和条件已经是确定的，在这个基础上再往前走比他奋斗更可靠，所以“啃老”是比较便捷简单、成本最小的一条路径。然而，要建立更高层次的人类文明新形态，就必须实现自我超越和自我突破，就必须从改革开放的路径依赖中独立出来，建立更高形态的经济、政治、社会和文化发展能力。

在中国共产党成立100周年的重要历史时刻，在党和人民胜利实现第一个百年奋斗目标、全面建成小康社会，正在向着全面建成社会主义现代化强国的第二个百年奋斗目标迈进的重大历史关头，全面总结党的百年奋斗历程的重大成就和历史经验，对推动全党进一步统一思想、统一意志、统一行动，团结带领全国各族人民夺取新时代中国特色社会主义新的伟大胜利，具有重大现实意义和深远历史意义。

新时代是一个不同于改革开放历史进程的更高发展阶段，有着更高质量的政治要求、能力要求和时代要求，是一个从富起来到强起来全面赶超的时代，是决胜全面建成小康社会、进而全面建设社会主义现代化强国的时代，是全国各族人民团结奋斗、不断创造美好生活、逐步实现全体人民共同富裕的时代，是全体中华儿女勠力同心、奋力实现中华民族伟大复兴中国梦的时代。

这样一个充满前景的美好时代，对我们党的自身建设提出了更高标准的现实要求，我们不仅要积极加强自身能力建设，为拥有这样一个时代做好主观准备，而且要为确立这个新时代创造普遍的经济基础、政治基础和社会基础。

（二）历史决议的任务

确立新时代必须在政治上形成相应的政治基础、政治条件。完成“两个确立”的本质有两个，一个是确立权力，另一个是确立思想。什么叫作新时代？权力上的保障机制变了，思想就变了，新思想意味着新打算、新策略。新打算新策略要想获得相应地位，就要确立它们在政治上的权力和待遇，没有权力的相应配套，新思想是立不起来的。新权力的组织力量，再加上新思想的精神力量，叠加在一起重新定义的发展阶段，就是新时代的开启和在场。

毛泽东当年打淮海战役的时候就跟粟裕讲过一段话，大意是共产党说得再漂亮，道理讲得再好听，代表的真理再无上，也要深深地明白，真理是需要用实力来捍卫的，如果仗打不赢、打不好，打不倒国民党，理论上共产党的政治再先进，现实主张再了不起，也是没人信的，关键要把仗打好。战场上胜利了，那么党中央在后方在政治上就主动了；战场上失败了，党中央在后方在政治上就被动了。一样的道理，习近平新时代中国特色社会主义思想也需要硬实力来捍卫、巩固和维护，确保党的最新指导思想在实践中不变样不走样，能够长期发挥指导作用，而不是因人废事，环境变了，科学的思想也不要了。

确立习近平同志党中央的核心、全党的核心地位，确立习近平新时代中国特色社会主义思想的指导地位，“两个确立”前者强调权力领导地位，后者强调思想领导地位。一旦党的权力和思想确立完成了，必将对新时代党和国家事业发展、对推进中华民族伟大复兴历史进程具有决定性意义。因为只有这种来自最高层的政治规划和加持，“两个确立”的地位才能得到真正的巩固和捍卫。也只有保障了党的组织权力和思想，党的正确的路线方针政策、党的重大的战略策略才能保持稳定，全党才能真正做到不折腾、不动摇。

1945年的历史决议解决了站起来的问题，开启了毛泽东时代。1981年的历史决议解决了富起来的问题，开启了邓小平时代。2021年的历史决议解决了强起来的问题，开启了以习近平同志为核心的党中央领导的中国特色社会主义新时代。第三个历史决议的形成，标志着中华民族的历史发展进程迎来了最重大的实质性转折点，意味着一个全新的、更加独立自主的民族历史发展阶段的到来。这是党的十九届六中全会所作出的重大历史贡献，决议精神必将在党的历史逻辑和中国社会现实考量中得到忠实的体现。

新时代能不能开启，有没有条件开创，对照中国社会发展的现实，就可以作出清晰的判断。从思想条件讲，习近平新时代中国特色社会主义思想所提供的精神力量，是我们超越改革开放历史阶段，重新开创一个新时代的重要主观条件，马克思主义中国化新的飞跃已经完成。邓小平理论的形成始于1978年，距离今天已经有40多年时间了，中国经济社会发展和思想状况都已经发生了巨大的变化，中国已经发展成为世界第二大经济体。新中国成立70多年来，中国共产党领导中国人民创造了世所罕见的经济快速发展奇迹和社会长期稳定奇迹。这种剧烈的历史变化，势必要求我们在政治上、思想上和组织权力结构上进行变革，作出相应的同步调整。社会的物质结构、观念结构、关系结构等方面变了，关于这些结构的现实治理就要作出相应的调整，重新塑造新思想的软实力和新组织的硬实力。

从民族进程的环境讲，站起来、富起来的问题已经基本解决。我国现阶段城乡居民人均年收入已经达到1.2万美元，即将进入高收入国家行列。我们当然不能一直停留在富起来的阶段，兜里有点钱不代表人生就圆满，还要继续往前走，再往前走就不是钱的问题了，再往前走就是精神境界、精神能力的建设问题了，社会发展从重物质阶段走向重精神阶段，这是发展的必然规律。

不是钱就能解决人生的全部问题，精神贫困的问题还得通过精神的办法去解决，一方面要解决月收入 2000 元以下的 9 亿人的物质生活需求问题，另一方面也要解决月收入 2000 元以上的 5 亿人的精神生活需求问题。从富起来到强起来，这是中华民族的历史进程，也是中国现代国家的历史进程中面临的一个实质性的转变。和这种民族的重大历史拐点相对应的，一定是更为强大的精神准备和更为有利的政治环境。

从时代条件讲，今天确实有很多问题凸显出来。中国特色社会主义讲了几十年，沿着中国特色社会主义这一理论、制度和道路的逻辑继续往前走，应该建设什么样的中国特色社会主义、怎样建设中国特色社会主义？对这些问题必须有一些打算和考虑。党的十九大提出建设富强民主文明和谐美丽的社会主义现代化强国，目标愿景很诱人，但建设什么样的社会主义现代化强国、怎样建设社会主义现代化强国，这些时代课题都要具体对待，要有实际性作为和行动。再比如，建设什么样的长期执政的马克思主义政党、怎样建设长期执政的马克思主义政党？面对这一重大时代课题，党必须拿出能够保持长期执政的顶层设计，需要作一些长远打算，不能搞政治机会主义，严格杜绝政治短期行为的表演艺术。

当建设社会主义现代化强国成为党的真实执政目标，就意味着这一叙事范式必须对国家进行实质性关照，切中国家发展的关键逻辑，不能是见着问题绕着走，装聋作哑甚至刻意回避，如果是这样，就只能搞成形式主义的国家，搞成形式主义的政治。

从现实政治的需要来讲，党的十九届六中全会的《决议》明确了总结党的百年奋斗重大成就和历史经验的三个需要，即“开启全面建设社会主义现代化国家新征程、在新时代坚持和发展中国特色社会主义的需要；是增强政治意识、大局意识、核心意识、看齐意识，坚定道路自信、理论自信、制度自信、文化自信，做到坚决维护习近平同志党中央的核心、全党的核心地位，坚决维护党中央权威和集中统一领导，确保全党步调一致向前进的需要；是推进党的自我革命、提高全党斗争本领和应对风险挑战能力、永葆党的生机活力、团结带领全国各族人民为实现中华民族伟大复兴的中国梦而继续奋斗的需要”[①]。这就好比车到半路需加油，必须不断地加油，不能加了一箱油就万事大吉，以为一劳永逸了，只要车子还在行驶就得不停加油，不加油车子就可能出现抛锚的危险。党的政治领导还要继续，党的执政活动还要不断往前走，就必须不断加强政治能力，塑造政治优势，依托政治优势、政治能力经略国家重大事务。

第三个历史决议确立了新时代的历史地位，确立了政治权力的核心，确立了指导思想的领导地位，开创了全新的政治生态，塑造了全新的政治风貌。新时代意味着超越政治任期的一种整体性国家塑造能力，不是某个政治任期的内部构造，而是超越任期的跨周期塑造，这种塑造能力所需要的权力条件及其稳定性、权威性程度都是不一样的。只有不同于任期制的抽象权力，才能避免换领导就换想法的政治弊端，避免领导可能出现的“功成必定在我”的刷存在感冲动。如果政治体现的是个人，那么政治关照的就未必是事业。党的政治科学化构建，就是要对人性及其私心杂念的东西进行充分的估计。历史决议确立了新时代的历史地位和政治地位，这种权威性一经形成，就不是党的一次代表大会换届选举所能推翻的。历史决议不同于政治任期内的工作决议，一经形成就是对某个历史阶段的总体决议，代表着某种稳定的历史意识结构。党的领导也不只是一般意义上的组织权力，组织的物理力量是实现党的领导的物质基础，党内确权很大程度上是确立思想指导权，即确立驾驭和领导组织的权力。思想地位和党的路线方针政策一经确立，就具有长期性和稳定性。确认组织权力是为确认思想权力服务的，以此保证党的长期正确

① 《中共中央关于党的百年奋斗重大成就和历史经验的决议》，人民出版社2021年版，第2页。

领导，确保党的路线方针政策的连续性、稳定性和一致性，这是实现国家长治久安的现实需要。

三、第三个历史决议的内容及其政治分析

党的十九届六中全会一方面对党的百年历史进行了全面总结，另一方面又把党的十八大以来新时代中国特色社会主义建设作为重点，并在统一总结基础上形成第三个历史决议，论述逻辑简明，内容结构明朗，观点立场清晰。

在第三个历史决议中，党的百年奋斗征程被划分为四个历史时期，并从中华民族近百年历史的高度对每个时期的贡献和作用进行了科学总结，强调全党要坚持唯物史观和正确党史观，从党的百年奋斗中看清楚过去我们为什么能够成功、弄明白未来我们怎样才能继续成功，从而更加坚定、更加自觉地践行初心使命，在新时代更好地坚持和发展中国特色社会主义。

首先，对党的百年奋斗历史进行四个时期的划分，有利于我们更加准确地把握党的历史及其功能和价值。在党的政治自觉中看清楚民族历史运动的基本趋势、基本节奏、基本方向和基本过程，从而深刻理解百年历史发展进步上升的内在逻辑，在汲取历史教训的同时要抓住主流，在一般历史运动中树立唯物主义的积极历史观，把历史的正能量积极转换为党和国家事业发展的营养和价值。中华民族在中国共产党的领导下经过百年的奋斗，走过完全不同的四个历史时期，正是这四个历史时期把中华民族从落后挨打的时代推进到有民族尊严、民族自信、民族能力的独立自主发展时代。我们今天讲“四个自信”，讲世界第二大经济体，讲中国是当今世界名副其实的经济大国、政治大国、军事大国，都是在这种民族发展能力及发展成就基础上来说的。

中国进入大国时代，从大国时代走向强国时代，就是通过这四个

相对独立的历史时期来实现的，一步一步完成民族历史的自我实践超越，在实践超越基础之上，同步完成民族历史的精神超越，马克思主义中国化的三次飞跃及其背后的民族精神成长，生动地刻画了中华民族在民族精神、民族心理、民族思想和社会意识形态上的心路历程，这不仅是一种政治发展的表象，更是民族能力在精神和时间维度上的增长，是以民族思想发展为方式的民族共同体的精神成长。

1945 年党的七大召开期间，刘少奇作了关于修改党章的报告。他在这个报告中讲，因为有了毛泽东思想，中华民族的历史达到了前所未有的新高度，这种历史的洞察和深邃更是直接指向党的历史的本质。中华民族在距今 2000 多年的历史中，从政治角度讲，政治制度和体制不出秦政，就是因为在政治制度、政治思想、政治结构上没有实质性的进步，中国封建社会的官僚体系基本都是对秦始皇大一统的中央集权体系的沿袭和继承。从这个角度来说，2000 年多的历史基本都在原地踏步。正是毛泽东思想帮助中国人民从这种历史停滞中走出来，进入到一个全新的政治年代，来到一个更高阶段的社会形态，第一次用现代政治观念和价值尺度来审视民族历史的发展，从世界历史进程关照中国历史发展的全貌，让中华民族第一次在思想上、精神上获得了独立和自主。

毛泽东思想、中国特色社会主义理论体系、习近平新时代中国特色社会主义思想，马克思主义中国化的三次飞跃及其智慧结晶，应该是中华民族近百年历史进程中最有价值、最有意义的重大精神成长。

思想可以超越历史年代传承。我们今天看《道德经》《论语》依然觉得很好，秦砖汉瓦堆砌那么多建筑，今天全部成了过眼云烟，历史上的王侯将相、荣华富贵也都烟消云散，唯有思想的进步滋润千秋，唯有思想的积累泽被苍生。穷的时候攒钱，富的时候攒精神。中国的一切发展进步，最终都要上升到文明的层面，沉淀为思想的进步，思想能力的提升，这才是民族发展和进步的根本。

以现在全球知名的头部企业苹果、亚马逊等为例，这些企业商业成功的背后主要还是整个社会文明和精神能力的有效支撑。现在全世界资产溢价这么高，根本来说还是因为好资产太少了，资产荒的背后是知识和技术贫困，是精神能力和创新能力不足。中国企业要力争做到项目好、技术好、产品好，积极利用全世界流动资金获得融资支持。核心技术、好的创意、好的方案、好的项目，其本质上往往不是资金充足，而是强大的精神能力，所以思想理论的进步才是一个民族发展壮大的根本支撑力量。

马克思主义中国化的三次飞跃代表着中华民族三次显著的精神成长，和四个历史时期的民族实践叠加起来，构成过去100多年中华民族的主要社会思想与实践活动，形成中国共产党成立百年来民族历史发展进步的主要动力，构成了中国式现代化的现代节奏及其图景。物质的运动加上思想的运动，构成了中国现代化的全部运动，这里面的每一步都是亿万人民群众努力奋斗的见证。中国共产党在百年历史中完成三次思想飞跃，第一次思想飞跃经过了24年，第二次思想飞跃从1945年毛泽东思想提出到1978年邓小平理论提出经过了30多年，第三次思想飞跃，从邓小平理论到习近平新时代中国特色社会主义思想，中间也经历了30多年时间，这种缓慢的民族精神迭代充分说明文明发展的不易，也只有通过百年历史决议的方式才能把中国式现代化的过程彻底讲清楚，历史决议的地位及其功能价值由此可见一斑。

其次，对习近平新时代中国特色社会主义思想进行进一步总结和完善，确立新时代的独立地位和重大价值，无疑是第三个历史决议形成的重要原因及政治使命。党的十九大对习近平新时代中国特色社会主义思想从“八个明确，十四个方略”两个方面进行概括和论述，对统一全党思想和行动起到了应有的积极作用。随着新时代党的各项事业的不断发展，习近平新时代中国特色社会主义思想的内涵也得到了更加丰富的拓展。党的十九届六中全会在十九大提出“八个明确”基础上增加了“两个明确”，形成了关于习近平新时代中国特色社会主义思想的十个方面的明确认识，增加“明确必须坚持和完善社会主义基本经济制度”和“明确全面从严治党的战略方针”两方面内容，既是对党的十八大以来重大成功实践的必要总结，也是对习近平新时代中国特色社会主义思想内涵的进一步丰富和完善。从思想体系的内在结构来看，增加“两个明确”的新内容不仅必要而且十分关键。一个国家体系的基本结构主要就是经济结构加政治结构，所以在经济上政治上一定要有直接的明确认识，这种经济政治的治理成为党的执政活动的重要内容。增加经济政治治理的“两个明确”之后形成的“十个明确”，构成了党在新时代关于中国社会发展的总体看法。今天的中国向何处去、干什么，就由这“十个明确”的基本逻辑和框架来决定，这才是关于中国当代问题、关于新时代中国社会发展问题的最权威的看法。就今天的政治环境和政治能力而言，能够拿得出手且具有高度共识性、能够获得合法政治身份政治地位的十个方面的理解，构成了新时代中国特色社会主义的基本认识、基本理论、基本逻辑和基本框架。我们要在这个基本政治共识基础上，有效推动党领导国家发展的具体实践过程。

政治跟随实践发展变化不断作出调整，“两个确立”为“十个明确”提供可靠的政治权力保障和支持，这种政治上的顶层设计已经上升为全党的战略思想。从这个角度讲，“两个确立”对新时代党和国家事业发展、对推进中华民族伟大复兴历史进程具有决定性意义，是关乎全局成败的决定性力量。唯有巩固和加强党的组织力量，才能确保中华民族伟大复兴的理论和实践在时间和空间维度上的稳定性、安全性和长期性。

要想长期发展的整体基本结构、基本战略、基本方向保持不变，保持稳定，就必须有充分的政治形式和资源来保驾护航，而不是换个领导就要改变方向。所以邓小平同志反复强调，党的十一届三中全会以来的路线方针政策100年不动摇、不能变，实际上就是要力求保证战略规划的长期性和稳定性。同理，如果没有强有力的政治优势作保障，中华民族伟大复兴的方向、结构及力度，随时都会根据权力周期和社会周期而发生摇摆，这是不以人的意志为转移的组织运行规律。所以，我们不能让政治机会主义发生，要确保在政治治理和国家核心利益、长期利益、总体利益之间发生冲突时，不能用政治权力去干扰或者破坏国家发展核心利益、整体利益。

最后，对新时代党的历史性成就和历史性变革进行十三个方面的总结，把党的十八大以来新时代发展所取得的进步，以及所产生的积极影响进行总体性的政治归纳，为拥护“两个确立”提供坚实可靠的实践基础、政治根基和现实依据。这十三个方面的总结，都是实打实的真实成就，没有任何水分和泡沫。党的十八大以来的成就和变革主要从坚持党的全面领导、全面从严治党、经济建设、全面深化改革开放、政治建设、全面依法治国、文化建设、社会建设、生态建设、国防和军队建设、维护国家安全、坚持“一国两制”和推进祖国统一、外交工作十三个方面展开，一方面展示了党的十八大以来的各方面重大作为，另一方面揭示了我们国家在综合国力、综合实力、综合能力方面的发展，在所有这些重要领域取得的实质性进步。

发展的基本方式一般有两种：一种是在原有的基础之上大踏步前进，这是增量意义上的发展；另一种是在时间的变量面前能够不倒退，能够稳得住，这也是发展，但是侧重于存量意义的发展。当今世界正经历百年未有之大变局，在这种激烈的变动面前，中国还能够稳住不乱，继续维持一个发展的势头和局面，这是多么了不起的举世公认的成就。美国在新冠肺炎疫情中，截至2022年4月5日，死亡人数已经接近101万，而中国在疫情面前稳住了，始终坚持人民至上、生命至上，坚持科学精准、动态清零，尽快遏制疫情扩散蔓延势头，为经济社会发展创造了全球独一无二的有利局面，这是非常了不起的成就，也是党的十八大以来党和国家取得历史性成就、发生历史性变革的重要标志。

以党的全面领导为例，十个经验中第一个经验就是坚持党的领导，十三个方面的历史性成就和变革中第一个也是谈坚持党的全面领导。党的十六大、党的十七大之所以没有如此高度重视地强调加强党的全面领导，关键在于党的领导能不能得到加强，不仅是一个政治意愿和政治能力的问题，而且是一个政治机遇的问题。如果历史条件不具备，很多重大政治问题也不好解决。以前之所以有“政令不出中南海”的说法，实际上跟地方主义盛行的政治环境不无关系。加强党的领导，政治难度是不言而喻的，但党的十八大以来到今天为止，这个问题确实获得了巨大的改观和克服，在理论上正本清源，“明确中国特色社会主义最本质的特征是中国共产党领导，中国特色社会主义制度的最大优势是中国共产党领导，党是最高政治领导力量”。[①] 中国的最大国情就是中国共产党的领导，中国共产党的领导是中国特色社会主义最本质的特征，这些重大理论观点客观上统一了认识，把过去的一些不合实际的、不正确的说法统统给转变过来。同时在制度供给上精心设计，增强实现党的领导的制度性保障。从中共中央出台关于加强和维护党中央集中统一领导的若干规定开始，从中共中央到地方、基层，党的领导的制度设计很健全，党的十九届四中全会通过的决议里面，对关于党的领导制度作了六个方面的总体设计，对权力、组织、工作、全面从严治党等各个方面都进行了精心设计，对党的领导进行了制度性捍卫和巩固，使党的领导有了切实可行的制度依据。

比如，高校和医院的党委领导下的校长、院长负责制一出来，党的领导问题就有了制度化规定，任何一所学校、任何一所大学和医院，都要尊重这一套领导制度。制度在实践中不能仅有理论，只有单方面

① 习近平：《决胜全面建成小康社会 夺取新时代中国特色社会主义伟大胜利——在中国共产党第十九次全国代表大会上的报告》，人民出版社 2017 年版，第 20 页。

制度实践上还会存在执行难，所以还得有一些权力层面、组织技术层面的考量和设计。没有组织技术层面上的保障，制度就得不到贯彻落实。所以，从中央委员会的建设开始，从整个决策环节到执行环节、监督环节，都有党的领导的全面介入。这种全面领导落实之后，各部委就不可能是油盐不进，针插不进，中央委员会一牵头召集会议，各个职能委员会决策议事机制启动，各个部委积极参与，各自明确任务清单，纪检监察力量随后督促、检查，这样事情自然能够统一干好。没有这些手段，难免会出现少部分人只想当官，不想干活。

有了这些制度设计和具体的运行机制，很多事情就能推动了。相反，党的全面领导如果没有重大的、实质性的作为和突破，党的领导机制及其作用就实现不了了。在十三个方面成就的基础上，结合100多年党的历史，总结了十个方面的经验。100多年的历史不是虚无的，不能失去其客观存在的价值，我们要从历史经验中获得智慧和力量的增长。十个方面经验就是智慧，就是中国社会保持发展的内在规律。这个国家、这个党怎样建设得更好，不能因领导人的改变或者领导人注意力的改变而改变，而应自觉遵循经济规律、社会规律、政治规律，遵循党的执政规律和历史发展规律，增强历史自觉和历史自信。

回顾历史，几千年的历史记载告诉我们，权力派系的斗争很难避免。今天，党的团结要实现，就要打破这种历史周期率，改变大家的政治习惯和预期。把党的十八大以来形成的政治局面、政治能力和政治成就延续到党的二十大，确保党和国家事业的稳定发展，维持国家发展的整体环境、积极局面和战略能力，既是当前开展党的工作的内在要求，也是党的十九届六中全会所要完成的政治任务。

四、增强党的政治自觉与实践自觉

第三个历史决议的形成，为我们理解当下中国提供了一种统一的话语力量，在这种宏大政治叙事的历史逻辑中，寻求推动当下中国发展的民族共识和经验智慧，进一步推动实现民族复兴的历史自觉和实践自觉。

（一）保持政治认识，坚持政治自觉和实践自觉

我们对党的十九届六中全会所代表的党的政治思考和政治走势一定要保持十分清醒和理性的认识，充分意识到其所代表的中国社会的客观现实，这一客观发展阶段决定着党的各方面的认识和行为。在实践中，一定要有政治意识和实践意识，一定要有政治自觉和实践自觉，知道中央在想什么、干什么，然后我们应该在实践中、工作中怎么去想怎么去干，这种政治自觉对实现党的领导和国家发展异常重要。高度重视和坚持中国共产党百年奋斗的历史经验，这十条经验是在血与火的经历考验中得来的，是中国共产党从百年历史发展过程中得出来的清醒认识，代表着很高的政治理性与智慧。在党的百年历史经验面前保持虚心，珍惜这种政治本土实践和探索，是党在百年里走过很多路之后的深刻认识，是党的政治经验积累凝结而成的科学历史意识与知识。在工作实践中，在政治立场、政治方向、政治观点上坚持这十条经验，就需要各级党员领导干部自觉超越个人有限政治生命，在民族共同体100多年集体奋斗的智慧凝结中厘清当下中国的发展逻辑，保持当下开展工作的政治自觉和实践自觉。

（二）把握历史规律，保持历史清醒，增强历史主动，做到历史自觉

把当前中国的发展放到五千年中华民族历史图景的整体中去看，放到党的百年历史实践中去看，放到世界百年未有之大变局中去看，既立足当前，也着眼长远，既看到当前阶段和局部，也看到长远未来和整体，不搞短期主义、机会主义，不搞官僚主义、形式主义，坚持大国的样子、大党的样子。一个长期执政的党，要对中国长期发展负

总责、负全责，而不是负一个阶段的责任。何以如此？因为唯有保持一定的历史感，用历史的经验和智慧去观察问题，才能学会在历史进程中去看待中国今天的发展阶段及其所处的历史方位、应起的历史作用，而不是采取短期主义的利益选择或策略主导。我们讲到的“两个大局”都是在世界历史的逻辑中思考问题，是在几千年的历史规律中理解现在。中国想要在世界历史和民族历史上出类拔萃，就要在大争之世塑造自己的优势，包括政治优势、发展优势和安全优势，要把现有的政治资源充分盘活，形成有效的政治力量、政治意志和政治能力。要用已有的政治局面、政治优势来动员和带动国家各方面的资源力量，驱动国家意志按照合理的方向前进。不允许出现走走停停、无效内耗，以及无序野蛮竞争、博弈，整合国家的发展能力、发展力量和资源，确保国家资源使用效率的最大化，用国家能力和国家效率赢得国际竞争。

（三）自觉把握党的百年奋斗历史经验

党的十九届六中全会的召开，科学总结了中国共产党百年奋斗的历史经验，准确揭示了党在百年历史征程中走向成功的历史密码和历史智慧。党的百年奋斗历史在中华民族历史整体中占有非常重要的地位，这种重要性不是拿历史的时间长度来估量的，中国封建社会的历史有 2000 多年的时间，但却“两千年不出秦政”，其历史上政治成就停滞，并没有真正推动民族的巨大发展。中国封建社会在历史的源头处，在政治文明、历史文明的早期阶段表现是很惊艳的。公元前 221 年，秦帝国一经诞生，在文化上、制度上、政治上、权力上、疆土上所取得的政治成就，在世界范围内都是独一无二的。但是秦统一六国所创造的这种政治文明和政治形态，并没有为后世的 500 多个皇帝所突破和发展，基本上都是在沿袭和模仿，这才导致“2000 年不出秦政”的历史窘迫局面。

党的百年奋斗历史，彻底地完成了中国的面貌、中华民族的面貌、中国人民的面貌的改变，这种前所未有的历史能力与历史效率，带来的是民族历史的天翻地覆的变化。与中国封建社会 2000 多年历史运动相比较，这种历史成就是巨大的。对党的百年的奋斗历史进行经验总结，既是尊重历史，也是尊重事实的巨大变革。

党的十九届六中全会总结了党百年奋斗历程中十个方面的经验，分别是坚持党的领导，坚持人民至上，坚持理论创新，坚持独立自主，坚持中国道路，坚持胸怀天下，坚持开拓创新，坚持敢于斗争，坚持统一战线，坚持自我革命。这十个方面的经验是一个系统的整体，既相互独立又有机联系，科学揭示了党和人民事业不断走向成功的根本逻辑，科学揭示了党始终立于不败之地的力量源泉，科学揭示了党始终掌握历史主动的根本原因，科学揭示了党永葆先进性和纯洁性、始终走在时代前列的根本途径。

十个方面的历史经验就是保持历史繁荣进步的成功密码，中国共产党百年的历史为什么能够创造奇迹？党执政 70 多年为什么能够创造经济快速发展奇迹和社会长期稳定奇迹？根本原因就是我们党有宝贵的历史经验，有对历史智慧和历史规律的科学总结。这十个方面的历史经验是经过党的长期实践检验的，是党和人民共同创造的精神产品，必须加倍珍惜、长期坚持，并在新时代实践中不断丰富和发展。中国共产党是无产阶级政党，无产阶级政党具有政治的先进性、组织的先进性和理论的先进性，这种先进性就是在不断总结历史经验教训的过程中获得的。我们要保持历史清醒，采取历史主动，实现历史自觉。回到历史就是回到经验，回到规律，回到智慧和真理。历史是最好的教科书，历史是实践舞台，成功或失败，可行或不可行，历史会告诉我们结论。尊重历史就是尊重规律、尊重智慧和尊重科学。

（四）维护好中华民族伟大复兴的决定性条件

党的十九届六中全会《决议》提出，“党确立习近平同志党中央的核心、全党的核心地位，确立习近平新时代中国特色社会主义思想的指导地位，反映了全党全军全国各族人民共同心愿，对新时代党和国家事业发展、对推进中华民族伟大复兴历史进程具有决定性意义”。中华民族伟大复兴不只是经济上的复兴，还需要有政治上、组织上的保障，没有党的领导和执政就不会有中华民族的伟大复兴。因为中华民族伟大复兴的历史进程是中国共产党领导和实践出来的，离开了党的领导民族复兴就失去了方向。中华民族伟大复兴要在政治上立得住、立得稳，就必须有党的领导，必须有党的科学执政。

党的领导和执政里面最核心、最关键的问题就是“两个确立”这一重大政治判断。“两个确立”是民族复兴的决定性政治条件和政治保障。党领导人民取得民族复兴所需要的伟大成就，为实现中华民族伟大复兴提供更为完善的制度保障，更为坚实的物质基础，更为主动的精神力量。

（五）为迎接党的二十大胜利召开创造条件

党的十九届六中全会的公报指出：“全会认为，党的二十大是我们党进入全面建设社会主义现代化国家、向第二个百年奋斗目标进军新征程的重要时刻召开的一次十分重要的代表大会，是党和国家政治生活中的一件大事。全党要团结带领全国各族人民攻坚克难、开拓奋进，为全面建设社会主义现代化国家、夺取新时代中国特色社会主义伟大胜利、实现中华民族伟大复兴的中国梦作出新的更大贡献，以优异成绩迎接党的二十大召开。”[①]党的十九届六中全会，解决了我们党现实政治生活领域很多重大问题，塑造了积极有利的政治局面和政治保障，为党的二十大的胜利召开创造了有利的政治环境和政治条件。党的第二十次全国代表大会的质量和高度，直接决定着党和国家事业发展的格局，决定着民族历史的进程，决定着新时代要达到的境界和成就，开好党的第二十次全国代表大会是当前党和国家政治生活中最重要的大事。

① 《中国共产党第十九届中央委员会第六次全体会议文件汇编》，人民出版社2021年版，第18页。

（六）明确工作方位，增强工作自觉

我们今天正在做的事情，无论是行业的、地方的、单位的还是部门的，要从政治逻辑上明白这项工作前后左右上下关系是怎样的，正在做的事情处在一个什么样的历史方位和历史坐标中，在历史过程中应该起到什么样的作用，具体工作应该朝着什么方向、什么地方发展，一定要有清晰的工作方位感。既要抬头仰望“星空”，也要低头关照脚下，把“星空”和脚下结合起来，既讲宏观，也讲中观，还讲微观。只是一味地讲宏观，有人会感觉天天都是在讲故事，但是如果有了具体的做法和行动，那就是把梦想和现实结合起来了，梦想就会成为现实。所以，自觉明确工作的方位感，把国家整体的顶层设计，把政治层面的全局考量、打算，和我们正在做的事情结合起来，就是在工作方法上做到了整体与部分、一般与特殊、理论与实际的有机统一，只有科学的工作方法才会实现工作政治效果、社会效果和专业效果的统一。

就今天党的工作方位而言，各级党组织务必要有清醒的认识，党的十九届六中全会决定的政治格局、政治走势将会影响中国社会很长一段时间，不仅仅是全会所在的 5 年任期，也不仅是党的二十大。如同邓小平同志塑造改革开放一样，党的十九届六中全会一定会塑造一个全新的政治周期和局面。对这点我们一定要保持清醒的政治意识，在政治层面上力争保持严肃的自觉性。中国发展过程中形成的政治局面、政治要求和政治统一，无疑是各种社会力量参与互动的结果。学会在现实的基本政治框架下主动开展工作，寻找有效工作空间、思想空间和创新空间，创造性地完成各项任务，实现党领导和执政的真实价值。

就当前中国面临的问题而言，经济的长期快速增长和政治、社会、文化、生态等领域的发展之间不平衡不充分的矛盾越来越凸显。2021 年中央经济工作会议就明确指出，“进入新发展阶段，我国发展内外环境发生

深刻变化，面临许多新的重大理论和实践问题，需要正确认识和把握”[①]。以资本为例，会议指出“要正确认识和把握资本的特性和行为规律。社会主义市场经济是一个伟大创造，社会主义市场经济中必然会有各种形态的资本，要发挥资本作为生产要素的积极作用，同时有效控制其消极作用”[②]。解决资本管理及其相关问题，这不单纯是一个经济治理问题，而是我国社会发展到这个阶段面临经济与政治关系重构的实质性问题。

我们讲资本主义有弊端，应该搞科学社会主义。那么今天在走中国特色社会主义道路的过程中，既需要资本带来增长和繁荣，又需要确保党的领导和执政性质，党的“红旗”和资本的“繁荣”这两种力量如何和睦相处，和谐并存，实现共赢？这是中国特色社会主义在具体道路中遇到的重大理论与实践问题。资本追求效率，“红旗”追求公平，效率和公平之间，怎么样维持？这是我们今天面临的无法回避的问题。

一方面利用资本的增长繁荣能力，另一方面要屏蔽资本的无序扩张和负面作用，创造人类文明的更高形态，以人类文明新形态来实现对传统社会主义和资本主义的超越。2021 年中央经济工作会议上首次提到三重压力，即需求收缩、供给冲击、预期转弱，这三重压力的提出无疑是对中国社会发展整体观察的结果，三重压力背后的核心问题是社会的整体结构问题。拿 2010 年中国人口结构和 2020 年相比，整个社会的人口更替发生了重大结构性变化。人口生产明显进入一个低速增长阶段，老龄化社会结构正在形成，新增劳动力越来越少，现有劳动力年龄越来越大，那么我们就要思考，未来中国社会的增长能力从何而来？这是个大问题。这个问题在政治层面上需要解决，但是难度很大。这也是个世界难题，很多国家都没办法，人口结构的实质性变化，最后就演化为社会发展、经济发展的一些后果。

① 《中央经济工作会议在北京举行》,《人民日报》2021 年 12 月 11 日。

② 同上。

我国发展内外环境发生深刻变化，面临许多新的重大理论和实践问题。尽管我们党的指导思想已经完成了三次飞跃，但我们今天还依然面临许多重大理论和实践问题，需要建立新的认识和理解，就是因为整个社会结构发展形态越来越复杂化。

2021 年中央经济工作会议提到的共同富裕问题、资本监管问题、初级产品供给问题、重大风险防范问题、碳达峰和碳中和问题都是当前中国发展面临的重大理论和实践问题，要把这些问题的面子、里子都兼顾到，确保得到合理平稳的解决，确实是考验功夫的。党的领导就是解决这些重大问题的，而重大问题解决的背后是对整个改革周期、经济周期、社会周期的重大调整和平衡。对重大利益关系进行调整，就是对党的重大政策理论的调整，如果各级党组织没有强有力的工作意识和工作能力，这些问题是解决不了的。

共同富裕要落实，但是共同富裕不能变成杀富济贫，不能变成打土豪分钱地；碳达峰、碳中和也要落实，如果不提倡碳达峰、碳中和，我们在国际上会因为环保问题而陷入被动，但是不能操之过急，最后抑制了自身的发展能力，要在实践层面上作到内外兼顾、内外兼修太不容易了。

所以，党在当前的工作任务非常繁重，工作的政治要求和本领要求很高，各级党员领导干部在工作层面上一定要有清晰的历史感、方位感和政治感，一定要在工作中保持最为清醒的政治自觉和实践自觉，只有上下同心，相互积极配合，才能解决我们在特定历史发展阶段遭遇的特定重大理论与实践难题。

第二部分　党的领导与顶层设计

坚持和完善党的领导，是党和国家的根本所在、命脉所在，是全国各族人民的利益所在、幸福所在。

——习近平

第三章　加强党的领导
——引领前进方向

中国共产党领导是中国特色社会主义最本质的特征，是中国特色社会主义制度的最大优势，党是最高政治领导力量。必须坚持党政军民学、东西南北中，党是领导一切的，坚决维护党中央权威，健全总揽全局、协调各方的党的领导制度体系，把党的领导落实到国家治理各领域各方面各环节。

一、理论上怎么认识党的领导

习近平总书记关于坚持和加强党的全面领导有着很多重要论述，关于党的全面领导的实践逻辑，既是一个历史普遍性的问题，也是一个当前现实中的特殊问题。任何时代、任何社会都会存在领导力、领导权的问题，这是一个普遍问题，是所有社会的一种普遍特征和客观现象。但每个时代、每个政权的具体领导方式、领导能力、领导结构又是不一样的，其实现方式和实现过程都是特殊的、具体的。所以，党的领导是普遍性和特殊性相结合的一种社会客观实践。

（一）党的领导的现实语境

关于坚持和加强党的全面领导问题的认识和理解，可以有不同的语境逻辑和论述方式。从社会一般领导力、领导权的角度看，每个时代关于这个问题的解决能力、解决程度、解决手段都是具体的，关于领导力、领导权的抽象范式仅存在于观念领域，不存在一成不变的社会终极解决方案。人、事、物共在的世界情境是不一样的，具体的平衡现实和平衡机制也就不会一样。经济文明、社会文明在不断地发展，与经济文明、社会文明相配套的政治文明也是一个动态发展的过程，其现实结构没有所谓的标准答案，只能是动态地发展，不断地寻找具体平衡，由不平衡到平衡，这是一个不断更迭的动态发展过程。

邓小平讲“要坚持两手抓，两手都要硬”，江泽民讲“三个文明”即物质文明、精神文明、政治文明一起抓，胡锦涛提出构建社会主义和谐社会，坚持以人为本，全面、协调、可持续的科学发展观，这些都是对党的领导方式、领导结构的现实探索与实践。如果不能实现科学领导、依法领导，又怎么能够实现和谐社会呢？和谐社会、科学发展观本身就是对政治、经济、文化、社会各方面力量和谐共生的内在要求，以及在结构上相互配套的现实诉求。

党的十八大以来，习近平总书记讲全面建成小康社会、全面深化改革、全面依法治国、全面从严治党“四个全面”战略布局，党的十九届五中全会根据形势变化及时把“四个全面”升级为全面建设社会主义现代化国家、全面深化改革、全面依法治国、全面从严治党。这种战略布局的调整表达的是一种新的历史条件下的再平衡，新的政治经济社会发展条件下的更高层次的平衡。社会平衡发展的追求是永恒的，但实现平衡的机制办法和手段是历史的、具体的。如何实现平衡是对历史上所有政治力量集团政治能力的一种共同的考验。能力水平强，能够建立科学的、物美价廉的平衡，平衡成本降得很低，平衡效率就变得很高；能力水平一般，建立的平衡可能是一种硬平衡，一种消极的平衡，内耗、矛盾叠加，内部摩擦成本不断升高，整体效率就持续走低。这个问题就本质而言是实践的，就存在形态而言却是极具时代性的。

以今天的“西方之乱”为例，我们看到的表象是整个公共治理危机，如新冠肺炎疫情治理失败、国家安全治理失调等，其背后实际上是国家政治领导力的问题。截至目前，西方社会很难形成一种专业化的、具有明显能力优势的政治力量集团，能够彻底实现对整个社会各个阶层的全面有效整合，实现普遍性的社会统一治理。治理失败的背后实际是制度失败和领导力失败，是政治力量的失败，是没有形成有效的、具有普遍优势的政治领导力量的结果。

（二）党的领导的实践价值

当今时代，随着经济社会不断发展，我国已经成为世界第二大经济体。中国共产党怎样继续科学执政、民主执政、依法执政，怎样继续科学领导、有效领导，怎样实现和继续维持领导效能和领导效益的最大化，都是我们目前面临的直接问题。从这个角度来说，坚持和完善党的全面领导的问题，是一个根植于中国社会治理实践需要的现实问题，也是中国经济社会发展和政治发展寻求内在平衡、最终实现统一的必然性要求。

1. 党的自我革命需要

倘若中国经济社会获得快速发展，而政治发展明显滞后，个别领导干部票子、房子、车子越来越多，贪污腐败越来越严重，社会道德力量和文明趋势开始抵制和反对这种政治扭曲，那么政治体系就必须进行改革创新，实实在在解决政治不纯、作风不纯、思想不纯的问题，这种来自社会发展需要的现实政治结构优化和改进就是党的自我革命。

党自我革命的本质，是通过优化党的执政能力和执政方式，实现党的领导活动与中国经济社会发展需要之间的动态平衡。社会在进步，党的政治也要同步发展，并且要体现在党的思想理论、组织和能力的完善上。党的发展不是一种虚假的抽象，而是一种兼有实体与实践特征的政治表象。政治发展表现为党的要素层面上，内在包含着客观实在的物理变化、精神变化和能力变化。从这个角度讲，自觉树立党的领导意识，坚持党的组织行为自觉，从实践出发不断丰富和完善党的领导实践，才是党在执政过程中应该具备的领导观念。最可怕的是夜郎自大，觉得自己没问题，不需要作出任何改变，顽固坚持这种政治保守观念就会很危险。确立政治忧患意识、发展意识，维持政治进取心并不断寻求政治结构的迭代和优化，主动建立新的更高层次的政治内外平衡，努力形成务实管用的先进政治能力，这些都是在党的领导活动中应该坚持的观点和立场。即便想法和目标很明确，没有与之匹配的能力，最终也会变成瞎折腾，唯有建立在德位相配基础上的政治作为才是真正推动社会发展的进步力量。社会发展的理想状态是推动物质文明、政治文明、精神文明、社会文明、生态文明协调发展，文明之间相互激励，政治文明在前面发挥“火车头”的带动作用，以自身真正的先进性发挥实在的引领性作用。

党的先进性作用发挥程度取决于党的实体性组织结构、观念结构和能力结构的发展程度。如果党组织自身“宽松软”，软弱涣散没有力量，这种先进性作用及以其为基础的领导作用就会发挥不力。党的自上而下的领导作用发挥不够，必然意味着经济领域、社会领域自下而上的一种野蛮膨胀。这种膨胀有合理的部分，也有不合理的部分。

1901 年，在俄国革命不断发酵、发展过程中，列宁写了《怎么办？（我们运动中的迫切问题）》这本书，讲的核心问题就是政治的自发性和自觉性问题。自发性代表的是一种社会力量的运动趋势，是社会理论活动的自然状态，自觉性代表的是自上而下的社会政治自觉。列宁认为，在社会力量自发活动的背景下，一个职业化的领导集团显得至关重要。因为只有一个职业化的政党，一个新型的无产阶级政党领导核心和领导集团，才能够给这种社会力量以方向感，并赋予这种社会自下而上的自发性反抗活动力量感和成就感，把社会自下而上的本能反抗活动变成更富有政治价值和革命意义的自觉阶级行动，这种阶级意识高于社会情绪，也就是列宁所讲的国家革命。

如果共产党的干部、组织和能力都跟不上时代发展的需要，那么自下而上的社会经济生长力量就会失去有效的规范、引领和约束，内部整合功能就会遭到削弱，最终导致社会生长引发社会无序，进而使社会系统“熵值”增加，结果就是系统内部矛盾不断变大，摩擦不断增多。由于缺乏一种更高、更自觉的力量来对社会力量和市场力量进行规范，失去了高于社会和市场力量的约束，这种自下而上的生长就会变成盲动，这种盲动必然造成市场失灵和社会失灵。

正是因为市场和社会力量的先天不足，才需要国家理性的宏观调控，才需要更好地发挥政府作用。使市场在资源配置中起决定性作用，同时更好地发挥政府作用防止和避免市场失灵，发挥市场作用防止和避免政府失灵，二者之间是一种相互弥补、相互约束的合作关系。因此，党的领导严格来讲，在底层逻辑上跟现实社会运行的力量结构、利益关系和社会矛盾有着千丝万缕的联系。无论是在历时态还是在共时态上，党的领导都是社会矛盾运动的必然结果，矛盾的最终解决只能是一种自上而下的高屋建瓴式的解决，如果放任社会系统内部自然地自下而上地解决，那就会使社会秩序堕落为丛林法则，谁把谁斗争赢了谁就胜出，谁就代表真理，强权即真理，而这恰恰是旧时代旧社会所代表的过时社会秩序。这种秩序从经济体系、社会体系发展的角度讲，必然导致垄断，必然导致体系的崩溃，不可能是一种理想的经济和社会秩序选项。所以，必须发挥自上而下的宏观力量的领导和调控作用，党对社会的领导主要就是政治领导和思想领导，代表的正是这种宏观调控和宏观干预的力量。宏观力量的作用不仅体现在经济发展领域，还体现在政治、文化、社会、生态、国防、党的建设、外交等领域，此外，在治党治国治军、内政外交国防、改革发展稳定等各个方面及领域都需要维持平衡和调节，这都离不开党的全面领导。这种整体的宏观调控，发挥总揽全局、协调各方的作用，实际上就是对社会发展的过程管理、成本管理和风险管理，就是使社会发展速度、质量、结构和效益总体平衡。向管理要效益，如果以党的领导为代表的社会总体性宏观力量不足，社会内部的冲突必然会加剧，社会发展的整体能力自然就会降低。

以富国强兵为例，唐代和汉代都曾努力追求过，唐朝这么干，结果是富国强兵；汉朝这么干，结果就是穷兵黩武，让战争绑架了整个国家，走向极端的一面。富国和强兵二者在结构上是一种什么样的关系呢？如果过分注重经济主义、财务主义思想，进行严格的成本控制和管理，不注重军事资产的投入、军事能力的建设，长期肯定行不通。经济强大了，军费预算到底是占 GDP 的 8% 合适还是 10% 合适，还是 20% 合适，这就是一个关乎经济能力和军事能力平衡与选择的问题。如果把这种问题放在党的领导能力范畴来理解，怎样看这个问题，怎样判断环境形势，怎样在短期、中期和长期的经济能力与军事能力中进行科学的调节，这些都是只有通过党的领导才能解决的问题，经济或军事任何单方面意见都是不能做到全面的。例如，银行的军备存款如果下降很快，我们就能据此判断国防形势可能趋于紧张，军事采购可能正在快速增加。如果军备采购加速，那么存量储备金、国防基金就动用得快、下降得快，军事资产配置就可能处在加速扩张时期，正在为可能的战争爆发作准备。这仅仅是军事和经济关系的一个简单的写照，从国家能力的宏观功能来讲，党的现实领导所面临的问题远比这种具体场景复杂得多。在党的领导实践中，对于这个问题我们既要有长期关于军事和经济平衡的一些阶段性总体看法，也要有特殊情况的短期应变能力和策略。如果台海局势在短期之内加剧，可能就会导致经济和军事常态结构的短期突变与裂变。这种非常态的突变，就是考验党的领导能力的真实场景，党的领导不仅意味着静态的制度规范体系，更意味着动态的体制机制运行与实践。既应对一般情况，也应对特殊情况，党的领导就是在现实场景过程和动态发展中即时发挥作用。没有党的领导，这种一般和特殊之间的差别就不会体现出来，整体战略和具体策略的社会应用场景也就失去切实关怀。

所以，党的领导在很大程度上代表着中国社会的一种国家行动能力，代表着中国社会整体解决问题的能力。市场的单一逻辑，只能带来经济自下而上的单一解决。关乎全局的经济问题，往往和政治问题交织在一起，一般性的市场能力和市场机制是解决不了的。从西宁建铁路到拉萨，从 1958 年算起前后耗时 50 多年，对这类经济问题用市场机制来解决，全世界没有哪一个企业能够把这个工程承包下来。让企业用几十年时间去做一个项目，工程垫资巨大，人员资金成本消耗惊人，一般企业不会有这种组织意愿，也没有这种经济能力和长周期风险管控能力。这种经济行为只能是国家行为，只能依托国家政治意志来支撑相应的经济活动。国家的经济职能，如果遇到靠单一的市场力量、市场机制解决不了的重大问题，就必须通过国家的政治行为来完成。

以电力公用事业建设为例，在北京架电线杆和在云南架电线杆，成本不一样，收益也很不一样。从纯经济的角度分析，两地背后的经济结构、具体的财务数据相差太远，在云南架电线杆成本很难收回。这种情况下，用单一的市场理论、市场机制就没法解决问题，但如果把党的领导、政府对地方的治理这些元素加进来，突出这个问题的政治属性，似乎就变得容易解决。我们讲治藏、治疆，如果以西藏和新疆内部的经济能力来治藏、治疆，治理的水平、规模和层次就会很有限。我们讲“大钱办大事、小钱办小事”，单纯依靠西藏、新疆当地的经济能力，那么就会因为当地财政能力相对不足，治藏、治疆只能办成小治，这显然不能实现民族地区稳定发展的目的。如果加强党对民族工作的领导，在全国治理框架中主动建立平衡，通过巨大的财政转移支付，弥补边疆地区治理能力的不足，加强对边疆治理的国家投入，民族地区治理自然上升为国家治理，最终才能真正达到边疆地区治理的目的。

今天的西藏、新疆相当部分财政支出靠中央财政转移支付，如果单纯用市场、社会的手段治藏、治疆，就会发现这个问题是解决不了的。如果单纯用经济手段来治藏、治疆，仅靠一般国家税收手段和财政手段也是解决不了的，但是依托党的领导动员国家宏观调控能力去解决，就会把区域治理的特殊问题变成国家政治化、财务化、货币化和税收化的普遍治理问题，把区域治理难题变成国家治理的标准化行为，真正长期解决这些重大历史难题。所以，党的领导在整个国家治理层面所起的重大作用是无可替代的，党的领导能力决定着整个国家的治理水平和治理程度。在党的领导上下功夫，做加法，搞改革，就是在改革和完善国家治理体系和治理能力，从党的领导和党的建设入手解决问题，这种政治方向具有无比真实的本土实践性与合理性。

2. 社会革命的需要

国家治理是实实在在的各方力量的参与过程，是经济力量、政治力量、社会力量、观念力量共同的作用和竞争。这里真正要解决的问题是究竟哪种力量更有效、哪种力量更强大。国家治理本质上就是世俗的现实力量的相互作用，核心是平衡问题、关系问题。党的领导就是这种力量关系获得平衡的一种解决方案。这种解决方案里面既要保持政治的道德感，又要保持政治的务实、管用和解决问题，也就是说要同时兼顾政治正确和政治有效。之所以说坚持党的全面领导既是一种基本政治要求，也是一种有着特定价值取向的解决方案，主要就在于解决中国社会问题的政治立场只能用社会主义的手段来解决，不能用资本主义的手段来解决，只能用共产党的理念原则和立场观点方法来观察和解决问题，不能用非共产党的、非马克思主义的立场观点方法来解决问题，党的政治立场、政治原则不允许做交易或者搞变通，讲政治是马克思主义政党的一贯要求。

比如，我国的贫困人口和疫情治理就不能像美国那样采取自由主义的治理模式，放任民众随意暴露在贫困和疫情面前。这样既不符合共产党的文化和理念，也不符合人民群众的根本利益。中国共产党明确主张精准扶贫、集体脱贫，对贫困要集中打歼灭战，要消除绝对贫困。消除贫困已经成为党的领导的一个“试金石”，党的领导究竟是人本主义的、以人民为中心的，还是为权势团体、利益集团服务的，党的政治价值取向在此就受到实质性的考量。“中国共产党始终代表最广大人民根本利益，与人民休戚与共、生死相依，没有任何自己特殊的利益，从来不代表任何利益集团、任何权势团体、任何特权阶层的利益。”[①] 现实治理首先是对党的政治立场、政治观点和政治正确方向的考验，其次才是对领导水平、领导能力、政治道德和政治良心的考验。严格来讲，当一种政治力量处于绝对优势地位的时候，该政治力量的领导地位决定了其客观的主导权，怎么说都对，怎么做都行，不依法办事，不讲政治道德，不讲群众立场，时间长了会有致命的消极作用，但短期消极反馈很难起到决定作用。从政治审美、政治伦理和政治价值观的角度来讲，任何政治行为都一定会有政治成本和政治代价，政治的道德合法性和政治形象等各方面都会受到相应的影响。政治的技巧、策略、办法和手段的选择，在很大的程度上就是对政治成色、政治质地的一种检验，也就是对党性的检验，这种关乎阶级和立场的重大问题，就不可能是政治操作层面的技术问题，而是关乎政治性质的根本问题。在政治实践活动中，是唯民还是唯上，是唯实还是唯书，经济活动现实中的招商引资、拆迁征地，看似是日常行政活动，但实际无时无刻不在考验党的组织的政治本色。如果立场在老百姓这

① 习近平：《在庆祝中国共产党成立100周年大会上的讲话》，人民出版社2021年版，第11—12页。

边，可能就会把招商引资、拆迁征地等重大经济活动变为富民兴民的一种手段，依托各类项目，集中对贫困人口进行治理，既解决就业，又改善民众生活，就是真心实意为老百姓着想。如果“屁股”坐在资本那边，那么就会从老百姓这儿低价征地，然后转手再高价把地卖给开发商，政府赚差价，还给老板提供各种税收优惠、政策优惠及支持，这样做明显就是与民争利，政治良心、政治道德、政治立场显然存在瑕疵。

比如，有的领导擅自做主把价值 15.8 亿元的国有资产以 9000 万元低价贱卖给民营企业，结果必然是国有资产流失。不仅如此，如果政府再配套给予 5 年免税期优惠政策，国有资产流失和国家税收流失就会同时发生，而这种情况甚至有可能是在地方党委主导下发生的。这种情况下，党的领导不仅不起作用，还有可能起到坏作用，把党的领导行为异化为一般权力活动。从政治后果的角度来讲，如果党的领导扭曲了，背离了初心，就要受到惩罚和制裁，地方党委同样要为所犯的错误买单。党的领导在各地方具体实现过程中，在体制机制设计中，也许会有个别扭曲、实现不足或不能正确实施的问题，但不能从立场、原则和宗旨上出现真正的背离。

（三）党的领导的真实逻辑

今天强调坚持和加强党的全面领导，不是一个简单的组织权力问题，更本质的是一个党的领导科学化的问题。如何建立中国社会的一种合理的领导结构，能够在效率和公平两个层面上保持最大限度的张力，这是我们今天需要重点考虑的。关乎国家领导和政治领导权的问题，是一个由来已久的古老话题，在中国共产党没有诞生之前，这个问题就已经存在，并在党的领导和执政时期也一直存在。它不是一个政党的短期问题，也不是一个今天才碰到的具体问题，在政治开始出现的时候，国家和社会的领导问题就普遍出现了。

1. 权力形成及其维系

1937年，王明从苏联共产国际回来之后，同年12月我们党就召开中共中央政治局会议，王明马上就到了党的领导中心位置，毛泽东很快被边缘化。当时，毛泽东在国共两党联合抗日的大格局下，已经给中国共产党争取到一个很有利的政治地位和政治空间，毛泽东真实地挽救了红军，挽救了党，为中国共产党的生存作出了杰出的贡献。王明在莫斯科过了几年风平浪静的日子，回来就变成了党的领导人。毛泽东能力这么强、威望这么高，但在领导权的问题上还是遭遇了巨大的阻碍。权力从底层逻辑来讲是由现实能力决定的，但是在政治现实关系中，在特定的政治情景中，权力往往是现实力量具体互动的结果。从这个角度讲，党的领导权、党的领导问题，随时都会因为环境变化而变成一个高度敏感复杂的问题。

在我们党的历史上，以遵义会议为标志，在遵义会议前后28年历史中，前14年是我们党犯错误最多的时期，后14年是我们党快速走向伟大光荣正确的时期，这个过程构成了新民主主义革命主要的28年。遵义会议之前的14年，陈独秀、瞿秋白、向忠发、王明、博古、张闻天都曾是我们党的领导人，也都犯过错误。1935年，扎西会议确定张闻天接替博古担任中央总负责，但是张闻天中央总负责工作基本在1938年党的六届六中全会时就停止了，他已经不再发挥中央总负责人的作用了，这一时期毛泽东已经实际地承担了很多党的领导工作。从当时政治现实来说，遵义会议确定张闻天为党的中央总负责，张闻天虽然已经身在其位，但领导作用的发挥与政治身份之间还是存在着差异，也就是说领导权并不单方面取决于组织程序。

党的领导和组织体系、组织活动不同，组织活动很多时候是程序性的，但党的领导每一步都是真实的决策和选择，领导意图直接决定领导后果。毛泽东的路线和策略不仅曾遭遇到王明“左”倾教条主义的反对、排斥和打击，1935年，红一方面军和红四方面军会合的时候，张国焘也想另立第二中央。因为中国共产党不可能对外出现两个中央，毛泽东当时顾全大局，考虑到张国焘想代表中央，就自动降格为中共西北中央局。毛泽东的领导地位是在遵义会议即1935年1月中共中央政治局在贵州遵义召开的中共中央政治局扩大会议上确立的。张国焘因为当时率领的红四方面军有8万人左右，而毛泽东率领的中央红军仅有1万人左右，就试图以枪指挥党，破坏党的纪律。张国焘主张的南下路线和毛泽东北上路线发生严重冲突时，张国焘给陈昌浩发电报，要求彻底开展党内斗争，意图控制中央领导机关。毛泽东考虑到党内斗争影响太坏，连夜就"跑"了，这一"跑"给张国焘留下口实，说毛泽东把红军抛弃了，犯了逃跑主义错误。当时甚至出现了红四方面军请示要不要打中央红军，徐向前说无论如何都不能打，哪里有红军打红军这个道理。事实上，张国焘主张的南下路线导致红四方面军在几场战役尤其是百丈关战役中减员厉害，损失将近一半兵力，根本执行不下去。

1935年11月，毛泽东到了陕北后，领着不到7000人，加上徐海东的3000人，刘志丹的三四千人，总共也就13000人至14000人，变成当时中国共产党中央红军的基本家底。那时中央很困难，到了陕北后，毛泽东给徐海东手写借条，向徐海东借2500块大洋。徐海东深知中央困难，他拿了5000块大洋，还把自己军队的枪炮和衣服送给中央红军。所以，毛泽东说徐海东是对中国革命有功的人。中华人民共和国成立后，徐海东的政治待遇和政治地位很高，因为他在关键时候帮助了党中央。

如果没有共产国际的指示，党的六届六中全会还是很难解决领导权的问题。1938年4月，毛泽东写了《论持久战》，陕北中央给武汉长江局王明发电报说，《论持久战》是中国共产党关于统一战线的总体考虑，需要把这篇文章向国民党、向全国公开发表。王明回复文章写得太长太啰唆，版面不够发不了。中央想让王明发表一个精华版的《论持久战》，根据版面情况缩减一下，王明回复版面已经排到 1938 年 12 月底了，要发表需等到 1939 年再说。毛泽东当时的境况可想而知。党内领导权问题最后靠什么解决？靠党性不行，靠道德不行，甚至靠当时共产党的力量都不行。此时，恰好王稼祥从莫斯科看病归来，回国前受到斯大林和季米特洛夫的接见，王稼祥向他们汇报了中共的工作，因为长征期间联系共产国际的电台坏掉了，中共一直跟共产国际失联。汇报之后，共产国际才了解了中国这边的情况，然后季米特洛夫给的指示是在领导机关中要在以毛泽东为首的领导下解决问题，领导机关中要有亲密团结的气氛，让王明不要再闹了，这样毛泽东的领导权问题才得到解决，倘若靠共产党自己组织内部的能力，领导权的问题几乎很难解决。所以，党的领导的问题异常复杂敏感，实践中太不好解决。

历史上类似这种情况很多，包括蒋介石的政治失败，缺少强有力的领导应该也是一个影响因素。当时中国社会政治力量和军事资产分散，却没有一个有显著优势和领导能力的政治力量把这种分散局面整合起来，这必然导致政治、军事、组织、思想上的各自独立，也就必然导致军阀思想、军阀做派和军阀行径。当时像王家烈、龙云、白崇禧、陈济棠、阎锡山、冯玉祥等人同蒋介石都有不同程度的离心离德，随时“敲竹杠”，反复利用，甚至抗日都变成他们敲诈勒索中央政府的“主营业务”了，他们所谓的“剿共”也要到蒋介石那里结算报销，你给我钱，我给你打仗。很多军队都情愿打假仗，就是因为蒋介石中央政府“攘外必先安内”的策略不得人心。这种情况下蒋介石政治上肯定成功不了，民国政府所需要的真正的政治能力、军事能力实际很匮乏，说到底还是领导力太弱。

中国共产党解决这个问题比国民党要早，也比国民党解决得彻底。在 1942 年，中共中央政治局会议就通过了《中共中央关于统一抗日根据地党的领导及调整各组织间关系的决定》，明确指出党是无产阶级先锋队和无产阶级组织的最高形式，应该领导一切其他组织如军队政府与民众团体。也就是说，党的一元化领导、党领导一切的体制机制在这个时候就开始着手建立了。这个文件精神后来在工作中也不断得到强化。同年11月，贺龙在陕甘宁边区高干会议上讲，“党是最高的组织形式，是领导一切的，要领导政权、军队和民众团体。军队不能闹独立性，政权不能闹独立性，民众团体也不能闹独立性”[①]。党的领导怎么能削弱，党的领导怎么能够是弹性的呢？党的领导应该是一个宪法原则、法律原则、政治原则，是不能随便动摇的。党的领导如果可以忽大忽小、忽强忽弱，那就不能叫党的领导。

1943年，邓小平在太行分局的高干会议上说：“有人会问：武装、政权、群众、党四种力量如何联系与配合呢？首先是党的领导问题，党是领导一切的核心。”[②]这就是说，市场、社会、政府各方面力量与文明中间怎样形成一个有机整体，怎样建立一个良好生态，实现相互生长与激励，而不是相互遏制与破坏，才应该成为政治领导的关键作用所在，也就是让党的领导作为一个主观能动性的因素发挥积极正面的作用。中国共产党在20世纪40年代就提出了这个问题，中华人民共和国成立之后中国家大业大摊子大，这个问题就进一步凸显出来了。

2. 权力决策及其执行

根据官方统计，1945年，中国共产党领导下的解放区人口已经达到1亿人，中国共产党领导的军队（包括民兵）已经超过300万人。1946年国共内战爆发的时候，共产党已经有足够的力量跟国民党来一场真正的对决。共产党的“优质资产”全部进了各地城市，到了最繁华的地带，也是最陌生的地带。中共中央以前在小山村里，现在怎么才能够充分了解各地城市的情况呢？这时候，毛泽东亲自起草了《关于建立报告制度》，同年8月又发了一个《关于严格执行报告制度的指示》，要求在半年之内各分区把各自情况的总报告和分报告呈送给中央，不能在有重大

① 《贺龙军事文选》，解放军出版社1989年版，第136页。
② 《邓小平文选》（第一卷），人民出版社1994年版，第66页。

事项时才请示汇报一下，同时针对地方总体情况中央不掌握的问题，公开批评了很多单位和部队存在事前不请示，事后不报告，各自为政，独立王国这种现象，要求所有兵团和军区负责人严格执行按时报告制度。

尽管如此，林彪当时在东北局也没有按照规定向中央报告情况。为此，毛泽东专门起草电报批评林彪，电文长达2000多字。毛泽东专门发去电报询问：为什么不严格执行报告制度，不把东北的情况向中央汇报？林彪回复了两条说辞，大致意思是：一方面我们班子太忙了，每个人任务都很重，大家没有时间去搞汇报、写材料；另一方面东北局摊子这么大，我们连下面基层的情况都还没有摸清楚，不掌握情况，怎么作汇报？毛泽东一看，觉得东北局这种态度反映出来的问题太严重了，又以中央的名义起草了一份长达2000多字的电报给东北局批评林彪。林彪挨批评后，连夜把报告送上去。毛泽东认为林彪把顺序搞反了，要林彪先作检讨，再报告。林彪就又作了检讨，再提交了报告。但接下来又有了新问题，在攻打锦州问题上，林彪待在长春一线不动，他觉得他的兵力主要在哈尔滨到长春一线，要打锦州入关，就要往南走。林彪不愿意，觉得风险太大。另外，按他的地方思维考虑，他看不上锦州这个弹丸之地，觉得沈阳、长春、哈尔滨这些中心城市才是国民党的重地所在，为什么去搞这些“边角料”？所以，林彪不同意打锦州。这是一种地方思维，也是一种缺乏战略意识的感性思维。毛泽东则是站在全国960多万平方公里的土地上来考虑先打哪个、不打哪个的问题。毛泽东让林彪打锦州考虑的是北平，考虑的是对东北进行“关门打狗”，孤立和切断东北国民党军队与关内的联系，阻止国民党军队东北和华北方面力量的南北联动和呼应，毛泽东比林彪考虑的要长远周全得多。尽管毛泽东的整体战略部署是对的，但林彪执行起来依然瞻前顾后，存在畏难情绪。在军事领导权问题上，又出现了“将在外，君命有所不受”的情况，毛泽东反复去电报，最后才把攻打锦州的决策落实到东北军的行动中，让林彪把部队从哈尔滨—长春一线调到锦州一带。决策期间，林彪在打长春、打沈阳还是打锦州这个问题上，跟中央来回谈了将近 4 个月，眼看着要把一切有利时机都错过了，到最后毛泽东强行要求必须打锦州，林彪看不打不行了，才去攻克锦州。林彪为什么看不到打锦州的战略价值，死咬着长春不动？这就是党的领导所代表的整体思维和部门、地方、单位工作所代表的部门思维、局部思维之间的差别问题，是一般和特殊、总体和部分的根本区别问题。

所有的单位、地区、部门对本地的重视、思考和关注有余，但对整体的兼顾不足。正如习近平总书记强调的：领导干部想问题、作决策，一定要对国之大者心中有数，多打大算盘、算大账，少打小算盘、算小账，善于把地区和部门的工作融入党和国家事业大棋局，做到既为一域争光、更为全局添彩。[①]中央反复强调“四个意识”，强调大局意识和看齐意识，就是为了努力克服客观存在的地方主义和地方思维。党的领导在很大程度上代表的就是维护整体的能力，掌管全局的能力，这与单方面的能力是不一样的。

林彪在东北局作了检讨之后，毛泽东回复电报说得很中肯。他说：“你们这次检讨是有益的，这样，你们就可以脱出被动状态，取得主动。在这个问题上如果没有像你们现在所作的这种认真的自我批评，就不可能脱出被动，取得主动。就不可能克服完全不适用于现在大规模战争的某种严重地存在着的经验主义、游击主义、无纪律状态和无政府状态”[②]。毛泽东特别强调了这个问题在大决战前夕的极端重要性，他说：“这一问题的性质是如此重要，即只有解决这一问题，才能由小规模的地方性的游击战争过渡到大规模的全国性的正规战争，由局部胜利过渡到全国胜利。”[③]毛泽东同时强调，“这是许多环节在目前时期的一个中心环节，这一个环节问题解决了，其他环节就可以顺利解

① 参见《年轻干部要提高解决实际问题能力 想干事能干事干成事》,《学习时报》2020 年 10 月 12 日。

② 《毛泽东文集》(第五卷)，人民出版社 1996 年版，第 125 页。

③ 同上。

决”。林彪当时作为地方和部队的局部领导人是合格的，但是要让他当一个国家的军事统帅，他眼光、眼界和能力在当时是不够的，根源就在于党的领导和部门领导、单位领导是有巨大差别的。

党的领导的重要性、不可或缺性，是地方领导无法企及的，也不是地方的眼光、思维可以代替弥补的。山东某市的市委书记陈某因严重违纪，被降级为科级非领导职务。他个人很有本事，是日本留学回来的，获得了双博士学位，年轻且有想法和抱负，他锐气有余，但政治意识、大局意识、看齐意识不足。当时全国搞资源枯竭型城市的首批综合试点改革，把该市作为资源枯竭型城市的首批改革试点城市。这个城市能否实现产业转型、经济转型、城市转型，主要就看领导者的水平，考验班子的领导能力和执行能力。该市当时搞800多亿的煤化工项目，但那时的煤化工项目全国已经开始出现重复建设和产能过剩。国务院三令五申煤化工项目不要再搞重复建设，当地还依然顶风而上，投资的800多亿的项目全部亏损。当时的煤化工都是些初级化工、低端化工，老板也不赚钱，不具有产业化的规模前景。国务院三令五申不让搞煤化工项目，该市为什么还要硬着头皮上这么大规模的煤化工项目？当时主持这项工作的陈某认为，该市历史上就是靠煤吃煤，依靠煤炭搞煤化工，这条路径最方便，成本最小，转型最容易，不搞这个难道还去搞别的吗？虽然这个项目亏损，但地方GDP不亏，税收不亏。投资的企业有钱，亏得起，为什么不接纳他们？但是，这样做真的正确吗？真的睿智吗？从后来的结局看，他被降为科级非领导职务，后来干脆辞职回老家自己搞企业去了。显然，这种做法在政治上失败了。之所以失败，说到底还是观念、认识和想法错了。其本质上跟林彪当年所犯的错误是一样的，认为中央想的都不一定对，都是搞官僚主义、形式主义，是不了解实际情况，瞎指挥一通，他在一线才最了解情况，中央掌握的都不是实际情况。

党的领导之所以重要，根源在于国家统一性与社会多元性之间的客观差异。只要国家是“分灶”吃饭的体制机制，只要社会是多元化的主体参与，只要存在市场化的局部利益生产和竞争的局面，党领导的国家集体和局部之间，长期利益和短期利益之间的矛盾就会永远存在。这是一个不可能一次就彻底解决的问题，而是一个跟随时代和社会发展需要不断作出新的回答的问题。

1953 年，中共中央作出《关于加强中央人民政府系统各部门向中央请示报告制度及加强中央对于政府工作领导的决定（草案）》，明确规定，“今后政府工作中一切主要的和重要的方针、政策、计划和重大事项，必须经过党中央的讨论和决定或批准。”①1953 年还没有建立人民代表大会，这时候党的领导和政府的行政操作之间经常出现脱节的问题，所以才出台这个文件。地方或者部门往往容易出现很多自以为是的“山头”或“独立王国”，尤其是专业化程度比较高的职能部门，往往觉得自己“牛”得不得了，别人不可能懂自己的部门和专业。实际情况是，任何个人或单位的成就，都是在党的领导下取得的，离开了党组织的支持，个人或单位的能力再强，也很难取得有价值的成就。成绩的背后是组织和国家的认可与支持，千万别把组织的力量误会成纯粹个人的能力。

1956 年，刘少奇在党的八大的政治报告当中说：“党应当而且可以在思想上、政治上、方针政策上对于一切工作起领导作用。”②党的八大已经开始思考和平执政时期党的领导方式和领导体制机制问题，后来在改革开放时期强调党的领导不是什么都管，而是侧重于思想领导、组织领导、政治领导。1958 年，中共中央发出《关于成立财经、政法、外事、科学、文教小组的通知》，强调这些小组是党中央的，直属中共中央政治局和书记处，对大政方针和具体部署、政府机构及其党组有建议之权，但决定权在党中央。只是后来中央“文革”领导小

① 《毛泽东年谱（一九四九——一九七六）》（第二卷），中央文献出版社 2013 年版，第 54 页。

② 《刘少奇选集》（下卷），人民出版社 1985 年版，第 264 页。

组过于积极，王洪文、张春桥、江青、姚文元“四人帮”甚至篡党夺权，把自己凌驾于党的领导之上。1958 年，邓小平在主持中央书记处会议听取共青团三届三中全会情况汇报时说：“党是无产阶级最高组织形式，有人总是不大愿意承认这一条。党领导一切，是一切问题根本的根本。”[①]没有相应的政治历练、相当的政治智慧和认识是总结不出这样的话的，实际上这恰好是符合中国的政治实际的。我们讲万法归一，中国社会的各种组织与力量都如涓涓细流要归入大海，有效整合到党的领导实践当中去，否则就不能实现从众意到公意的转变，不能有效上升为国家意志。大海是一，小河是多，一和多的关系是客观存在的，发展趋势肯定是多走向一，自然趋势和社会规律从来都是有机统一的。

3. 组织与制度保障

社会与国家领导的问题在历史上一直存在，权力领导在今天还依然发挥作用。和历史上的领导权相比较，今天实现党的领导的群众基础、社会环境、社会能力和国家经济规模、经济能力都发生了根本性变化。社会经济成分、组织形式、就业方式、利益关系和分配方式日益多样化，人们的思想观念日益多元化，这种社会实体结构的变化对党的领导能力与执政方式提出了新的要求。习近平总书记指出：“新中国成立 70 年来，我们党领导人民创造了世所罕见的两大奇迹。”[②]两大奇迹表达的是中国社会的成长性和发展，与计划经济时期的发展情况相比，这种成长主要表现为私人部门的快速崛起。改革开放以来，市场经济的发展、社会体制的改革让私人部门的社会力量和经济力量迅猛发展。“发展到今天，民营经济在整个经济体系中具有重要地位，贡献了 50% 以上的税收，60% 以上的 GDP，70% 以上的技术创新，80% 以上的城镇劳动就业，90% 以上的新增就业和企业数量。”[③]从社会力量的角度讲，中产阶级群体现在已经

① 《邓小平文集（一九四九——一九七四年）》（中卷），人民出版社 2014 年版，第 387 页。

② 《习近平谈治国理政》（第三卷），外文出版社 2020 年版，第 124 页。

③ 《刘鹤就当前经济金融热点问题接受采访》，《人民日报》客户端，2018-10-19，http://news.cyol.com/content/2018-10/19/content-17701701.htm.

有将近 4 亿人口，城镇化率现在也已经达到 60% 多了。10 个人里面已有 6 个人在城市里。这种社会结构、人口结构的剧烈变化，正是因为私人部门的迅速发展和快速崛起。习近平总书记指出，“改革开放和发展社会主义市场经济，改变了原有的资源配置方式和组织管理模式，越来越多的单位人变成社会人，各种复杂的人际关系和利益关系对党内生活带来不可低估的影响，引发了种种问题，组织观念薄弱、组织涣散就是其中一个需要严肃对待的问题”①。所以，不严起来，党内就是一盘散沙；不严起来，社会就是一盘散沙；不严起来，国家就是一盘散沙。

党的十九大报告提出，“中国特色社会主义进入新时代，我国社会主要矛盾已经转化为人民日益增长的美好生活需要和不平衡不充分的发展之间的矛盾”②。快速发展过后，不平衡不充分的结构性问题已经代替总供给不足问题，成为我国当前社会发展的主要问题。因为公共部门和私人部门两个部门的成长性不一样，这些年非公经济一路高歌猛进，短时间内获得了快速成长和发展，市场和社会的迅猛增长对应的就是公共能力的发展不足。一个理想的社会应该是两个部门、两种能力、两种力量共同增长，相互平衡。但现在的问题是一方面经济繁荣，社会增长，另一方面人们的道德观念随之下降，整个社会关系利益化、物质化倾向比较严重，如果再进一步把市场经济的交换原则带到党内政治生活当中，就会出现权钱交易，政治腐败、“四风”问题盛行、违法乱纪等不良现象，如果公共部门和公共能力发展不足，那么私人力量对公共空间的僭越和侵占就会成为必然。

当前之所以给予全面从严治党这么高的政治战略地位，就是要通过从严治党对领导干部提出方方面面的纪律要求，不允许干部贪污腐败，不允许政治扭曲变形，重新塑造亲清的新型政商关系。这是社会

① 《习近平关于全面从严治党论述摘编》，中央文献出版社 2016 年版，第 99 页。

② 习近平：《决胜全面建成小康社会 夺取新时代中国特色社会主义伟大胜利——在中国共产党第十九次全国代表大会上的报告》，人民出版社 2017 年版，第 11 页。

主义和资本主义两种体系的一个实质性分水岭。如果我们对这种以社会力量和市场力量为代表的过度竞争不加以节制与遏制，最后的结果就是中国共产党的政治不可例外地变成了金钱政治，谁有钱谁就是老大，谁有钱谁就可以控制权力，谁有钱谁就可以操纵官员。我们批判资本主义是金钱政治，是金钱对权力的收买，我们也会面临这样的危险。比如，一个省交通厅厅长岗位上连续 5 任倒台，不能简单地说是党员领导干部党性不强，能力不足造成的。这种长期积累的社会力量和市场力量，对党员领导干部个人进行围猎、腐蚀、拉拢，甚至是构陷的时候，一个人的战斗是很难的，个体难以去和这种市场社会的共同力量抗衡。倘若把一个人放在关键岗位上，资本和社会力量为了围猎和拉拢权力，各种手段和方法都会陆续出现。没有体制性的力量对这种无序竞争进行干预，单纯靠党员领导干部个人去抗衡，其能力是有限的，也很难承受抗衡失败后的风险。所以，如果私人部门的力量过于强大，公共部门发展不足，力量不够，缺乏对私人部门的领导和节制，私人部门的活动行为就会变成野蛮的力量。这种野蛮力量就有可能对整个社会带来系统性风险和危害。资本“为了 100% 的利润，它就敢践踏一切人间法律；有300%的利润，它就敢犯任何罪行”①，马克思描述的就是资本的逻辑和行为。只要有暴利，一切体系都会瞬间崩溃和被推翻。

从组织存量和增量的角度讲，与中国社会的高成长性相比较，党的政治体系总体供给能力是不足的，存量自然衰退，增量明显不足。要解决政治的总供给和总需求之间的平衡问题，就要加强党的全面领导，加强全面从严治党，有效解决政治的迭代和优化问题。这些问题不解决，中国社会和经济安全问题就无法解决。习近平总书记讲，“中国共产党是中国特色社会主义事业的领导核心，处在总揽全局、协调

① 马克思：《资本论》（第一卷），人民出版社 2004 年版，第 871 页。

各方的地位”[①]。他同时指出，“在当今中国，没有大于中国共产党的政治力量或其他什么力量。党政军民学，东西南北中，党是领导一切的，是最高的政治领导力量。中国共产党是执政党，党的领导是做好党和国家各项工作的根本保证，是我国政治稳定、经济发展、民族团结、社会稳定的根本点，绝对不能有丝毫动摇”[②]。

从现实角度看，今天给阿里巴巴集团开全球第二大罚单，高达184亿元，就是因为在调节这些重大社会经济关系上，现在如果不出重手，不重点调节，中国的经济社会发展和政治结构就会严重失衡。典型的表现就是阿里巴巴集团蚂蚁金服IPO事件，项目有硬伤，但一路“绿灯”抢跑插队，享受超国民待遇。股票代码688688，发行价格68.8元，溢价比市场同类型的企业溢价高出很多。最后不得不由国务院出面来解决这个问题。所以，党的领导和政府的行政监管体系是两回事，行政监管的力量可以背离原则，但是党的领导必须坚守原则；行政监管的力量可以表现弹性，但党的领导地位和领导职能不能有半点动摇，必须坚持原则，坚持公平正义，真正为人民进行坚守。

二、政治上怎么实现党的领导

习近平总书记讲，“与国内外形势发展变化相比，与党所承担的历史任务相比，党的领导水平和执政水平，党组织建设状况和党员干部素质、能力、作风都还有不小差距”[③]。从政治总供给的角度讲，存在着供给不足。为什么会出现供给不足？因为私人部门和公共部门两种部门的成长性、增长速度不一样，私人部门的规模、力量增长领先，但是相应公共能力的成长没有跟上来，最后造成市场领域、社会领域很

① 《习近平谈治国理政》（第二卷），外文出版社2017年版，第128页。

② 《习近平关于社会主义政治建设论述摘编》，中央文献出版社2017年版，第30－31页。

③ 《习近平关于协调推进“四个全面”战略布局论述摘编》，中央文献出版社2015年版，第122页。

多无序现象。这些现象反过来又会对整个政治秩序和政治体系进行扭曲甚至是干扰破坏，这就是我们今天面临的客观现实，是不以人的意志为转移的一种社会发展阶段。

（一）中国共产党的领导是中国的最大国情

王岐山在《人民日报》上发表《开启新时代 踏上新征程》，文中指出，“一个时期以来，有的人在这个问题上讳莫如深、语焉不详甚至搞包装，没有前提地搞党政分开，结果弱化了党的领导，削弱了党的建设。习近平总书记对坚持和加强党的领导从来都是充满自信、决不回避退让，系列重要讲话万变不离其宗，根本是坚持党的领导；无论哪个领域、哪方面工作，无一不是从加强党的领导抓起，最终落脚在强化党的建设上；澄清模糊认识，夺回丢失的阵地，把走弯了的路调直，树立起党中央的权威，弱化党的领导的状况得到根本性扭转”①。这是很权威的认识，是对中央的思路和工作最直接的把握。之所以把加强党的领导作为解决中国问题的总抓手、总办法，是因为中国的核心问题是平衡的问题。在初级阶段的物质水平、思想水平、社会水平上，建立的是初级阶段的平衡，到了高级发展阶段，经济社会各个领域的发展已经达到很先进的程度，就需要建立高级阶段的平衡。

在现阶段，平衡工作是必需的，获得平衡的手段和办法只有一个，在各方面力量中，党政军民学，东西南北中，党是领导一切的。中国共产党具有法定领导核心地位，要在各个层面有担当、有作为、有承担。在领导核心这个位置上，中国社会的总体发展状况，包括总体结构的均衡以及整体系统的运行状况，完全取决于党的领导核心作用的发挥状况。从中国现阶段发展结构来看，中国共产党的领导是一种历史的客观现象，也是最大的国情。我们解决问题就是要在国情的实际情况下来解决具体矛盾，如果耍滑头、搞政治投机、弄虚作假、避重

① 王岐山：《开启新时代 踏上新征程》，《人民日报》2017 年 11 月 7 日。

就轻、不作为，都是不能解决实际问题的。要真正坚持党的思想路线、组织路线、工作路线，就要解放思想、实事求是，就得直面社会问题，党自身就要发挥应有的领导核心作用。

（二）党的领导体现在党的科学理论和正确路线方针政策上

习近平总书记指出："领导我们事业的核心力量是中国共产党。什么叫核心力量？一些同志没有搞得很清楚，或者说知道这个道理，但一到实际工作中就搞不清楚了。党的领导，体现在党的科学理论和正确路线方针政策上，体现在党的执政能力和执政水平上，同时也体现在党的严密组织体系和强大组织能力上。"①这和我们的日常认识不同，平常我们对党的领导的认识更多地偏重于权力的逻辑，更多偏重于对组织的依赖，仅仅这样显然是不够的。习近平总书记讲得很清楚，党的领导优先体现在党的科学理论和政治路线方针政策上，也就是说真理的力量比权力要大得多，要优先得多，只有站在真理的一方，才能真正实现领导；失去了科学性、真理性，独有匹夫之勇，独有组织的物理优势，都是不能真正发挥党的领导的。

当年，朱德是司令，毛泽东是党代表，是党指挥枪还是枪指挥党，当时部队的主流观点是谁拿枪谁说了算。所以，在红四军第七次党代会改选之后，毛泽东没有继续当选前委书记，加强党对军队的领导等提议也未能得到实施。陈毅到上海中央去汇报这个事，上海中央成立由李立三、周恩来和陈毅三人组成的专班来研究这个问题，对毛泽东的路线、毛泽东的主张进行专门讨论。上海中央经过研究，充分肯定了毛泽东"工农武装割据"的思想，明确指出毛泽东仍为前委书记，正式形成致红四军前委的指示信，即"九月来信"。"九月来信"代表中央意见明确支持毛泽东的主张，以此为基础在福建召开了红四军第九次党代会，即古田会议，确立了党指挥枪、思想建党的重大政治原

① 《习近平关于严明党的纪律和规矩论述摘编》，中央文献出版社2016年版，第38页。

则。党的领导不能等同于一般组织力量，不是说谁的拳头硬，谁掌握实际的物质力量，谁就能代表党的领导。

党的领导优先体现在科学理论和正确路线方针政策上，真理性是其第一属性。毛泽东在《论联合政府》里面讲："全心全意地为人民服务，一刻也不脱离群众，一切从人民利益出发，而不是从个人或者小集团的利益出发，向人民负责和向党的领导机关负责的一致性，这些就是我们的出发点。"[①]为什么对人民群众负责和对党的领导机关负责是一致的，听党的领导机关的话就是对人民群众负责？因为共产党人始终坚持真理，一切真理都是符合人民群众根本利益的；共产党人随时准备改正错误，一切错误都是不符合人民群众根本利益的。党的领导机关为什么有政治威信和领导权威？因为是代表真理的力量，是真理性的认识和实践。这一点在我们党的历史上表现得很充分，陈独秀、瞿秋白、向忠发、李立三、博古、张闻天为什么在领导岗位上反倒出现错误？就是因为他们没有抓住中国的实际，没有抓住中国问题，他们的领导不代表蕴含在中国社会现实中的真理，要么是学术的观点，要么是工人或知识分子阶层的有限单一立场，不能全面地解决中国社会的普遍问题。王明、博古代表的更多的是苏联马克思主义，而不是"山沟沟"的马克思主义。只有毛泽东的"山沟沟"马克思主义是从中国实际出发，只有立足中国实际的思想才能够解决中国问题。即便有显著的组织优势、权力优势，但是理论和观点不正确，能力跟不上，这种优势就可能会变成反噬力量，也就是我们讲的德不配位，必定遭殃。要么人把权力驾驭好，要么权力把人异化，在德行不足的情况下，肯定是权力控制了人，人就变成权力意志的手段和权力的奴隶，权力变成了人的枷锁。很多领导干部就是在这一点上，没守住心理边界，对这个问题缺乏自觉意识，觉得好像差别不大，实际上把顺序搞反了，如果权力能代表真理，权力才强大，而不是权力天然就具有力量。认

① 《毛泽东选集》(第三卷)，人民出版社 1991 年版，第 1094－1095 页。

识到党的领导体现在党的科学理论和正确路线方针政策上，有利于各级领导干部树立正确的权力观，而不是有权就要任性。

权力体现在科学理论和正确路线方针政策上，其本质就是自觉运用真理的精神力量去团结人。为什么王阳明讲知行合一，因为只有个人保持德性自足，才能在德性上充沛而不匮乏，不缺乏德性才有足够的智慧做出正确的事情。要想主体的主观选择和外部世界的运行逻辑保持一致，就必须在逻辑、路线、方针、政策上做到正确，这一点对党的领导的实现是至关重要的，党的领导是通过科学的理论和正确的路线方针政策来实现的。用制度管人、用制度管权、用制度管事，前提是这个制度必须是科学的。今天在理论和思想维度上，之所以要概括提炼习近平新时代中国特色社会主义思想，就是要解决理论正确的问题。加强党的理论创新和理论供给，就是为了解决理论与其适用环境之间的脱节。辩证法讲普遍发展普遍联系，环境和条件随时处在发展变化的动态过程中，某一种思想、观点和立场不可能满足环境和条件的所有场景。环境在变，条件在变，思想立场观点也得跟着变，这就叫党的理论创新。为了解决理论的准确性和时效性问题，必须根据新的现实对旧的理论进行改造，否则就变成了教条主义。要以正在做的事情为中心，要以事情正在发生的变化为参照，进行理论的、思想的、观点的准确调整，从精神和物质关系的根本逻辑上正确处理工作实践中的问题。不能在工作中搞神秘主义，好像有一种永恒的神秘的超验力量，能够穿越一切有形的东西，以不变应万变。实际上并不存在这种神秘主义的力量，一切都是符合逻辑的、辩证的、客观发展的。现实在变动，思想观念也要跟着调整，人不可能两只脚踏进同一条河流，左脚和右脚下去是两条河，不是一条河，因为左右脚之间有时间差，时间变了河就变了。时间在延续，实践在变化，以时间和实践为认识对象的思想构成就要进行调整，外在表现形式上就是理论的发展，这就是党的理论创新、思想创新的内在逻辑机制。解决党的思想理论的问题，就是解决理论正确和理论科学的问题。

在这个前提下，我们再来解决实践过程中的路线方针政策问题，对不同时期党的政治路线、组织路线、军事路线、干部路线、群众路线等作出不同的调整。党的十八大以来，我们党在这些方面都做了大量的工作，党的政策调整力度很大。比如生态环保政策受到前所未有的重视。再比如供给侧结构性改革，我们过去都没有这种概念，过去都是以需求侧管理为主，都是千方百计地扩大需求、刺激需要，供给侧的主动性管理很少。再比如京津冀协同发展、长江经济带综合整体管理、粤港澳大湾区建设，这些都是全新的政策供给，过去没有这方面的政策。这一系列重大政策调整，成功体现和实现了党的领导，党的领导正是通过这种办法来落实的。所以，不是说党委、政府在这个地方，党的领导就实现了。

回过头来看，中国经济这些年调整的力度和幅度还是比较大的。过去很多地方是以土地财政、房地产经济为主，现在中央反复强调房子是用来住的，不允许对住房市场进行过度炒作，房子问题因此就具有了党的政治的实践含义。为什么把房子问题作为对党的政治的检验？是因为房地产市场力量和结构的畸形发展，对国家产业、实体经济及中国科技创新的伤害是巨大的。所以现在开始扭转这种被动局面，财政部已经明确房产税、财产税在未来会陆续出台，这几年会加快这些领域的立法。房地产市场的预期变了，按日本房地产行业的变化曲线来看，也可能 20 年后的价格会回到 20 年前的水平，屯了房子的人像坐过山车，搞不好还要套在里面，尤其是买得晚的，价格在高位的十有八九都可能被套住了，这会是一种趋势。如果中国共产党做不到房住不炒，我们在经济上就会失去回旋的余地和空间，基础要素价格成本居高不下，社会利润全部支付房租了，这样下去肯定不行。过去讲 GDP 很多，现在干部选拔任用明确要求不唯票、不唯分、不唯 GDP、不唯年龄，“四不唯”的政治要求就是在矫正经济的不合理结构。

党委书记作为第一责任人，KPI 考核（关键绩效指标考核法）指标由过去的高速增长到现在高质量发展，由世界工厂到现在的供给侧结构性改革，由过去泡沫经济的“三大攻坚战”到现在的“三去一降一补”，由出口经济到现在的国际国内双循环以国内循环为主，中国经济的剧烈调整就是在党的强有力领导下完成的。这种调整是怎么实现的呢？习近平总书记在2017年年底的中央经济工作会议上指出：“党的十八大以后，国内外经济形势极其错综复杂，很多情况是改革开放以来没有碰到过的。国际金融危机深层次影响持续蔓延，世界经济复苏乏力，国际贸易低迷，保护主义普遍。国内经济下行压力不断加大，产能过剩矛盾突出，工业品价格连续下降，金融风险隐患增多。面对复杂形势，大家都在思考我国经济发展的方向和出路，看法不很一致，思路也不很统一。”[①] 当时的主要问题是经济形势怎么看？经济工作应该怎么干？必须作出科学判断，作出正确决策，关键在“科学”和“正确”两个词上。谈到科学和正确的问题，我们就会发现一个事实，中央政治局的权力优势和组织优势，并不能直接等同于科学性和正确性。权力不等于科学，组织意图不等于社会规律。权力大、级别高，都只是一种政治特性，不意味着就必然代表正确，这在内涵和外延逻辑上是两码事情。比如日本的核泄漏，跟日本天皇的政治地位高没有关系，核污染的专业治理问题是一个专业技术问题，地位高也不能怎么样，所以经济科学的问题，是不能单纯在政治层面上来独立解决的。

习近平总书记强调：“5年来，中央政治局常委会、中央政治局、中央全面深化改革领导小组、中央财经领导小组共召开涉及经济问题的会议上百次，提出了一系列关系我国经济发展全局的重大判断和论断。这个历程很不平凡，是一个实践—认识—再实践—再认识的过程，也是一个不断探索规律、深化认识、统一思想、正确决策的过程。”[②] “实践证明，党中央对经济形势的判断、对经济工作的决策、对

① 《习近平谈治国理政》（第三卷），外文出版社2020年版，第231页。

② 《习近平谈治国理政》（第三卷），外文出版社2020年版，第231－232页。

发展思路的调整是完全正确的，引导我国经济发展取得历史性成就、发生历史性变革。”[①]政策方向是对的，就要靠过程来保障，要靠工作体制机制来保障，不能单纯依托组织优势、权力优势。正因为有党领导经济工作的体制机制和务实管用的举措，才最终取得善果。

2017年12月18日，习近平在中央经济工作会议上指出：“5年来我们坚持观大势、谋大局、干实事”，[②]“成功驾驭了我国经济发展大局，形成了以新发展理念为主要内容的新时代中国特色社会主义经济思想。”[③]统一党内经济思想，达成党内经济共识，找到政治上切实可行的科学经济方案，这是党在领导经济工作的实践中取得的重大成果。

对中国共产党来讲，对第十九届中央领导班子来讲，领导14亿多人口的现代化，谁都是第一次，大家都没有标准答案，所有人都是在实践中不断进行探索，因此党对经济工作的领导就不是一个权力问题，更不是一个纯粹的政治问题，很大程度上是一个经济科学问题。唯有穿越周期的科学性真理力量，才能够克服组织权力的局限解决问题。

邓小平讲：“党的十一届三中全会以来的路线、方针、政策不能变，党的基本路线要管100年，动摇不得。”[④]邓小平同志这样讲是有底气的，有自信的。为什么能够做到100年不准变呢？中央领导班子换届选举不断更替，这个政策能脱离政治权力换届周期保持100年不动摇，原因只有一个，这种路线、方针、政策代表着真理，是一条真正通向改革开放的康庄大道。1989年6月，江泽民从上海到北京后，在十三届中央委员会四中全会上跟中央委员见面时表态，党的十一届三中全会以来的路线方针政策，要坚定不移地执行。十六大的时候，胡锦涛也表态要毫不动摇。习近平总书记也强调一以贯之、毫不动摇。为什么毫不动摇？因为

① 《习近平谈治国理政》（第三卷），外文出版社2020年版，第232页。

② 同上书，第233页。

③ 同上书，第236页。

④ 中共中央文献研究室编：《回忆邓小平》（上），中央文献出版社1998年版，第29页。

这些重大决策对中国而言都是对的，是一条走向国家繁荣富强的正确道路，这就是党的领导的价值所在，一张蓝图绘到底，始终坚持按真理办事。组织换届选举、人事更迭这种权力组织结构的调整，和我们所讲的党的总体领导，在内涵和外延上都是不同的。

但我们在现实生活中往往习惯把权力的更迭、人事的调整看得很重。在中国特色社会主义伟大事业面前，这些调整都是工具性的，发展才是目的。工具本位就意味着政治异化，是一种不正常的现象，是一种政治扭曲现象。

西方的政治体系运作，一旦出了重大问题，官员马上就会引咎辞职。为什么？因为权力本位要求真理让道，这恰好是政治不成熟的表现，是政治发展无力的表现。政治成熟不应该以权力追逐为本，个人的荣辱、利益、事业，和时代的发展、江山社稷相比，又能算什么呢？在我们的政治体系里，如果权力的逻辑过大过盛，就容易导致不对事业负责，不对人民负责，只对领导负责，只对权力负责，这显然不是健康的政治行为。

正因为有党对经济工作的科学领导，才能够形成最大共识，确立习近平新时代中国特色社会主义经济思想。有了习近平新时代中国特色社会主义经济思想，我们的经济工作才能够破旧立新，主动作为，形成积极发展的经济局面。一个经济体能够保持 40 多年的高增长，背后一定有强大的领导力量和领导能力作保障。在这么大的一个经济体系里，正因为有党坚强有力、科学英明的正确领导，经济才能保持连续健康的发展。全世界失败的经济体系比成功的经济体系要多得多，印度、俄罗斯等新兴市场都是大国，但经济治理一直不理想。中国经济的成功，充分说明党在领导经济问题上，在把握经济科学、经济规律问题上，是有探索和体会的，是懂得在经济实践中总结经验和规律的。习近平新时代中国特色社会主义经济思想代表的是中国现代化的一种本土思考，没有走西方现代化的路子，走的是独立自主的现代化道路，规避了西方现代化模式解决不了中国现代化发展难题的尴尬局面。

打个比方，同样是搞城镇化。西方是小城镇化模式，如果要让西方像中国一样搞京津冀、长三角和粤港澳大湾区，他们的实力和现实都不允许，因为很多西方国家规模都不大，巴掌大的地方只能搞小型城镇化。但放在中国就不行，北京一个城市2000多万人口，西班牙整个国家才4300多万人，让它搞成北京这样规模的两个城市，可能吗？所以它的城镇化道路只能是小型城镇化道路。但中国的城镇化要采取小城镇化模式就不行，因为它不能实现城市公共效益最大化。按中国人口流动的趋势和规律来讲，2035年京津冀、长三角、粤港澳大湾区这三个城市带、城市群集中的人口承载将达约9亿人。我们今天提出发展以人的城镇化为核心的新型城镇化，建城市群，实施大城市战略，开展首都功能疏解，建设雄安新区，搬迁北京市政府至通州，都是根据中国实际作出的重大决策。人在哪里城在哪里，这是一个最起码的评价标准，城镇化必须跟着人口的流动趋势走，这就是城镇化的发展规律。过去我们学习西方搞小城镇化战略，实践证明在中国是不合适的，这既是国情，也是党的领导，体现的都是对中国发展规律、社会规律、人口规律、经济规律的领悟和遵循。

（三）党的领导体现在党的执政能力和执政水平上

理解党的领导体现在党的执政能力和执政水平上，我们就要深入了解党的组织工作逻辑。组织可以一纸任命，让你到一个单位去当领导，但如果个人的能力跟不上，满足不了工作的需要，这是组织任命解决不了的问题。你能力不行，组织不可能把你任命成一个能力强的人，组织加持不了你，也给不了你某种特殊能量，这完全是你个人学习和能力培养的事情。组织可以给你领导岗位，但组织给不了你领导能力，组织的任命文件也代替不了个人的能力养成。能力需要培养，不是靠组织任命能够解决的，个人的执政能力和执政水平也不是通过组织任命来获得的。

党的十九届四中全会通过《中央关于坚持和完善中国特色社会主义制度 推进国家治理体系和治理能力现代化若干重大问题的决定》（以下简称《决定》），系统总结了中国特色社会主义制度的十三个重要组成部分，其中党的领导制度是作为国家的根本领导制度，统领和贯穿其他十二个制度。在提法上就党的领导制度作了透彻表述，坚持和完善党的领导制度体系，提高党科学执政民主执政依法执政的水平。加强和完善党的领导，就是改善党的领导能力，完善党的执政能力，把党的领导落实到党的领导能力和执政水平上。党的十九届四中全会《决定》围绕党的领导的根本制度，作出了六方面的制度探索。

第一，建立不忘初心，牢记使命的制度。《决定》指出，“确保全党遵守党章，恪守党的性质和宗旨，坚持用共产主义远大理想和中国特色社会主义共同理想凝聚全党、团结人民，用习近平新时代中国特色社会主义思想武装全党、教育人民、指导工作，夯实党执政的思想基础”[①]。党的领导首先是思想领导，思想领导就要有思想领导的内容，要有思想领导的力量和资源。所以，在这里围绕不忘初心、牢记使命的制度，对中国共产党的领导意志的安全作了系统的规划和管理。不忘初心、牢记使命，实际上是对中国共产党的领导理念、价值观、方向和立场的一种规范和管理，不能因噎废食，不能因人因事而废。如果领导变了，领导的注意力变了，党的领导方向就跟着跑偏了，这样肯定行不通。邓小平同志讲的100年不准变，就不能得到落实和体现，所以党的领导意志不能变，不能受组织人事变动的影响，党的领导意志要确保坚定和安全。

这里有三个层次，一是政治思想安全体系，二是政治内容安全体系，三是政治发展安全体系。政治创新在实践过程中是有原则和标准

① 《中共中央关于坚持和完善中国特色社会主义制度 推进国家治理体系和治理能力现代化若干重大问题的决定》，人民出版社2019年版，第6页。

的，不是另起炉灶无原则的创新，有了党的领导意志的系统性、规范性的统一管理，一张蓝图绘到底就有了可靠的政治保障。好的政治一定不是突出个人主义的，大家不用去关心政策是谁提出来的，关键是政策要对路、要科学。只有坏的政治才会把个体凌驾于科学性之上。

第二，完善坚定维护党中央权威和集中统一领导的各项制度。这就是领导权力的安全问题，就是中央怎么说了算的问题，中央怎么样令行禁止的问题。这里有三层安排，一是领导核心安全，二是领导体制、领导制度安全，三是领导组织安全。首先是党中央的领导核心的地位、权威和政治权力都要得到足额保障。这就好比既想让马儿跑，还得让马儿吃草，要遵循政治现实具备基本政治条件。这在中国历史上也有体现，秦始皇统一六国的时候，处理的核心问题是和周天子的关系问题，周天子就代表中央，秦始皇最后把象征周天子权威的九鼎搬到咸阳，结果还把豫州鼎给掉到黄河里了，剩下八个搬回到咸阳，象征着中央权力的终结。这样，东周和西周800年的统治让秦始皇政权代替了，开始了一个新的历史周期。定义一个时代的一定是其核心权力，领导核心的坚强有力和能干，直接决定着这个时代的作为和进取。所以，领导核心安全、领导体制安全、领导组织安全这三个安全至关重要。

第三，健全党的全面领导制度。全面领导制度包含组织领导，工作领导和机构领导三个方面，对应的制度包括组织安全制度、工作安全制度、职能安全制度。组织安全制度就是习近平总书记讲的一个核心、三个党组，也就是党委和政府、人大、政协三个党组的关系问题，党委和常委的分工管理及条口关系，就是关乎组织安全的问题。工作安全，包含内政、外交、国防、治党、治国、治军，以及政治、经济、文化各方面工作，通过有效的工作制度，确保党对这些工作的领导坚强有力。职能安全就是让各个组织都能够明确职责，进行定机构、定职能、定编制。不能人浮于事，每个机构每个职能的职责边界、职权范围都应该清晰和规范，这样党的领导才能够实现。

第四，健全为人民执政、靠人民执政各项制度。这是关乎党领导社会和群众的制度设计问题。党对社会和群众的领导，一是联系群众的过程安全，二是联系群众的制度安全，三是联系群众的体系安全。在处理党群干群关系时，在维护党执政的社会基础和群众基础时，如果党自身的决策和执行不规范，存在着硬伤和缺陷，那么党的群众工作就有可能失败，党对群众的领导就因此变弱。同理，在处理群众关系过程中，领导干部个人的安全，尤其是职业安全、私人安全，也需要有一套制度来保证。把党群关系的处理规范在公共空间、公共能力范围之内，不带入私人领域，不引发领导干部的个人风险。这些都是实实在在的工作中经常碰到的问题，这些问题的解决一定要在政治规范的意义上有一套科学的办法，不能把群众工作过程中的不确定性风险留给干部个人去承担。

第五，健全提高党的执政能力和领导水平制度。组织运行体系、决策体系、领导方式、激励机制四个方面的重要性不言而喻。如果不具备这四方面的优势，就意味着党的领导能力没法得到保证，党的领导力和执行力就难以跟上。所以一定要把党的领导能力、领导优势自觉塑造出来，这是实现党的领导和改善党的领导的必要条件。

第六，完善全面从严治党制度。党的领导和党的建设互为一体，党建设到什么程度，党的领导就实现到什么程度。低水平党的建设配套的只能是低水平党的领导，高水平党的建设配套的一定是高水平党的领导，这是一个高度正相关的政治过程。党的建设是基础，要把党的建设和组织基础搞好，党的领导才能有力量，所以要完善全面从严治党制度。对党内的政治空间、政治行为、政治主体和政治观念进行管理，相应的也有很多专门的制度、措施和办法，形成科学管用的从严治党体系、党的建设体系、组织路线体系，以及党内政治文化、政治生活、政治生态监管体系，还包括党内从严治党的责任体系、党的领导环境体系。从这几个方面入手，把领导环境建设好了，党员领导干部才能受到环境的激励，才能把党的领导的巨大作用充分发挥出来。

党的十九届四中全会关于坚持完善党的领导能力和执政能力的六个方面，总体可以概括为党的领导意志的长效体系、党的领导权力的运转体系、党的领导制度的科学体系、党的领导立场的价值体系、党的领导能力的支撑体系、党的领导保障的安全体系。这六个方面共同构成加强党的全面领导的制度体系和实践体系，只有在这些方面着力完善，才会为加强党的领导提供可靠保障和现实基础。

（四）党的领导体现在党的严密组织体系和强大组织能力上

党的领导要得到实现，还必须在思想和能力的前提下发挥党组织的力量优势，依靠党的严密组织体系和强大组织能力。习近平总书记一贯重视党的组织体系和组织能力建设，在浙江工作时，就对党的领导进行过独到深刻的论述。习近平总书记按照党委总揽全局、协调各方的原则，进一步规范党委、人大、政府、政协以及人民团体的关系，完善一个核心、三个党组、几个口子的领导体制和工作机制。注重从领导体制和工作机制上去解决问题，注重组织资源整体协同发挥作用。正是在对党的领导的组织基础不断加强、巩固、充实和提高的过程中，我们党采取相关措施来解决组织力不足及组织“宽松软”的问题。比如对国家主席任期作出新的规定，这就是重大的组织调整，组织的任期变了，就是为了强化领导核心，强化党的总书记的全党核心地位，这是实现党的组织领导必要的政治举措和政治基础。再比方说，坚持和完善民主集中制，党的领导是通过民主集中制来实现的，但我们说的党不是一个人，是党委领导集体，我们服从的也不是某个人，而是服从整个党委。党委的决策不是某一个人的，结果是以民主集中制形式来体现的。党的领导不是服从于任何个人，是党的组织行为，是党委的整体行为。

推动党和国家机构改革，也是解决党的组织领导、组织体系的一套有效的具体办法，通过党和国家的机构改革解决了很多问题。领导体系、政府的治理体系、武装力量体系、群团工作体系，只有这几大体系联动和配合起来，总揽全局、协调各方的领导体系才会有整体合力条件下的力量基础。在党和国家的机构改革中，党的领导明显得到加强，建立健全党对重大工作的领导体制和机制、报告制度、中央委员会制度、党小组制度，都是实现党的领导的一些具体措施，都是对党的组织关系的重大调整。与党的组织相关的党内法规，如组织工作条例，中央委员会工作条例、地方工作条例、党组工作条例、农村工作条例、支部工作条例几乎全覆盖，党的所有组织类型，组织主体基本上都有相应组织法规覆盖。包括选举工作条例也基本上实现全覆盖，党的交接班所涉及的权力交替基本上都在制度安排上得到全部解决。围绕党的组织运转和活动行为，出台的纪律条例、问责条例、重大事项请示报告条例、处分条例、监督条例、个人事项报告有关规定，等等，都起到了规范组织行为、约束组织活动的作用。

正是通过全面从严治党，整体上解决了党的政治的供需平衡，解决了党的领导的软硬平衡，解决了党的建设的质和量的平衡，解决了党的组织的增减平衡，建立更高层次更大范围的政治生态平衡，这是党的领导发挥作用的关键所在。要让党内的治理上台阶，党的领导得到加强，全面从严治党的措施就必须跟上，通过党内的制度供给、法规供给，把党内所有要素全部纳入制度规范内。正如企业一样，所有的负债、资产全部纳入表内，统一核算。也就是党规党纪面前一律平等，没有特权，没有特殊人物，所有党的要素都要经受党纪党规统一化、规范化的一体管理，为党的领导塑造一个坚实有效的组织基础，这些无疑都是新时代坚持和加强党的全面领导的总体制度安排。

三、从功能与价值上深刻理解党的领导

加强和改善党的领导与执政，增强党领导国家各项事务的能力，

完善党和国家自我监督，真正破解历史周期率。我们党长期执政，面对的严峻挑战是权力容易被侵蚀，党的干部容易脱离群众。全面从严治党，最终目的就是要解决一党长期执政条件下自我监督问题，跳出“其兴也勃焉，其亡也忽焉”的历史周期率。中国共产党要长期执政，就得进行有效党内治理，解决党的科学领导的问题。正是通过加强党的领导，通过党要管党、从严治党，才取得今天这种阶段性的政治优势。

（一）党的领导意味着历史逻辑、理论逻辑、实践逻辑的统一

新时代坚持和发展什么样的中国特色社会主义、怎样坚持和发展中国特色社会主义，这既是一个复杂的重大时代课题，也是一个深刻的历史发展问题，需要在党的历史逻辑、理论逻辑、实践逻辑统一中去理解和回答。对这个问题的思考不能仅仅从当代人的喜好出发，早期的共产党人为了理想信念，为了国家和人民作出巨大牺牲，舍弃小我，放下自我，为了革命牺牲自己，为了自由失去生命。

坚持党的初心使命，追溯中国共产党早期的历史源头、政治源头、精神源头，就要弄明白我们党是一个什么样的党，为什么而建立，我们党从哪里来要到何处去。对这些问题的回答，党在早期付出了巨大的牺牲，凝结成了习近平总书记在庆祝中国共产党成立100周年大会上谈到的伟大建党精神。

伟大建党精神从精神层面、行为层面、意志层面和道德品质四个方面做了概括，建党精神是中国共产党精神的源头，是中国共产党精神的根本来源，如果我们背离了这种精神的源头，今天的中国共产党人就是不对历史负责，不对早期为了探索、为了真理而牺牲的历史英雄人物负责。如果是这样，意味着我们今天开始迷失在物质路线、财富路线和利益路线中，放弃了历史形成的精神路线、政治路线、理想信仰路线。倘若没有了精神、没有了理性、没有了主义，中国共产党

还是无产阶级政党吗？因此，需要从历史逻辑、理论逻辑、实践逻辑来讲清楚中国共产党，实实在在地回答我们应该干什么、不应该干什么。

党的传统、理论和历史决定了党的精神特征、政治品格和行为特点，这种精神、政治和行为特点已经沉淀在党的基因中，变成了党的有机组成部分。只要是中国共产党，就应该具备这些特征、这种精神、这种特点。从这个角度来讲，习近平总书记总结出了“九个必须”，这是我们党从中华民族伟大复兴的中国梦这个国家长远奋斗目标，从中国共产党百年的辉煌历史，从中国今天面对国际国内发展现实作出的九个方面的明智选择。这“九个必须”既有对党的历史的准确关照和遵循，又有对中国现实和国际国内环境的充分考量，同时包含着对中国未来发展前途命运的全方位思考，把历史、现实和未来充分结合起来，形成了九个方面的行动指南和总体构想。

（二）党的领导意味着初心使命的现代坚守

在今天，中国共产党必须团结带领中国人民不断为美好生活而奋斗。党今天要干的事情，一定是和党的立场、观点、方法及中国社会现实高度一致的。这种一致性来自党的价值观、内在精神理念的遵循和统一。

坚持人民立场是中国共产党的一贯立场，在不同的历史时期有不同的实践形式和实践活动。我们今天强调团结带领中国人民不断为美好生活而奋斗，这是坚持人民立场的一种现代形式。让老百姓过上美好生活，这就是坚持人民立场，坚持全心全意为人民服务，和党的性质宗旨是一致的。党的性质、党的宗旨不是今天才有的，党的一大、二大关于这个问题就已经讲清楚了，中国共产党是一个什么性质的政党，这个问题上升到现实，上升到具体实践领域，就变成今天的实践问题和现实问题。党的性质宗旨问题上升到逻辑领域和理论领域，是与传统中国共产党的整体精神谱系、建党精神息息相关的。

习近平总书记在庆祝中国共产党成立100周年大会上的讲话中指出："中华民族是世界上伟大的民族，有着5000多年源远流长的文明历史，为人类文明进步作出了不可磨灭的贡献。1840年鸦片战争以后，中国逐步成为半殖民地半封建社会，国家蒙辱、人民蒙难、文明蒙尘，中华民族遭受了前所未有的劫难。从那时起，实现中华民族伟大复兴，就成为中国人民和中华民族最伟大的梦想。"①习近平总书记这一段话是讲历史的整体逻辑、近代逻辑，两者是息息相关的。从历史的整体逻辑来讲，中华民族是一个伟大的民族，这个伟大的民族有着5000多年源远流长的文明历史，我国是世界上四大文明古国中唯一完整保存下来，唯一从古老文明走到现代文明历史没有断裂的国家。这么一个历史悠久、文明灿烂的伟大民族，到了近代，突然国家蒙辱，人民蒙难，文明蒙尘。面对这种情况，我们需要在哪里跌倒就从哪里爬起来，重新振作，重新站立，重新奋斗。

在哪里跌倒就从哪里爬起来，同样需要策略和方法。怎么才能够爬起来不至于伤痕累累？这就牵涉到中华民族整体历史逻辑和近代历史逻辑的关系问题。中华民族的历史整体上是一个发展进步的逻辑，但是发展进步在近代遇到了意外挫折，民族抗争和斗争就由此产生，为中华民族的命运和前途进行斗争，这是中国近代以来所有仁人志士的共同选择。正如习近平总书记所讲，"为了拯救民族危亡，中国人民奋起反抗，仁人志士奔走呐喊，太平天国运动、戊戌变法、义和团运动、辛亥革命接连而起，各种救国方案轮番出台，但都以失败而告终"②。是不是政党这种现代政治形式一经出现就一定能够解决中国问题？不是这样的，并不是所有的政党都可以随随便便成功。政党政治

① 习近平：《在庆祝中国共产党成立100周年大会上的讲话》，人民出版社2021年版，第2页。

② 同上书，第2—3页。

的失败率是很高的，所以当时一批又一批政党注册产生，但终究都没能够拿出彻底有效的行动方案和解决方案。

近代中国的出路问题非常艰难，传统的旧的政治手段都解决不了。辛亥革命作为现代政治的解决方案，一经和当时中国的政治结构、政治权力相结合，就注定是一个软弱无力、中看不中用的洋摆设。就中国的问题而言，一般效能的、一般强度的、一般力量的、一般水平的政治解决方案，都不可能取得真正的成功。

为什么中国的问题如此困难？因为一般的解决方案基本上都侧重权力逻辑，而中国革命的道路，不只是简单的权力更替问题，中国不仅上层建筑领域出了问题，经济基础领域、社会基础结构领域也都出现困境。一个国家的政治结构、经济结构、社会结构出了问题，倘若一味在上层建筑领域走马观灯似的频繁更换，“头疼医头，脚疼医脚”，没有从根本上解决问题显然是不行的。中国的这种根本性问题，是民族进化过程中现代社会结构不彻底的问题，也就是说，我们没有形成现代经济体系和社会体系，而在传统的旧的经济体系和社会体系基础上，去嫁接现代政治形式，注定是要失败的，因为两者之间是不配套的。经济基础决定上层建筑，社会存在决定社会意识，这种底层的基础结构，带有决定性和根本性，不改造基础，不改造社会基础结构，单纯地去进行上层的权力革命，是于事无补的。

所以顾炎武讲“民但闻啬夫，不知郡县”，就是说老百姓宁愿认他们村上那个族长，不认县长。他们觉得县长跟他们没关系，他们村上的族长才跟他们有关系。族长管他们的婚丧嫁娶，管他们的生杀予夺。

县长为什么就不管老百姓？这就和中国封建社会的政治结构有关系。自秦以降，2000 年不出秦政，秦政变成了中国封建政治的基本形态。秦政的基本结构里皇权不下县，带来的后果就是中国政治从此走向了二元政治并行的结构。上层的朝廷实行官僚政治，下层的老百姓实行自治，即宗族自治政治。上层和下层的政治结构、政治力量、政治利益、政治关系的分离带来的影响是深远的。顾炎武讲的两句话，“天下兴亡，匹夫有责，国家兴亡，肉食者谋之”[①]，也就是明确对国家和社会各自分工作了封建区分。朝廷、政府出了问题，皇帝遇到了问题，那是肉食者谋之，官员的事跟老百姓没关系，老百姓可以不管政府死活，因为换朝廷换皇帝换政府不换百姓。正是这种二元社会治理结构，造成了中国国家治理能力、社会治理能力双重的困境，形成了国家贫困和社会贫困。梁启超讲，与世界上各民族的人数比较起来，我们人数最多，民族最大，文明有4000多年，但中国人只有家族和宗族团体，没有民族精神，所以虽有四万万人结合成一个中国，实在是一盘散沙，弄到今日是世界上最贫弱的国家，处在国际最低下的地位。有世界最大规模的人口，但是没有世界上最强大的军事、最强大的经济、最强大的文化和国防，相反遭遇了全面的军事危机、经济危机、文化危机、政治危机、社会危机。这种国家能力、国家力量与国家人口之间的严重背离，才是中国最根本的危机。

当时能人志士看到了这一点，孙中山讲中国虽四万万之众，实等于一盘散沙。毛泽东讲日本敢欺负我们，主要原因在于中国民众的无组织状态。中国问题因此就变得很清晰、很明白了，中国的问题不是一场权力革命，换个政府、换个皇帝就能解决的。中国历史上经历了559个皇帝，[②]仍然保持着2000年前的秦政没变，所以换皇帝不解决问题。要真正解决问题，就要发动社会革命，变革中国的社会治理方式、社会治理制度和社会治理结构，只有通过全新的不同的社会制度，才能够把中国社会的二元分化给彻底消灭，把社会和国家力量统一起来，把二元社会变成一元社会，真正实现国家统一和政治统一。只有政治上的统一彻底完成了，才能够实现思想上、利益上的统一。否则

① 原文为：“保国者，其君其臣肉食者谋之；保天下者，匹夫之贱与有责焉耳矣。”——语出顾炎武：《日知录》卷十三《正始》。

② 柏杨：《中国人史纲》，浙江文艺出版社果麦文化2020年版，序。

就会屁股决定脑袋，仍然是我们讲的各为其政，不在其位不谋其政，上不谋下，下不谋上，上下想的不一致，国家治理肯定搞不好。所以，核心的问题不是解决权力问题，而是解决社会结构问题，解决社会制度问题，解决中国社会一盘散沙问题，这也变成中国近代历史实践的关键所在。

习近平总书记指出："中国迫切需要新的思想引领救亡运动，迫切需要新的组织凝聚革命力量。"① 为什么要新思想、新组织呢？因为旧的理论、旧的组织带来的都是旧的解决方案，带来的都是旧的解决思路。实践证明，旧的政治势力、旧的政治思路解决不了中国的问题，中国必须来一场彻底的、根本的大解决。彻底的、根本的大解决就需要新的思想资源和新的组织资源。

这种新思想资源和新组织资源在哪里？毛泽东在《论人民民主专政》里面讲得很清楚，"十月革命一声炮响，给我们送来了马克思列宁主义。十月革命帮助了全世界的也帮助了中国的先进分子，用无产阶级的宇宙观作为观察国家命运的工具，重新考虑自己的问题。走俄国人的路——这就是结论"②。用无产阶级的宇宙观作为观察国家命运的工具，用新思想、新理论、新思想资源重新考虑自己的问题，走俄国人的路。走俄国人的路就是走无产阶级新型政党的路，也就是新思想加新组织之路，这就是结论。正是在这种国家的重大选择当中，中国共产党应运而生，中国共产党带着新思想、新理论、新组织、新力量登上中国历史舞台。

中国共产党带来的新的解决方案，彻底的解决方案，具有明显的强大优势，在与其他政治力量、政治势力、政治集团竞争中脱颖而出。在这个过程中，最典型、最激烈的竞争就是国共两党的竞争。国民党所代表的传统的政党力量，当时是以国家面目出现的国家代表性力量，是国家财政

① 习近平：《在庆祝中国共产党成立100周年大会上的讲话》，人民出版社2021年版，第3页。

② 《毛泽东选集》（第四卷），人民出版社1991年版，第1471页。

国家体制全面支持的政党。但是，中国共产党硬生生地把国民党给竞争下去了。在辽沈战役中，当时的东北野战军决定放弃长春，南下攻打锦州。国民党东北“剿总”副总司令兼锦州指挥所主任范汉杰给蒋介石的建议是：共产党不是想打锦州吗？想把我们“关门打狗”吗？我们为什么不来个反包围，我们为什么不来一个反决战？我们把共产党的四野、共产党最精锐的部队在锦州这个地方趁机“包了饺子”，将其阻击、消灭在这个地方，反其道行之又何尝不可呢？所以，国民党就调动北面沈阳的，加上东面支援的、西面支援的三方力量夹击，再加上锦州城的力量主动出击。这种战术会让四野腹背受敌，四面承压。当时，国民党在人数和力量上远远强于共产党，国民党的这种战略构想在当时也是极具诱惑力的。所以，当锦沈会战的构想一提出来，蒋介石就“咬钩”了，觉得太好了。这个战略构想确实很好，也是林彪最担心、最顾忌、最忌惮的问题。国民党恰恰觉得，林彪最忌惮最害怕的这个策略，我们为什么不给他坐实呢？

这个构想在逻辑上都没毛病，但问题出在什么地方？锦沈会战的战略构想，需要相应的战争执行能力，而锦州主将范汉杰，包括蒋介石本人对于锦沈会战的参与各方及国民党政府的执行力和积极性，以及军地和上下之间的协同能力严重估计错误。打个比方，有人要你把 100 斤的石头从某地背到天安门城楼上，然后给你 100 两黄金，这本身是好事情，但问题在于你背不动，实际上你只能背 80 斤，你达不到要求。所以国民党关于锦沈会战的“美妙”构想，最终由于在执行过程中的不力，造成失败。按照这个计划的原来设想，国民党军队对共产党东西夹击，并在北边主动出击，事实上，东边部队从海上来的时候，连一个塔山都过不去。塔山是海上支援力量登陆必经的第一站，1948 年 10 月，共产党东北野战军的四纵就在这个地方阻击国民党东边海上的援助部队，共产党在这个地方阻挡了国民党第 54 军和第 62 军，以及第 39 军 2 个师、第 92 军 1 个师、独立第 95 师，国民党天上的飞机、海上的军舰同时配合进攻也照样过不去。东北野战军总部当时下达死命令，要求四纵要像

“钉子”一样钉在塔山这个地方，把国民党挡住，为攻打锦州赢得时间，让其东西不得合围，南北不能呼应。这中间打的就是时间差了，前后就差三四天的时间，战局就不一样了。一旦国民党的东西两方面力量成功合围，北边力量主动出击，中国共产党当时最厉害的东北野战军也岌岌可危了。

所以，在开始时，林彪顾虑重重，不愿意痛下决心，更情愿守着长春，不愿意打锦州。但是中央从全国战略总体考虑，从东北的重要性考虑，从切断国民党军队东北和华北的联系考虑，认为济南战役虽然是中国共产党攻打大城市的第一场战役，但是济南战役之后，党中央经过反复讨论和考虑，最后确定大规模的决战还是应该从东北野战军开始，中央的这一宏观战略和东北野战军的区部战略一度出现了分歧，林彪的考虑也不是完全没有道理，林彪担心锦沈会战的军事合围与围剿，腹背受敌就危险了。但蒋介石没想到，林彪也没想到，锦州的范汉杰更没想到，国民党的执行力实在不济，战略构想再天衣无缝，还是缺乏相应的执行力。共产党硬把锦州给打下来，把塔山给守住了，把国民党所有的计划全部给打乱了。这一次，国民党把主要的军事力量都压上去了，然后国共两党的战略态势就变了。如果说攻打东北，是我们由战略防御进入战略反攻，锦州战役的胜利就把几十万的国民党东北军堵在关外，切断了其与华北的联系，中国共产党掌握了战略反攻的主动权和优势权。

在这次军事斗争过程中，共产党表现出来的政治能力、军事能力，都与党的先进理论、先进组织所爆发出来的力量紧密相关。没有这种先进的理论、先进的组织，那么军事能力、经济能力、社会能力、政治能力从哪里来？所以，党在理论上、组织上、政治上、军事上、制度上全方位的发展，让中国共产党成为一个新型的政治力量。这种新型政治力量的崛起，它的实体化、力量化、科学化，使其能够承担中华民族伟大复兴的历史重任，能够实现民族解放和人民解放。在民族解放和人民解放过程中形成了共产党的初心和使命：为民族谋复兴，为人民谋幸福。所以，人民立场、人民观点就成为中国共产党的政治逻辑、历史逻辑、实践逻辑里面最根本、最深层的立场，这种人民立场、人民逻辑走到今天，就变成了为人民的美好生活而奋斗。

（三）党的领导意味着推动民族发展的思想和组织优势

毫无疑问，党的十八大以来，党内的治理取得重大成就。习近平总书记指出，“党的十八大以来，我们探索出一条长期执政条件下解决自身问题、跳出历史周期率的成功道路，构建起一套行之有效的权力监督制度和执纪执法体系，这条道路、这套制度必须长期坚持并不断巩固发展”[①]。这条已经找到的出路代表着一种新的政治方向，这条路能够让中国共产党摆脱历史陷阱，摆脱历史统计学规律的威胁，让党保持百年基业长青，这是党的十八大以来党内治理、党的领导所取得的积极反馈和积极效果。

在今天，中国的发展能力、发展优势日益凸显，以党的领导、有为政府、有效市场为代表的中国发展模式的竞争力和成长性都很强。随着中国发展能力的塑造，党的政治优势、政治资本也越来越雄厚，枪杆子、笔杆子、钱袋子都不同程度地得到改善，最后都会变为党的领导的本钱，变成党执政的强大基础，巩固党领导的政治局面，推动国家全方位发展和迭代发展。

当前强调国家总体安全观，强调防范化解风险，这都是党的领导在现阶段发挥重要作用的典型体现。“黑天鹅”“灰犀牛”的风险意识在过去提得特别多，总体风险的管控，为国家的持续发展作了总体规划和整体性设计。

发展到现阶段，新阶段、新理念、新格局所代表的新发展基本上完成了经济理论与实践更新，基本完成了周期转换，中国开始摆脱绝

① 《习近平谈治国理政》（第三卷），外文出版社 2020 年版，第 547 页。

对贫困，重新进入一个新的主动作为的积极阶段，而且是自主作为、有目的作为的阶段。正是因为有积极主动发展的能力支持，国家才会发生物质结构、利益结构的重大变化。从统计学的角度来讲，1978 年中国 GDP 占美国 GDP 的 6.3%，2021 年占美国 GDP 的 78%，增长速度和成长性都很快。要让美国 2035 年达到中国 2035 远景目标，意味着美国年化增长率要达到 2.97%。以美国的历史经验来讲，15 年均衡增长 2.97% 几乎是不可能实现的，所以 2035 年中国如期完成目标，超过美国应该是大概率事件。这些都是党的十九届五中全会精打细算好几遍才有的结果，把美国的经济发展趋势也考虑到了，这就是党的领导。只有党的领导才能在中美关系中把握国家发展主动权。没有了党的领导，我们自发地、松散地、野蛮地发展，在美国发展体系面前肯定会缺乏竞争力。国家整体战略和长期战略的制定与坚守，只有在党的坚实领导下才能真正实现。

第四章　做好新时代顶层设计

“十四五”时期是我国在全面建成小康社会、实现第一个百年奋斗目标之后，乘势而上开启全面建设社会主义现代化国家新征程、向第二个百年奋斗目标进军的第一个五年。我国发展仍然处于重要战略机遇期，但面临的国内外环境正在发生深刻复杂的变化。从国际看，世界百年未有之大变局进入加速演变期，新冠肺炎疫情大流行影响广泛深远，经济全球化遭遇逆流，国际经济、科技、文化、安全、政治等格局都在深刻调整，中国发展的外部环境日趋错综复杂。从国内看，中华民族伟大复兴进入关键时期，我国社会主要矛盾发生变化，经济转向高质量发展阶段，继续发展具有多方面优势和条件，但也面临不少困难和挑战。在“两个一百年”历史交汇点上，党中央召开十九届五中全会，重点研究“十四五”规划问题，审议通过了《中共中央关于制定国民经济和社会发展第十四个五年规划和二〇三五年远景目标的建议》(以下简称《建议》)。描绘国家未来发展蓝图，明确前进方向和奋斗目标，对于激励全党全国各族人民，战胜前进道路上各种风险挑战，为全面建设社会主义现代化国家开好局、起好步，具有十分重要的意义。

一、制定“十四五”规划和二〇三五年远景目标就是实现党对新时代的领导

党的十九届五中全会在中华民族伟大复兴的关键时期召开，在我们党的历史上同样起到了把关定向的重要作用。为什么说党的十九届五中全会起到把关定向的重要作用呢？召开全会是党的领导的具体体制、机制和办法，全会确定国家的路线、方针、政策，确定国家的发展方向。所以，全会开成什么样子，中国就会发展成什么样子，全会开得好国家就发展得好，全会开得不好国家就发展不好。从这个角度讲，党的十九届五中全会作出了重大贡献，因为不仅很好地实现了党的领导，而且把党的领导所起的正面积极作用提高到了难得的水平和程度。党的十九届五中全会是党的领导在关键时候发挥重要作用的成功体现，是党的领导作用得到充分发挥的一个典型示范，为增强和深化对党的领导的认识提供了实践依据。

（一）党的会议及其地位

为什么说《建议》就是实现党对国民经济社会发展的领导，换言之，为什么要以这样一种方式、一种逻辑来理解党的领导和党的十九届五中全会。

从党的十九届五中全会本身的性质讲，它是党的会议、是政治会议，和政府工作会议、人大会议不一样。会议的性质、会议召开的范围决定了会议讨论的事项以及会议的具体功能。政治会议主要解决的就是政治层面上的问题。就政治会议地位而言，全国人民代表大会的政治规格层级最高，是国家最高权力机关，这决定它着重解决国家政治程序和授权等重大政治议题。和全国人民代表大会相比，党的中央全会着重解决党在执政过程中遇到的相对具体的问题。两者解决问题的范围不同，全国人民代表大会是解决政治的基础性管理问题，党的中央全会是解决政治的事务性管理问题。在党的工作体制和机制层面，就日常党内工作

和党内治理而言，党的中央全会的作用要更直接、更具体。

一般而言，大会解决的都是重大政治问题，例如方针路线问题、领导权问题。

遵义会议重要，是因为遵义会议解决了党和军队领导权的问题，初步确立了毛泽东在党内和军队的领导地位。但遵义会议不是一次性把领导权有关的全部问题都解决了，遵义会议之前就有一系列会议作了铺垫。在遵义会议之前，最早召开的是湖南通道会议，这次会议第一次对博古、李德北上湘西与红二、红六军团会合的军事路线进行讨论，进而初步对长征路线进行重大调整。会议认为湘江战役失败之后不应再延续过去的错误路线，应该及时作出调整。通道会议、黎平会议后，博古、李德也都开始同意对行军路线作出调整，但当红军摆脱国民党军队追击较远时，他们又觉得还是应该继续坚持过去的北上路线。不得已又召开猴场会议，进一步明确和巩固了毛泽东主张西进贵州的军事路线。

当时中央如此在意行军的方向与路线，是因为如果路线错了，红军战士就要拿生命“买单”，路线错误也需要有人承担责任。所以，在路线问题上，大家争论得较为激烈。但是，路线问题既是政治问题，又是真理性问题。争论半天，如果结论不对，按错误路线坚持下去，表面上看有话语权，政治上似乎赢了，但错误路线带来的一定是严重的政治后果，错误后果一定会反噬决策的权力。一般人肯定是不愿意、不甘心承认自己失败的，甚至有侥幸心理，希望自己是对的。

在这种路线博弈中，通道会议、黎平会议、猴场会议彻底扭转了行军路线问题。红军不朝北走，朝西进入贵州，到了遵义之后，红军稍有喘息的时间和机会，就急切需要开碰头会，商议下一步红军该怎么办、去哪里，如何摆脱后面围追堵截的敌人，之后又要继续往什么地方走。这些问题的建设性观点、统一的党内看法在当时是没有的，需要开会来讨论和研究。

博古作为当时党的一把手，规划了整个会议的议题和讨论事项。他不愿意及时总结第五次反“围剿”和湘江战役失败的教训，主要是不想承担个人责任。博古同意在遵义开会，是因为原来设想的会议议题是讨论怎样建立川黔根据地的问题、怎样解决红军整编问题。红军从瑞金出发时有8.6万人，湘江战役后只剩下3万多人，很多番号和组织都有名无实，需要对部队进行重大改组，这是当时迫切需要解决的问题。

在遵义会议之前，民主集中制十六字方针“集体领导、民主集中、个别酝酿、会议决定”就已经得到应用。在酝酿过程中，对于遵义会议的期望就和博古原来设想的会议内容出现了差别。王稼祥、张闻天、周恩来、毛泽东一致认为，应该召开中共中央政治局扩大会议，邀请一线主要指战员都参加会议，要把政治问题和军事问题一起讨论。红军在军事上吃了大亏，部队情绪和意见都很大，所以不光要讨论政治问题也要讨论军事问题。这就扩大了会议范围，改变了会议议题。会议前夕，周恩来专门找博古谈话，最后确定遵义会议着重总结第五次反“围剿”失败的经验教训。

会议开始时，博古首先作总报告，认为第五次反“围剿”失败是因为环境太艰苦，国民党太强大等。随后周恩来主动进行自我检讨，承认博古、李德、周恩来三人领导小组存在重大失误。张闻天发言对第五次反“围剿”以来中央在指挥和领导问题上犯的一系列重大错误进行了系统的尖锐的批评。毛泽东发言指出广昌战役以来的冒险主义和逃跑主义错误，强调着重解决下一步的军事路线问题。彭德怀痛心部队遭受的惨痛损失，直言“崽卖爷田心不疼”。从部队官兵来讲，死了那么多人，肯定有情绪，而且情绪很真实，他们深切地知道仗是怎么打的、是怎么打输的，而且知道部队伤亡情况，这种情绪和损失为会议召开奠定了真实的政治基础和群众基础。

所以，遵义会议自然就担负起重要使命，把三人领导小组的权力上交到中共中央政治局，解除了三人领导小组军事指挥权。遵义会议之后，连续召开了扎西会议、苟坝会议和会理会议。遵义会议只是把三人军事领导小组权力上交到中共中央政治局，但博古仍然是党的一把手，扎西会议实现了党的中央总负责由博古到张闻天的更换，解除了博古的最高领导权。苟坝会议确定建立新三人军事领导小组，毛泽东成功进入新三人军事领导小组。从第一步解除旧三人军事领导小组指挥权，到第二步将博古中央总负责的权力移交给张闻天，再到第三步确定毛泽东进入新三人军事领导小组，毛泽东在党和军队的领导地位基本确立。新三人军事领导小组成立后，指挥的土城战役失利，以林彪为代表的部分部队官兵有看法。针对这种情况专门召开会理会议，进一步集中统一全军思想，为毛泽东领导地位的确立再次扫清障碍，夯实思想、政治和组织基础。

总的来看，遵义会议之前召开了三个会议，加上遵义会议之后三个会议，遵义会议重要精神是由前后七个会议共同构成的。可见，即便是同类性质的问题，不同会议解决的问题重心也是不一样的。

（二）党的领导的特点

习近平总书记讲："领导我们事业的核心力量是中国共产党。什么叫核心力量？一些同志没有搞得很清楚，或者说知道这个道理，但一到实际工作中就搞不清楚了。"[①] 大家认为的党的领导是这样的，党的领导就是权力，就是党的一把手，就是党的总书记，就是党的中央政治局，把党的领导等同于实现党的领导的组织体系。实际上，实现党的领导的组织设置不同于党的领导，这些政治基础设施本身不是领导力，而是实现党的领导的物质条件、组织条件。

1. 党的领导的真理性

什么叫作领导？领导就是要在关键时候给大家指出正确的方向。

① 《十八大以来重要文献选编》（上），中央文献出版社2014年版，第766页。

指出正确的方向才是真正的领导，指出正确的方向才是最大的领导。权力大、地位高，但是指的方向是错的，那就起不了领导作用，只有对的方向和决策才能起到领导作用。从长期来看，错的方向一定是要失败的，一定是要被纠正的，在实践中是走不下去的，只有正确的方向才能够坚持下去。所以，党的领导首先就体现在党的科学理论和正确的路线、方针、政策上，这是实现党的领导的关键一步，党的领导正是通过党的科学理论和正确路线、方针、政策来引领社会发展，来实现对社会的领导。

2. 党的领导的能力性

组织部门任命某人为企业党组书记兼董事长，但如果这个人的实际能力与岗位要求不匹配，就是“小马拉大车”。如果个人自身能力不行，领导的作用就发挥不出来，不但如此，还可能给自己和这个岗位、角色抹黑。体现在党的执政能力和执政水平上，就是领导干部要有作为，有为方能有位。领导地位是干出来的，不是组织一纸文件任命出来的。组织任命起到政治程序的作用，即组织任命提供了一种政治的可能性，领导的威望、威信、形象和影响力还是要靠领导者自己，靠出色的工作去获得，这些东西组织给不了。

遵义会议确定了张闻天是中央的总负责，从 1935 年到 1945 年党的七大，实际上张闻天作为总负责的时间很短，到 1938 年党的六届六中全会基本上就结束了。张闻天自己主动退出总负责的核心位置，把开展工作的会议室搬到毛泽东窑洞边上，要求毛泽东发挥主要作用，这就是能力产生权力。尽管名义上张闻天是中央的总负责，但是毛泽东的政治才能、军事才能、理论才能在党内是大家公认的。因为党内的很多问题、很多事情如果解决不了，总负责的作用就没法发挥。所以，实际形成的领导权才是真正的领导权，和组织程序授予的权力有着内在逻辑的根本区别。实践证明，陈独秀、向忠发、王明、博古等人都是共产国际认可并支持的党的领导人，但革命不但不等人，还会死人，时刻都在考验着权力的作为，毛泽东代表的“山沟沟”马克思主义，虽然不那么洋气，但是务实管用，能够解决中国革命的出路问题，能够让广大指战员官兵最大限度地活下来，这就形成了大家都认同的权力的威望和威信。

现实会以惨烈的代价告诉人们哪条路是错的，是走不下去的。一次百丈关大战，红四方面军就从 8 万人减员到 4 万人，如果再往前走，连这 4 万人都保不住。所以，碰了钉子就要往回走。这时张浩也从苏联共产国际回来，带着共产国际的意见反复给张国焘做工作，劝说张国焘放弃南下路线北上，张国焘南下刚好也寸步难行，再加上共产国际的压力，立即妥协决定取消“第二中央”同意北上。

正是因为毛泽东的正确领导，给张国焘留有足够的回旋余地，才确保其把一部分人带回来。所以能力问题才是关键，如果能力不足，即使使用中央名义，把中央印章拿在手上也不行，出的文件、做的政策都不对路子。中央代表什么，中央不单纯代表一种组织地位，更代表的是一种能力优势，因能力优而成为中央，不是因为地位高而成为中央。党的历史上一把手地位都很高，但是地位高还需要德位相配，能力也要达到。所以习近平总书记强调党的领导关键体现在党的执政能力和执政水平上。

3. 党的领导的组织性

组织任命单位一把手，意味着组织的合法性和背书，干部在实践中很容易把顺序颠倒，容易把组织体系和组织优势变成第一位，容易演变成单纯地对上负责。既要对上负责，还要对下负责，下面的事如果不能负责，也是不能履职尽责。所以，党的领导不等同于党的制度、权力和组织优势，如果把党的领导简单地归结为权力优势、组织优势，中国的事情就好办了，中共中央政治局只要多开会就可以了。因为政治局具有权力优势、组织优势，理论上开的会越多，讨论的问题越多，解决的问题就越多，但实际上很多问题是政治局开会解决不了的，政治局会议只能解决部分问题，有相当一部分问题不是在政治局范畴能够解决的。

因为党的领导这种具体结构和具体逻辑，决定了党的组织按制度开展活动，但是按惯例召开的组织会议，真正发挥重大作用、作出杰出贡献的会议毕竟是少数。

如果中央领导班子没有建设好，党的中央全会的功能作用就发挥不好，就不会起好的作用。很大程度上，会议的影响是由会议的能力决定的，不是由会议的规格和层次决定的。因为会议精神正确所以会议重要，而不是因为会议的规格高、地位高所以重要，关键是要解决问题。工作当中之所以容易出现以会议落实会议、以文件落实文件，主要是会议成本低，比真抓实干容易，开会可以像摆盆景一样，搞几个场面，搞几个形式即可。而用会议落实会议就是形式主义的根源。形式主义就是按照阻力最小的原则来选择，如果真有本事能够直接打硬仗，能够实实在在地直接解决工作当中的牛鼻子问题，就不会搞形式主义。恰好是解决问题没有思路、没有办法、没有能力的时候，就反复、不停地开会，因为开会这种组织资源和组织条件都是现成的，各级党组织都是健全的，说开会就可以开会，随时都能够开会，开会的组织门槛不高，开会的难度和成本都很低。解决问题就要具体和复杂得多，需要决策、执行和监督，对组织资源的消耗和使用都是实实在在的。

俗话说“有金刚钻才揽瓷器活”，手里没有金刚钻，很多实打实的问题，诸如产品、技术和管理等问题就解决不了，没有回旋的余地。所以能力才是关键，能解决问题才是关键，开会是为解决问题服务，一定要把开会的过程变成解决问题的过程。从这点来讲，党的十九届五中全会重要，就是因为该会议主动解决问题，而且是解决中国发展中的重大问题。

（三）党的领导实现靠制度

党的十九大对中国社会发展的宏观战略作出了比较重大的调整，

提出的新“两步走”战略，是在邓小平“三步走”战略基础上的一次重大调整，是对改革开放四十多年发展的一个总体性调整。因为邓小平在党内的重要影响及威望，即使是应时代现实变化需要对国家战略进行自觉调整，如果没有充分的政治条件，没有相当的政治能力，也很难完成对邓小平时代、邓小平理论的超越。按照邓小平“三步走”的战略，第三步的现代化目标，是在本世纪中叶达到中等发达国家水平。

党的十九大新战略和原来的“三步走”战略相较，做出了把本世纪中叶达到中等发达国家水平的中期目标，提前到 2035 年。在 2035 年，我们就要实现中等发达国家水平的目标，这和原来设想的相比较提前了 15 年。到本世纪中叶，我们的目标是建立富强民主文明和谐美丽的社会主义现代化强国。什么叫作社会主义现代化强国？这是和 2035 年的目标相比较而提出的一个概念，2035 年的目标是达到中等发达国家水平，是原来“三步走”目标要达到的现代化，是一种追赶型的现代化，是跟着西方现代化后面跑，跑到西方现代化的一半路程即基本现代化，达到中等发达国家水平。

这一次调整是在原来“三步走”设想基础上提速，中国现代化要明显加快进程，到本世纪中叶，要实现对西方现代化的全面超越，建成富强民主文明和谐美丽的社会主义现代化强国。建设社会主义现代化强国，意味着追赶型现代化让位于超越型现代化，这不仅意味着现代化的标准和要求变了，而且意味着现代化的性质也发生了变化，超越型现代化相对追赶型现代化是完全不同性质的现代化形态。现代化的时间表和目标的改变，中国现代化进程的明显增速，都是党的十九大和十九届五中全会作出的重大杰出贡献。

从党的十八大到党的十九大这五年，从全面从严治党、加强党的领导、讲政治、“三严三实”、讲政治纪律和政治规矩等方面落实，反复在政治上不断强化和巩固党的建设，主动创造政治条件和政治环境，为党的政治任务、政治作为提供积极环境。可以说，没有党的十八大以来这五年积累的政治优势、政治条件、政治本钱，就没法完成在政策上、理论上、思想上的自我超越，就还只能停留在邓小平理论的路线和逻辑框架上，继续维持改革开放的红利衰减时期。

邓小平讲，党的十一届三中全会以来的路线、方针、政策100年不准变，那么在党的十一届三中全会以来的路线、方针、政策100年不动摇前提下，我们能不能作出真正有水平的、起实质性作用的文章？党的十九大和党的十九届五中全会恰好在这个问题上进行了创造性回答。在党的十一届三中全会确立的一个中心、两个基本点的基本政治框架不变的前提下，主动寻求今天的政治作为空间，开拓现实政治创造新鲜价值的能力与贡献，这应该是非常了不起的突破。

一方面，我们党保持了党的政治关系、政治逻辑、政治权威的一致性；另一方面，我们党又赋予当下政治活动必要的作为空间和进取意识，没有沿袭消耗传统政治资源，不做政治上的“啃老族”，主动作为，主动突破。

中国渐进式的自我改革、自我修复，稳扎稳打循序渐进，是一种具有极强自我纠错能力的发展模式，是成本最小的发展策略，也是风险最小的改革办法。所以在邓小平理论传统框架下，既坚持邓小平理论，又能够对邓小平理论进行创造性应用和发展，为今天的政治担当和政治作为开拓有利的自主空间，实现今天的政治担当与作为，体现当代政治的存在感与独立价值，这是一种了不起的现代政治能力。

继党的十九大对原来战略作出重大调整之后，党的十九届五中全会进一步把党的十九大的政治构想付诸行动，真正贯彻落实到党的实践和工作领域，规范成党的政治活动和政治安排，这应该是党的十九届五中全会最重要的作用。从这个角度讲，党的十九届五中全会就是对党的十九大精神的贯彻落实，继承和实践党的十九大精神，就是在政治实效上把理论变成现实。

党的十九届五中全会审议通过的《建议》，是对2035年之前中国社会发展的总体性规划和管理。15年的总体性规划和管理完成党内授权，就要拿到两会上，在全国人大讨论，然后通过国家最高权力机关授权成为公意，最终上升为国家意志，获得政治合法性和地位。《建议》的“出生证”“准生证”“身份证”都拿到了，就获得了实体正义，就会得到国家政治与法律力量的支持与捍卫。

这样一个政治程序与流程的完成就是党的领导的客观实现，推动国家发展进程既是党的领导的最高价值，也是党的领导的真正实现。所以，两会上关于“十四五”规划和2035年远景目标纲要的政治议程，就是党的十九届五中全会精神的国家认证，党的政治会议所确立的政治意志，要真正变成国家意志和政策，变成国家的法律，必须有这样一个合法性认可的政治过程。从政治到政策到法律的身份转变，意味着党成功实现了对国家发展方向和发展过程的有效领导，按照党的意图和党的意志去发展国家，是当前国家实现发展的现实政治方案。党的想法、党的主张正式进入国家政权运作领域、国家行为和活动领域，上升为国家意志、国家理性和国家行为。

2021年3月，第十三届全国人民代表大会第四次会议议程上对《中华人民共和国全国人民代表大会组织法》和《中华人民共和国全国人民代表大会议事规则》两个关键性法案作出修订。这两个法案一个是1982年制定的，一个是1989年制定的，三四十年都没变过，之所以现在要重新修订就是要把人大工作规范起来，建立在组织上和程序上严格规范的人大，以此确保人大的权威和门槛，也进一步保证党的十九届五中全会远景规划的长期性与权威性。

党的十九届五中全会审议的“十四五”规划，在全国人大通过之后，又把全国人大组织法和议事规则再次进行规范化修订，提高全国人大工作的门槛和水平，确保党和国家意志安全、科学、有效，这是全国两会议程安排的最重要政治考量。

不是随便一个议题都能提交两会讨论，不是所有议题都能在全国人大通过。提高全国人大议事决策的门槛，才能够最大限度地保证党的意志和国家意志的安全。只有党的十九大精神被付诸行动，上升为国家意志和能力，贯彻落实到国家行为当中，党的领导在政治层面上才算真正完成。

（四）党的领导基础靠群众

党对国家的领导在政治层面上能够过五关斩六将跑到终点，靠的是什么？如果把这个问题简单地理解为，因为党的中央级别高，因为中国共产党是执政党，中国共产党有决策权，把该问题简单地理解成权力问题、组织问题，那是远远不够的。要实现党内统一，实现国家思想和意识的统一，没有一个全国范围内的基本政治认同作基础，单纯以组织权力等物化因素来解决，从根本上讲是不能长期维持的。

毛泽东之所以能够得到大家支持，王明路线之所以失败，是毛泽东能够把大家带到生路上去，能够让大家生存发展。这个问题的核心不是权力的地位或政治级别问题。1937 年 11 月王明从苏联回来之后，以其共产国际代表团团长和共产国际执委会副主席的身份来看，当时地位并不比毛泽东低，但问题没办法靠政治级别来解决，关键是把事情做对。

共产党真正的政治基础是全心全意为人民服务，以人民为标准，以实践为标准。这意味着共产党要做对事情，只有把事情做对，才能够代表人民，才能真正为人民服务。用错误的工作，错误的方法，怎么为人民服务？

所以，党性和人民性是统一的，党的理论和实践是统一的，党的逻辑和现实是统一的。中国共产党是一个追求真理性的政党。中国共产党的领导和执政最主要的就是靠科学的理论和正确的路线、方针、政策，这是党的执政基础，而不单纯是组织优势。单纯讲组织优势，当年国民党的组织规模比共产党的组织规模大，蒋介石基本上继承了清政府全部的军事资产，拿着国家那么多“核心资产”，都没能形成有效的国家公共治理能力。共产党在早期的时候家底很少，但是共产党代表了正确的路线，而国民党代表了错误的路线，所以正确的路线把错误的路线打败了。

组织优势会随着时空的变化发生转移，优势变劣势，劣势变优势，恰好是党的正确决策、科学决策，对中国的经济规律、社会规律、政治规律、发展规律的科学把握，使党能够为国家找出一条正确的出路，这是党的领导的最高价值所在。有了党的十九届五中全会的科学、正确的方向指引，中国社会基本明确了发展方向、预期目标、发展方式等问题，社会发展有了顶层设计，国家未来因此又进入一个平稳时期，大的方案出来了，大盘子确定了，基本格局和态势就形成了。

（五）党的领导完成靠发展

党的十九届五中全会宣告党内的政治共识以合法的程序彻底完成，党的共识、党的意志通过法律上升为国家意志。国家意志确立的关键在于党要在对的时间为中国社会提供对的政策。党的十九届五中全会很好地实现了这一点。它解决了 2035 年发展目标的体系设计问题，这是一件很不容易的事情，因为我们没有搞过现代化，不知道基本现代化是什么样子。

党的十九届五中全会对中国 2035 年要实现的基本现代化，作了九个方面的任务分解。在经济、政治、社会、科技、文化、国防等九个方面，要怎样开展工作，具体达到一个什么样的水平，党的十九届五中全会都作了专业化、本土化、科学化的规划。

从经济方面来讲，在量化层面的战略考量尤为重要。全会明确提出，到 2035 年城乡居民人均 GDP 达到中等发达国家水平，中等发达国家水平按照现在的标准人均 GDP 要达到 2 万美元。国家统计局公布的数据显示，现阶段城乡居民的人均 GDP 超过 1 万美元。2035 年我国城乡居民人均 GDP 达到 2 万美元，意味着在现有基础上翻一番，把人均 GDP 从 1 万美元提高到 2 万美元，2 万美元收入意味着 GDP 从现在 100 万亿人民币到 2035 年要达到 200 万亿人民币，中国需保持 4.73% 年化增长率。200 万亿人民币折合美元计算就是 29 万亿美元，和美国现阶段 21 万亿美元 GDP 相比较，中间差 8 万亿美元。这 8 万亿美元要在 2035 年完成，美国年化增长率大体要保持 3% 左右。按照发改委、财政部的反复测算，未来中国经济潜在增长能力应该是 5% ～ 6%，这是相对保守的估计。所以，中国年均 4.7% 的增长一定能够实现，但美国要保持年均 3% 的增幅，在理论上和实践上都有很大的难度。因此，到 2035 年中美两个国家 GDP 总量对比，大概率会出现趋势性的深刻变化。

中美力量对比的深刻调整，又会为中国发展创造新的更加有利的条件，中国本土发展能力将会增强，全球范围内的经济谈判能力和议价能力将会明显提升。中国未来如果成为世界第一大经济体，意味着获得全球发展中的甲方身份，处在甲方位置，无疑将会在合同谈判、价格谈判方面，在全球需求体系、供给体系和采购体系塑造方面处于有利位置。到那时，中国发展将不再局限于经济增长，全球范围内的权力结构和治理结构都将发生重大变化。

关于国家未来发展的顶层设计，需要考量的因素是比较多的，也包含处理中国和世界的关系，中国和美国等很多重要国家的大国关系。可见，中国解决方案就是国际治理的解决方案，就是全球化时代中国人拿出来的全球治理方案。这个方案实现之后，不仅影响中国，也影响整个世界格局，国际关系和全球力量对比必将发生根本的性质变化。在数量超越基础上，中国再用 15 年时间实现国家全面超越，把数量型发展变成质量型发展，把经济超越变成政治、经济、文化、生态、国防等全领域超越，本世纪中叶社会主义现代化强国就全面实现了。

这是一套富有吸引力，对中国来讲非常积极乐观，非常重要的话语体系、积极逻辑和解释框架，是中华民族历史上最富有激情的国家发展总体规划。有了这种积极性、建设性的顶层设计，并且得到国家意志认可，中国国家发展能力就会得到驱动和激励，中国就会发展得更好。

在15年总体规划基础上，对15年里面第一个5年做“十四五”规划，以后再做两个5年规划，三个规划包含短期、中期、长期三个阶段，对中国未来发展精打细算，从而确保国家具有长期发展能力，这就是党的领导。党的领导对中国未来30年发展进行规划，党的领导就是对中国总体性发展的领导，是对中国国家发展方向、目标、预期、利益和结构的全方位领导。

党政军民学、东西南北中，党是领导一切的。从内在逻辑来讲，党的领导不仅是空间意义上的，还有时间意义上的，党的领导是空间维度和时间维度上的全覆盖，让中国的发展变成长期发展和全面发展，最终走向自觉发展。自觉发展就是规划发展和科学发展，自觉发展不是自发发展，自觉地有计划发展，一定高于自由主义的自发发展。

整个国家的发展也好，风险也好，安全也好，一切都处在一个可控的范围之内，让国家发展，让发展不失控，一切都在党的领导之下。党的领导不仅是发展能力的塑造，而且是让发展得到优化和改进，更加富有方向感、安全感和获得感。

党的十九届五中全会之所以重要，就在于其在功能上实现战略到策略的彻底转变，把党的十九大的政治战略变成工作层面、实践层面上的具体实施策略。从战略到策略，是了不起的转变，政治上的主义到策略之间有着巨大的距离。

历史上，陈独秀和毛泽东都是马克思主义者，陈独秀没能把主义变成行动，没能做到知行合一，毛泽东既有理论又有实践，成功地解决了从主义到策略的实践问题、工作方法问题，解决了从主义到策略之间的巨大距离，所以他成功了。

中国共产党的主义和精神优势，能不能变成党工作中分析问题、解决问题的实践能力，这对各级党委、各级领导干部都是直接的考验。在现有条件下，能创造性地、主动性地、积极性地开展工作，就是领导干部工作的价值所在，如果说领导干部就是“守摊子”的心理，局限于守住“一亩三分地”，没有开拓和担当精神，这也不能弄，那也不能弄，这也弄不成，那也弄不成，那要领导干部干什么？干部就是干，在环境条件资源既定的情况下，能够实现效益最大化，能够创造性地解决问题，这就叫干。从这个角度讲，党的十九届五中全会正是把党的十九大的政治精神变成工作精神，把党的十九大的政治议程变成党的工作和实际行动，变成党治国理政的实践过程。

通过党的十九届五中全会部署和安排，国家发展目标和规划的实践性、可行性、可操作性都得到保障、得到解决，真正地实现了落地。同时，这次全会的部署重新塑造国家发展结构和能力，用政治结构对国家物化结构进行驱动、激励、规划和管理。国家结构决定国家功能，国家能力因此必将发生深刻变革。这种变革就是新发展，就是新发展阶段、新发展理念、新发展格局所代表的更高水平、更高质量的发展。新发展是由新结构决定的，国家发展的物化结构、经济结构、政策结构和能力结构都会得到全方位提升。

在新发展中，中国会迎来一个新的未来，国家会获得新的成长。党的十九届五中全会提出，“加快构建以国内大循环为主体、国内国际双循环相互促进的新发展格局”，这种发展格局和改革开放初期的情况相比较，已经有了本质区别，实现了对改革开放早期阶段的全面超越和扬弃。从最开始的“三来一补”到今天的以我为主，我国在改革开放优势积累基础上，把市场的规模优势、经济的积累优势、产业的结构优势变成中国和全球经济发展的能力塑造，变成中国经济能力的重塑和发展更新。在整个经济发展的内在结构、内涵和外延上，党的十九届五中全会都作出了有利于中国的重大调整。经济发展是一种经济方案的选择，在不同的发展周期有不同的发展重心，需要我们优化核心资产，避免逆周期操作，时刻关注外部环境的景气度。

把世界市场比作一个海洋的话，中国经济在这个海洋里以什么样的速度、结构和方式前行，取决于我们自身的动机和目的，取决于我们对外部环境的战略判断。在现阶段中美贸易战和全球治理赤字比较明显的时期，我们抓住战略机遇期埋头发展，把发展的重心放在让中国老百姓的消费结构、利益结构的优化和改进方面，实现真正藏富于民的发展。这种发展阶段不同于过去创汇、换外汇的发展阶段，不再单纯以出口赚外汇为追求，外部市场也不再是一个单纯的优势高地，而是开始蜕变为内部市场的一个校准和弥补，成为规范管理国内市场的调节杠杆，把优先满足外部市场变为服务内部市场为主。比如，我们把汽车企业特斯拉请进来，很多国有汽车企业因此就日子难过，要想生存就必须进行技术和管理变革，实现企业能力和技术的改进。特斯拉汽车不是中国人的必需选择，这个车可以一台没有，不影响国家，不影响老百姓的生活，但为什么要让它进国内市场？如果从汽车工业和汽车产业发展的角度讲，我们需要这样一条优秀的“鲶鱼”，让它充当鞭子抽着大家跑。国家进出口项目管理的思路改变，本质上是国家发展战略、发展理念调整的结果，是中国实现由低到高、由数量型发展到质量型发展、由外延型发展到内涵型发展转型升级的必然结果。

曾经，我们提的是世界工厂概念，我们很骄傲，觉得我们有全球的加工能力。现在我们在理念上、行动上要超越这个阶段，超越这种心理和认识，不再以中国人给全世界当打工仔为荣。辛辛苦苦地生产吃喝拉撒的日用品，这种模式赚得很少，环境和资源压力很大。1 亿件衬衫换一架波音飞机，这不是理想状态，中国为什么不自己搞飞机，为什么要买国外的。这种心理、行为、经济能力都在慢慢地改变，现在我们逐步往全球产业链顶端走。尽管美国打贸易战千方百计围堵中国，对芯片等一系列高端产品进行出口限制，但困难都是暂时的，中国人肯定能够克服。我们用三五年时间把芯片制造的很多难题克服之后，国家发展的自主能力和在全球经济中的博弈能力都将会大大增强。国家有意识地自觉自主调整，就是在为美好明天努力奋斗，在奋斗过程中关于发展的先与后、强与弱之间必然要开展斗争，后发国家必然要承受压力。今天的发展结构、党的领导结构，包括观念结构和精神结构，都是这个时期必须具备的条件。如同习近平总书记所提到的，“经过这些年的发展，中国的70后、80后、90后、00后，他们走出去看世界之前，中国已经可以平视这个世界了”。[①] 中国人的心理建设已经基本完成，“四个自信”基础上的产业自信、企业自信、经济自信、创新自信也会逐步显著起来。

正是在党的十九届五中全会精神的驱动下，中国发展由初级阶段走向高级阶段，由低端发展走向高端发展，中国的发展能力、发展效益、发展结果都实现了积极的转变。随着进一步发展，中国的枪杆子、笔杆子、钱袋子的优势会越来越明显，这种优势会变成国家的政治基础，变成党执政的有利环境，党执政的价值和作用因此也就会体现出来。所以，我们要聚精会神搞建设，一心一意谋发展，把心思放在发展上，放在发展能力的塑造上，抓住中国社会治理的关键性问题，回到党的十一届三中全会以来的政治逻辑上，真正坚持一个中心、两个基本点，坚持以经济建设为中心。

在发展能力、发展质量、发展安全问题上认真作文章，把发展问题上升到路线高度，变成基本路线，让一切工作都围绕这样一个主题紧密开展，从而实现对国家整体性和发展性的规划与管理，这应该就是党的十九届五中全会对中国发展作出的重大贡献。

（六）党的领导过程靠决策和执行

我们的国家是一个对发展有规范、有管理、有规划的国家，这样

① 《砥砺奋进开新局》，《人民日报》，2021-03-12。

的有规范、有管理、有规划的国家和规划程度较低的国家相比差别很大。印度人没有中国人多，但今天的印度还陷在新冠肺炎疫情的困境里。美国号称世界上最发达的国家，新冠肺炎导致的死亡人数超过100万。[①]这些都是国家管理规范不当的表现，出现了政府失灵的现象。中国在这一点上做得要好很多，因为有前瞻性的规划、计划和管理，所以，国家行为预期的确定性大大增加。正是因为有确定性，所以14亿多人口的中国就乱不了。

党的十九届四中全会将我国70年来的伟大成就概括为两大奇迹："世所罕见的经济快速发展奇迹和社会长期稳定奇迹。"这两大奇迹是怎么来的，不是说中国人天生就是爱好和平、天生就有稳定的基因，历史上乱的时候也很多，这跟治理有关，治理得好就不乱，治理得不好就乱。

党的治理要遵循科学治理、有效治理，党的领导要真正发挥实质性作用，变成有效能、有效果、有效益的领导，这样的领导就不拘泥于组织权力等物质层面的内容，更多的是在精神层面、治理层面以及路线方针政策理论、能力建设方面的领导。

1989年，党的十三届四中全会期间，江泽民从上海到了北京，在全会上讲话指出，"这次中央领导机构作了一些人事调整，但是，党的十一届三中全会以来的路线和基本政策没有变，必须继续贯彻执行。在这个最基本的问题上，我要十分明确地讲两句话：一句是坚定不移，毫不动摇；一句是全面执行，一以贯之"[②]。胡锦涛讲："我们必须坚定不移坚持党的十一届三中全会以来开辟的中国特色社会主义道路，坚定不移坚持党的基本理论、基本路线、基本纲领、基本经

① 《新型冠状病毒肺炎疫情实时大数据报告》显示截至2022年4月9日，美国新冠肺炎疫情累计死亡人数1011665人，https://voice.baidu.com/act/newpneumonia/newpneumonia/?from=osari_aladin_banner。

② 《江泽民文选》（第一卷），人民出版社2006年版，第57页。

验。”[①]习近平总书记讲：“邓小平同志曾经语重心长地说：‘基本路线要管一百年，动摇不得。只有坚持这条路线，人民才会相信你，拥护你’。”[②]

现在修建从成都到拉萨的高铁，按照市场经济的一套运作机制和体制，面向全世界招投标修这条高铁，从经济行为、企业行为、私人部门行为的选择来讲，全世界不管多大规模的企业都不会选择参与。垫资规模大，工程规模大，建设周期长，建设过程中会需要各方面的实力，单纯企业能力是远远不够的，中间无数的风险点，一般企业没有能力去组织这么大规模、这么长周期的经济行为，所以只能是国家行为，只能是政府行为。市场体制和市场手段只能解决国民经济的部分问题，市场不是万能的。

发挥市场在资源配置中的决定性作用，更好地发挥政府作用，这两个作用缺一不可。市场经济的健康发展，是在党的领导下的健康发展，没有党的领导，市场经济要保持健康发展难度较大。如果没有党的领导，按照自下而上的企业攻关策略，蚂蚁金服就成功上市了。这类的企业上市之后所产生的垄断，会对中国未来的发展能力，包括对社会公平正义造成严重伤害。党的领导意味着对资本无序扩张的遏制和节制，意味着要反垄断，于是给阿里巴巴集团开出了182.28亿元人民币的大罚单。但只是开出罚单还远远不够，蚂蚁金服开始和中国人民银行数字货币研发中心合作，进行技术合作、技术转让，把蚂蚁金服的技术变成数字化货币的技术保障，从而确保数字货币安全。可见，党的领导不同于市场逻辑和商业逻辑，而是意味着更多因素的考量，意味着对市场原教旨主义的超越。

党的十一届三中全会以来的路线、方针、政策之所以要100年不变，就在于它的政治权威性、科学权威性。首先它是正确的，同时它

① 《胡锦涛文选》（第三卷），人民出版社2016年版，第172－173页。

② 《十八大以来重要文献选编》（下），中央文献出版社2018年版，第349页。

有政治的、组织的权力和规格加持，所以100年能够稳定下来。如果说政策能随便变更，权力都想刷存在感，都想去折腾一下，那就会动摇发展。路线、方针、政策的一以贯之、长期坚持，这就是党的领导。把党的正确路线贯彻100年，一张蓝图绘到底，不懈怠不折腾，这就是党的领导。遏制人性的冲动、社会的冲动、权力的冲动，遏制贪婪和盲目，始终保持清醒的头脑，这就是党的领导。

我们可以坚持这个路线不变，美国就不行。美国总统特朗普搞改革，注定要失败，为什么？道理很简单，他的政治权威性、科学权威性都不够，既没能力又没权力，凭什么搞改革？改革怎么能成功？如果没有相应的保障和手段支持，没有过硬的雷霆手段，改革也只能停留在口头上，不能变成国家意志，所以特朗普的改革，本质上等同于光绪皇帝加康有为的改革，是既没权力也没能力的改革，注定是要失败的。

“十四五”规划和2035年规划的设计中，政治力量配备基本动员了国家最高政治规格，国家的核心团队全部参与，过去搞“十三五”“十二五”规划，是部门或国务院牵头制定一个草案，然后讨论通过。这次由习近平总书记亲自担任组长，李克强、王沪宁、韩正担任副组长，动员国家的最高层次政治规格、政治力量来起草一份“十四五”规划《建议》。不仅是在政治上重视，在政治规格上的高配置，在整个文件形成的具体过程中，非政治因素的科学性工作也做了很多，既要保证政治正确，又要保持其科学性与真理性。科学性、真理性逻辑不是政治逻辑可以解决的，所以让高端智库参与，然后在网上公开征求意见，召开无数座谈会，反复征求意见和修改，确保文件的形成过程科学、全面，尽可能让更多方面力量都参与进来。这次集中的建议、动员的力量是最全面的，把大家的声音都考虑进来，才形成了一个好的文件，才形成了一个好的纲领性主张。从决策、主张到党的决议的正式形成，本身是一件很不容易的事情，既要解决政治上的难题，也要解决科学性、真理性的问题，这两个方面都要兼顾。毛泽东提到的领导者的责任，归结起来主要就是出主意、用干部两件事情，出主意就是决策，用干部就是落实，决策加执行就是党的领导。

邓小平讲："我的抓法就是抓头头，抓方针。"[①]抓头头就是抓执行，抓方针就是抓决策。所以，党的十九届五中全会拿出了一个好决策，是纲领性的总体决策和意见。接下来核心问题就是执行的问题，怎么样把这个文件在决策出来之后，在党的领导下能不走样地高质量落地和执行，这是实现党的领导过程中仅次于决策的重要方面。党的领导就是决策加执行，党的十九届五中全会首先解决的就是决策问题。

二、好的顶层设计需要好的执行

决策定了以后，党的领导要解决的核心问题是执行力。贯彻落实建议根本在于发挥党总揽全局、协调各方的领导核心作用，好的文件制定出来，怎样落地、怎样执行，是一个很复杂的事情。

（一）政治优势不等于科学优势

"最后一公里"意味着执行遇到问题，不是说渠道是成熟的、现成的，执行力就一定有。占有资产和资产的盘活使用是两回事。今天，党领导经济社会发展主要是把握方向、谋划全局、提出战略、制定政策、推动立法、营造良好环境。党领导经济社会发展和过去党的领导一元化、高度集中计划经济时期不一样。那个时期党的领导侧重事务性领导，也就是直接领导、具体领导，现在党的领导着重强调政治领导和宏观领导。因而，现在党的总体领导和过去侧重于社会性领导、工作性领导、活动性领导完全不一样。

党的十九届五中全会把握方向、谋划全局、提出战略、制定政策，

① 《邓小平文选》，人民出版社1994年版，第70页。

并推动立法，推动两会通过，把党的领导在国家层面上真正实现，把党的领导兑换成国家发展现实。从这个意义上讲，党的领导在国家发展的格局中，在国家发展的过程中，处在一个关键枢纽位置。党的领导处在什么样的水平，国家就发展到什么水平；党领导到什么样的程度，国家发展也就达到什么样的高度，国家发展超不出党的领导的宪法地位和政治地位。党的十八大以来，修改宪法和党章，包括党规、党纪，反复强化党的领导的应有地位，突出党的领导的重要性，让党的领导有担当，在国家的发展中切实担负起责任。要实现“十四五”规划，就必须在党的领导总体框架下才能完成。因为规划是党制定的，党最了解、最懂这个规划。所以，规划要在党的领导下去执行，党的领导直接决定规划的完成程度。

党的领导包含着很多因素，比如很多宏观的重大战略判断、形势的判断、对中国怎么看、对中美关系怎么看、对世界发展的阶段和趋势怎么看、对中国未来 10 年到 20 年的发展环境怎么看，这些都需要党的领导给出裁决和判断。党的领导代表着高水准的判断能力和抉择能力，一般的部门、一般的组织很难作出这种重大判断。作出判断之后，接下来就是战略和策略的制定问题。在战略和策略既定的框架下，就是执行的问题。在执行的过程中，是 1—2—3 的顺序还是 3—2—1 的顺序，哪个先哪个后，整个过程都要进行总体性和周期性管理，不能 10 个任务，5 年内只完成了 2 个任务，其他 8 个任务还在“睡大觉”。如果是这样，党的领导就失职失责了。

党的领导既表现为静态的决策，也表现为动态的执行。《建议》就是对未来中国的发展目标、任务和举措作出的一个全方位设计。在总体自觉设计中，让中国未来的发展上升到一种全新的境界和水平，我们讲的“三个新”合起来就是为了最终实现新发展。

今天回过头来看，中国经济作出较大幅度的调整：过去是地产经济，现在反复强调房子是用来住的；过去地方 GDP 发展成为选拔任用干部重要标准，现在干部选拔任用标准是不唯分、不唯票、不唯年龄、不唯 GDP 的“四不唯”，干部的激励机制和监督机制都作出相应调整；过去是高速增长，现在是新常态、新发展理念，即由高增长向高质量发展转变；过去是世界工厂，现在搞供给侧结构性改革、“三去一降一补”，把低端的产业链主动给砍掉，搞产权经济、创新经济；过去是泡沫经济，现在搞三大攻坚战、“三去一去一降”、防范化解风险，尤其是重大系统性金融风险；过去是创汇型的出口经济，现在搞以国内大循环为主体、国际国内双循环相互促进，整个经济战略策略和方向都有了大幅度的调整。

2016 年 5 月 9 日，《人民日报》发表文章《开局首季问大势——权威人士谈当前中国经济》，表达了彻底抛弃试图通过货币宽松政策促增长的观点。文章发表后，很多人和境外媒体反响强烈，认为该文政治信号意义明显，说明中国政治有分歧并公开化，党中央和国务院关于中国经济发展的判断是不一致的，看法是不一样的。当时境外媒体炒作得很厉害。

2016 年 5 月 9 日，国务院首季度的经济工作会议已经召开，国务院常务会认为中国经济实现了第一季度开门红，中国经济有可能实现 U 形反转。该文章却认为中国经济不可能是 U 形反转，也不可能是 V 形反转，中国经济只能是 L 形，而且 L 形的底边还会很长很长，提出不能通过大水漫灌、强刺激的办法来驱动经济增长。国务院常务会关于中国经济的判断和该篇文章的经济看法的不一致是显而易见的。

当时，这个文章围绕中国经济问题，对经济形势怎么看、宏观调控怎么干、结构性改革怎么推、预期管理怎么办、经济风险怎么防等几方面作了回答。

这些问题严格来讲，都是政府需要解决的问题。按照惯常的工作体制和组织能力，在解决某个时间点中国经济问题上，常态化的工作体制是远远不够的，必须有增量资源介入，这样才能打破惯例、打破常规，对中国经济进行强行纠偏。

2017 年 12 月 18 日，中央经济工作会议上，习近平总书记强调，“党的十八大以后，国内外经济形势极其错综复杂，很多情况是改革开放以来没有碰到过的。国际金融危机深层次影响持续蔓延，世界经济复苏乏力，国际贸易低迷，保护主义普遍。国内经济下行压力不断加大，产能过剩矛盾突出，工业品价格连续下降，金融风险隐患增多。面对复杂形势，大家都在思考我国经济发展的方向和出路，看法不很一致，思路也不很统一”①。他进一步提出，“当时，我们面临的主要问题是经济形势应该怎么看、经济工作应该怎么干？”② 对此，必须作出科学判断、作出正确决策。

政治优势不等于科学优势，党中央国务院在政治上占优势，不直接等同于经济上的科学决策能力，能不能拿出科学的经济决策，本身不是一个政治问题。之所以把经济问题搬到报纸上，说明一般组织手段解决不了这个问题，政治手段和政治资源不能直接解决经济问题，经济问题要依靠经济学理论和逻辑去分析，寻找的是经济规律而不是政治规律。正因为要用经济的能力、经济的优势、经济的理论来解决问题，而不是用政治权力优势直接解决问题，所以把问题搬上报纸让大家讨论。

有关经济工作的问题，更多是一个专业性、专门性的问题，专业性问题和政治性问题，不是同类性质的问题。所以，不能把党的领导简单等同于党的组织和权力，很多情况下，组织优势、权力优势只是为实现正确决策提供支持，只是为走向真理创造条件，但它本身不是真理，也不必然代表正确。党坚持管大事、谋大局、干实事，成功领导我国经济发展实践，最终形成了以新发展理念为主要内容的习近平新时代中国特色社会主义经济思想。

① 《习近平谈治国理政》(第三卷)，外文出版社 2020 年版，第 231 页。

② 同上。

形成习近平新时代中国特色社会主义经济思想，说明在国家层面上，关于经济发展的认识、看法、判断、政策已经基本磨合完成，认识领域的分歧彻底结束，已经形成共识，这是该思想的重要性及其功能，标志着党的思想统一再一次完成。能形成这些看法就说明我们是有作为、有能力的，最坏的是没法达成共识。在现有条件下，我们党积极主动作为，已经形成结论性共识，这个共识了不起，统一了经济思想，就能够实现党对经济工作的领导。

比如，习近平新时代中国特色社会主义经济思想强调坚持问题导向、部署经济新战略等内容都很实在，京津冀战略、长江经济带战略、“一带一路”倡议、粤港大湾区战略、新型城镇化战略、乡村振兴战略，这些都是过去经济工作中所没有的，是根据中国经济发展的能力问题、结构问题、动力问题作出的相应调整，是在经济发展战略上的增量贡献与重大突破，是今天才创新出来的经济理论与实践，是加法意义上的创新突破，党的领导在不断重塑中国经济发展能力和优化发展结构中进一步得到实现与加强。

党的领导不是由哪个人来发表几句有见地的话就可以实行的，第一要说得对，第二说得对的内容要能够在政治上和法律上立得住，第三这些内容还能获得相应的“身份”，变成国家意志。今天，这些问题全部都解决了，这就是党的领导在经济工作中、在经济社会发展中作出的重大贡献。在这种增量贡献中，不仅有方向性、政策性、社会性经济活动层面的贡献，还有中国经济发展的战略层面上的贡献。

（二）把党的组织体系变成执行能力

把科技自立自强作为国家发展的战略支撑，是重大的政治选择。把全体人民共同富裕取得更为明显的实质性进展作为远景目标，也是重大的政治选择。共同富裕问题政治上完全可以弱化，因为它的历史结构和认知都已经形成，但我们今天主动提出，为中国经济发展不断增加政治检视和政治要求，从而让中国经济发展在政治效益和社会效益上，尽可能地保持健康与活力。我们不仅追求经济效益，还要有社会效益、政治效益，这同样是对经济发展的一种规划和管理。

从地方党委一级来讲，党中央把枢纽问题、决策问题解决了，执行环节就要交给党的分支机构，交给党的地方党委党组。地方党委要结合本地实际，确定经济社会发展的基本思路和工作重点，加强和改进对经济社会重大事务的综合协调，精心组织实施，强化督促检查，确保中央方针政策和各项部署的贯彻落实。也就是中央说了算，地方接着干，把中央说的给做实，地方党委要保落实，这是党的组织体系内部的一种分工。

党的中央是管决策的，党的地方是管执行的。地方在执行过程中可能存在执行力不足的问题，可能存在执行过程中扭曲、走样、变形、跑偏的问题。这就是上有政策下有对策、阳奉阴违，就是有令不行、有禁不止，就是形式主义、官僚主义。这种表象所代表的执行环节的问题，应该说过去有，现在有，将来还会有，党的领导因此就显得更加重要。不加强党的领导，把故事讲得再好听，结果却是“歪嘴子和尚把经念歪”了。所以，老百姓常说中央政策都是对的，但是下面执行的时候没按政策来，没有把中央政策给落地、落实，或者地方选择性地执行，有利的就执行，不合意的就不执行，甚至经常会有“搭便车”心理。

从中央到地方，从政治效率上讲，它是一个政治效能递减的过程。党的领导之所以至关重要，主要在于如果不加强党的领导，地方就会把中央决策架空，下面就会有小山头，就会我行我素。

执行环节这些年表现出来的问题很多，秦岭违规建设别墅问题，就是顶风作案，跟国家、跟中央政策对着干；祁连山违规开发开采、私挖乱采、过度开发和长白山违规开发等问题，都是跟国家的环保政策搞对抗。如果没有党的领导，缺乏管控与规划，长江黄河都可以私有化，谁有钱谁就买走了，所有公共资源都私有化了。正是因为地方对国家公共资源、公共产品、公共职责缺乏执行和监督，所以党的政策在地方执行环节就走样变形了。

要加强党的领导，确保好的规划、好的政策能够执行下去、执行到位，然后在地方党委层面上再讲党委和政府二者之间的协同问题、分工问题。这不是党政分开，是党政分工。在执行环节，但凡重大的、类似企业的“三重一大”的决策层面上的问题，由党委集体决策；但凡经常性的常态性的问题，政府就按照职责权限归口管理，交通、财政、教育、卫生都各归各口，按政府的常态化管理。

党委和政府在具体的执行环节也有分工。就政府而言，地方党委要支持政府依法履行职责。政府主要运用法律手段管理经济活动，集中精力抓好经济调节、市场监管、社会管理、公共服务这四个职能，这也是政府职能，是政府的行政功能。行政作用的发挥是实现党的领导的重要组成部分，党的领导包含着行政，也就是执行。政府的行政就是党的领导在社会事务管理中的体现，是党的领导在政府活动中的具体贯彻落实。

三、在能力建设中提升执行力

我国的社会发展领域不断拓宽、分工日趋复杂、形态更加高级、国际国内联动更加紧密，这就对党领导发展的能力和水平提出了更高要求，无论是分析形势还是作出决策，是破解发展难题还是解决涉及群众切身利益的重大现实问题，都需要专业思维、专业素养、专业能力、专业方法。

（一）提高干部能力建设

在贯彻落实的过程中，不管是党委还是政府，落实好的关键因素是什么？这和前面讲政治层面上的问题一样，关键因素在于执行得到位不到位、执行得好不好、有没有执行，这主要取决于执行能力。能力建设问题，在执行环节和贯彻落实环节，都起着至关重要的决定性作用。在执行环节的能力建设中，因为领导干部处在枢纽关键位置，其能力建设状况直接决定着所有决策的政治效果，能力现实是所有政策见地落地的决定性因素。干部能力强就执行得好，干部能力差就执行得不好。有的时候，政策落实得好不好不是文件制定得好不好的问题，而是取决于执行力好不好。执行力好，就有自动的纠偏功能，即使文件中存在一些不符合地方实际的情况，执行环节也会自动修复。执行力不好，好的文件、好的决策执行不了。所以，能力建设的问题至关重要。

规划与干部各自的重心不一样，规划是面向未来的，干部却是面向现在的。比方说，企业集团公司“十四五”规划肯定是面向集团公司未来 5 年发展的，但干部是面向现实、面向现在的。领导干部就对现在负责，因为将来他们能不能得到提拔不知道，他们得先把现在的工作做好。所以规划面向未来高于现实，干部面向现在等于现实。这种未来和现实中间的矛盾客观存在。正是因为这样，领导干部的主动性、能动性和境界觉悟就变得特别重要。

如果说干部的能动性因素、主体性因素作用发挥得不充分，可能会变成本位主义，合心意的就执行，不合心意的就不执行，变成选择性执行，所以领导干部的教育、管理、能力建设就变得特别重要。让干部有能力有条件从个人的利益小圈子里走出来，从当地受限制的环境里走出来，能够站在“四个意识”的高度看问题，能够站在国家层面上看问题。按照民主集中制的原则，做到四个服从，决策才能获得应有的政治地位，否则，就会把政策看小做小，这种现象在政治实践中很常见、很普遍。

比如秦岭违规建筑及环境治理问题，一个政府的行政问题最后上升为国家政治层面的问题，引发政治层面上的波动和震荡。秦岭违建是环境问题，最常规的做法应该是让环保部去处理，但陕西省委和环保部相互联合也解决不了这个问题，只能从中央层面、国家层面上，用政治手段解决这个问题。这个问题解决力度是大的，但不能作为国家的常态治理：如果地方政府和相关部门的人都避重就轻，重活脏活累活都甩给中央，自己不承担、不担当，政治体系效率就会越来越低；从中央层面讲，压力越来越大，这是不正常的，背后暴露出深层次的问题。违规建设问题暴露出权力和资本的结盟已经到了很严重的地步，导致有时候纯粹是政治空转，实际运行的是地方本位主义。把国家的事不当回事，把自己的事当回事，把本地的事当回事，这就是团团伙伙、拉帮结派。秦岭所在的地方政府甘愿违背政策盖这么多别墅，不外乎是背后有老板拿钱攻关，这样的地方政府是对中央的政治负责，还是对老板的钱负责？很明显是对钱负责。同样的逻辑，政治领域、国防领域、党建领域都或多或少地存在这样的问题，解决难度极大。干部能力是干部工作安全最重要的保障，干部能力是干部执行力最重要的保障，干部能力是政治安全最重要的保障，能力不强的时候，很多东西看不到想不明白，要加强领导干部的能力建设，提高党领导经济社会工作的科学化水平。

（二）提高班子能力建设

围绕干部能力建设问题，要在班子配置上下功夫，把班子整体能力发挥出来。这不是说配一个能力强的书记就行了，班子内部整体结构要合理，注重发挥班子总体合力优势。新发展阶段、新发展理念、新发展格局，如果没有发展能力作支撑，没有能力建设作支撑，上面讲的这些事情就都是虚的，缺乏实质支持，发展实现不了，所以关键还是取决于变现能力，干部能力建设和班子能力建设直接决定着执行力和变现能力。

班子的能力建设，一方面从干部教育、干部培训入手，另一方面从干部的选拔任用入手。在班子建设上，对班子的结构、班子成员的专业、班子的总体能力都要有一些构想，尽可能地让班子成员的知识结构、专业结构能够相互弥补，提高班子整体的专业化水平。这个是可以做到的，善于对能力不行的干部作调整，形成能上能下的风气，缺什么能力就调整什么能力。建设强的班子、好的班子，对地方发展异常重要，可以在更大范围匹配所需专业类型的干部，通过组织手段实现班子结构优化。

外部性手段是解决问题的一种办法，但要实现班子建设的真正平衡，在现实中确实有很多具体问题。有的干部政治上强但专业上不行，有的干部专业上强但政治上不行，这都是实践中经常面临的问题，习近平总书记在党的十九大报告中指出，“领导十三亿多人的社会主义大国，我们党既要政治过硬，也要本领高强”①，既懂得政治，又有专业化能力，这才是好干部应有的风貌。

（三）加强考核评价激励机制

在能力建设问题上，要加强干部的考核评价和激励机制建设。我们需要什么发展，就激励什么类型的干部。重视生态的发展，在地方党委班子干部的考核评价体系中，就把生态指标的权重做大；重视地方的民生建设，就在整个地方班子建设的考核评价中，把民生这一块的投入和产出在预算和干部考核评价中的权重做大。党的十九届五中全会《建议》公布当天，中组部就同步颁发了实现高质量发展的干部考核评价管理办法。拿干部考核评价的指挥棒激励驱动干部的能力转变、行为转变，驱动班子工作重心和重点的转变。该干什么、不该干什么，该怎么干、不该怎么干，就用相应的评价体系、考核办法来管理，按方向干的得到提拔，不按方向干的得不到提拔，这一条就够了。这是解决能力问题的一个重要手段。

① 习近平：《决胜全面建成小康社会　夺取新时代中国特色社会主义伟大胜利——在中国共产党第十九次全国代表大会上的报告》，人民出版社 2017 年版，第 68 页。

在这个基础之上，再采取一些外部性手段。比如，一个银行行长被抓，问责理由是不支持实体经济，要在过去，不支持实体经济很难变成问责立案调查的一个事由，但现在国家三令五申，金融为实体经济服务，然后在大量金融脱虚向实的情况下，金融监管就得听中央的指令。在贷款结构中，钱的投向去哪儿，不能只算银行小账，看其创造了多少利润，多赚几十个亿仅仅是个财务指标，关键是银行的钱要为实体经济服务，要撬动产业结构变革，要服务执行实体经济战略，单纯把银行降格为盈利工具，肯定是要被问责的。这样的话，对干部的行为和能力也会有一定规范和约束作用。

一个贫困县花七八亿建一个学校，斥巨资搞天下第一网红建筑，本级财政负债五六百亿，靠当地财政能力永远还不清。正是因为地方负债率没有在干部考核评价中加大权重，才造成这种地方债务失控局面。一个领导或者连续几任班子，给一个地方造成自身无力偿还的债务，充分说明班子考核评价工作没有及时跟上形势和干部监管需要。

四、重视接班人工作

最后一个方法，就是“不换思想就换人”。在新经济的新发展阶段，新经济发展能力、新经济发展结构对应的干部知识背景、专业能力、个人素养和过去不是一个概念。数字经济、互联网经济、信息经济迭代速度很快，一些负责监管电子信息行业的干部，尽管在政治上占有优势，但是出生在20世纪五六十年代，接触网络比较晚，自己本身不懂网、不上网，那怎么去管网，怎么去搞网络经济、信息经济，最后结果肯定是搞不好5G和物联网发展的。

所以，要加快干部队伍能力转变，加快干部队伍迭代和梯队建设，让教育背景好、知识结构好、年轻有为的干部尽快充实到领导干部的岗位上去，弥补领导干部队伍中班子成员年龄偏大、能力知识结构老化的短板，为新经济发展提供相应的领导能力和专业能力支持。通过加强年轻干部的培养和交流，通过大胆提拔和使用年轻干部，能够快速解决这一方面的短板，在实践性上无疑是一种快捷方便有效的办法。

习近平总书记曾提到领导干部要学会在网上走群众路线。一个领导干部不上网、不懂网、不接近网，在今天很难说是一个合格的、称职的领导干部。加强年轻干部的培养和使用，是弥补我们干部队伍能力不足，知识和年轮结构老化的有效手段。把权力优势和能力优势结合起来，让干部队伍在政治上和本领上两方面都齐头并进，从而更好地满足社会发展形势的需要，干部年轻化应该是一种阻力小、通过外部输血，快速有效解决问题的可行办法。

第三部分　党的精神谱系与党建格局

坚持不忘初心、继续前进，就要保持党的先进性和纯洁性，着力提高执政能力和领导水平，着力增强抵御风险和拒腐防变能力，不断把党的建设新的伟大工程推向前进。

——习近平

第五章　深入把握党的精神谱系

一、中国共产党在民族复兴进程中的贡献

从历史有机体的大视野来看中国共产党在百年历史过程中对中华民族复兴的伟大贡献，习近平总书记在庆祝中国共产党成立100周年纪念大会上的讲话从四个方面进行了系统总结。

第一个贡献是取得“新民主主义革命的胜利，彻底结束了旧中国半殖民地半封建社会的历史，彻底结束了旧中国一盘散沙的局面，彻底废除了列强强加给中国的不平等条约和帝国主义在中国的一切特权，为实现中华民族伟大复兴创造了根本社会条件”。[①]

这些贡献为实现中华民族伟大复兴创造了根本的社会条件。一是彻底结束旧中国半殖民地半封建社会施行封建和殖民压迫的落后统治力量。二是彻底结束了旧中国一盘散沙的局面，把中国底层的老百姓组织起来、团结起来、动员起来，拧成一股绳，把马克思主义变成中国共产党革命的普遍信仰，形成革命共同体的意识和能力。三是从发动底层群众开始，跟强权、旧势力作斗争，跟帝国主义势力和帝国主

① 习近平：《在庆祝中国共产党成立100周年大会上的讲话》，人民出版社2021年版，第4页。

义不平等条约及特权作斗争。没有中国共产党作的这三方面贡献，中华民族伟大复兴就不可能具备相应的政治条件、社会条件和国际条件，进而推动民族历史运动进程取得实质性的重大突破。新民主主义革命为中华民族伟大复兴在社会基础上创造了根本条件。

第二个贡献是“中国共产党团结带领中国人民，自力更生、发愤图强，创造了社会主义革命和建设的伟大成就。我们进行社会主义革命，消灭在中国延续几千年的封建剥削压迫制度，确立社会主义基本制度，推进社会主义建设，战胜帝国主义、霸权主义的颠覆破坏和武装挑衅，实现了中华民族有史以来最为广泛而深刻的社会变革，实现了一穷二白、人口众多的东方大国大步迈进社会主义社会的伟大飞跃，为实现中华民族伟大复兴奠定了根本政治前提和制度基础”。[①]

为实现中华民族伟大复兴奠定了政治前提和制度基础，意味着中华民族解放运动取得了巨大成功，完成从被奴役被剥削到独立自主的现代国家历史的转变。从帝国主义、封建主义和官僚资本主义到政治上、精神上和治权上的彻底独立，对中华民族历史的发展来讲是跨度非常大的一步，正是依托政治、社会、经济和文化领域的深刻变革，才真正完成和实现国家的独立，把一个半封建半殖民地国家变成一个现代社会主义国家，现代社会结构和现代国家能力的形成，为中华民族的伟大复兴奠定了坚实的社会与国家基础。

第三个贡献是“中国共产党团结带领中国人民，解放思想、锐意进取，创造了改革开放和社会主义现代化建设的伟大成就。我们实现新中国成立以来党的历史上具有深远意义的伟大转折，确立党在社会主义初级阶段的基本路线，坚定不移推进改革开放，战胜来自各方面的风险挑战，开创、坚持、捍卫、发展中国特色社会主义，实现了从高度集中的计划经济体制到充满活力的社会主义市场经济体制、从封

① 习近平：《在庆祝中国共产党成立100周年大会上的讲话》，人民出版社2021年版，第4—5页。

闭半封闭到全方位开放的历史性转变，实现了从生产力相对落后的状况到经济总量跃居世界第二的历史性突破，实现了人民生活从温饱不足到总体小康、奔向全面小康的历史性跨越，为实现中华民族伟大复兴提供了充满新的活力的体制保证和快速发展的物质条件”。[①]

中华民族的伟大复兴所需要的物质力量和体制力量，在改革开放和社会主义现代化建设的成就中，基本都得到很大程度的实现。中国社会发展积累的物质能力和改革开放带来的体制红利，一方面形成了保持繁荣和增长的国家发展能力，另一方面为中华民族的伟大复兴创造了相应的物质环境和体制环境，提供了物质力量和体制力量支持。

第四个贡献是“为了实现中华民族伟大复兴，中国共产党团结带领中国人民，自信自强、守正创新，统揽伟大斗争、伟大工程、伟大事业、伟大梦想，创造了新时代中国特色社会主义的伟大成就”。[②]

经过新民主主义革命、社会主义革命和建设、改革开放和社会主义现代化建设的伟大实践和成就，我们终于实现“比历史上任何时期都更接近、更有信心和能力实现中华民族伟大复兴的目标”，接近不等于达到，条件有利不等于自动实现，要真正完成中华民族伟大复兴的宏伟目标，我们还要再进一步，准备更为完善的制度保证，更为坚实的物质基础，更为主动的精神力量，确保民族复兴从可能走向现实。

中华民族伟大复兴的历史进程到了最为紧要的关头，在新时代中国特色社会主义阶段，我们还要继续努力奋斗，进一步夯实民族复兴的制度基础、物质基础和精神基础，进一步创造和完善民族复兴的物质能力、精神能力和制度能力。中国共产党和中国人民用英勇顽强的奋斗历程和伟大成就向世界庄严宣告，中华民族迎来了从站起来、富起来到强起来的伟大飞跃。中华民族伟大复兴进入了不可逆转的历史

---

① 习近平：《在庆祝中国共产党成立100周年大会上的讲话》，人民出版社2021年版，第5—6页。

② 习近平：《在庆祝中国共产党成立100周年大会上的讲话》，人民出版社2021年版，第6页。

进程。100 多年来，中国共产党团结带领中国人民，以“为有牺牲多壮志，敢教日月换新天”的大无畏气概，书写了中华民族几千年历史上最辉煌的篇章。这 100 多年来进行的伟大斗争，实践的伟大工程，实现的伟大事业，必将载入中华民族的壮丽史诗，必将载入人类文明发展史诗的宏伟篇章。

从民族历史发展的逻辑和进程来讲，中华民族伟大复兴进入不可逆转的历史进程；从党的历史来讲，伟大斗争、伟大工程、伟大事业、伟大斗争必将推动民族历史发展达到新的高度，必将成就党的事业和发展达到新的境界。百年历史的伟大成就和巨大影响，从世界历史和民族历史的双重维度来审视，都是经得起实践检验的现象级人类进步场景，14 亿多人的中国因此赶上了时代步伐。

二、在党的百年实践中建构共产党人的精神谱系

在建党 100 周年的重要历史关口和时间节点上，以习近平同志为核心的党中央对中国共产党的精神特征和精神面貌进行了百年回溯，对党的精神谱系作了非常重要的创造性梳理和总体性概括，这种百年精神总结极大拓展了党的历史叙事的高度和深度，从而使中国共产党在精神形态上更加完整和科学。

（一）组织发展过程中的精神成长

中国共产党在建立发展过程中，正是因为有马克思主义的科学理论作指导，才形成和保持了自身精神上的独立性和科学性，有了自己独特的精神气质和精神内涵，使中国共产党不同于一般政党，展现出强大的政治竞争能力。党的组织类型和政治活动是由党的理论基因决定的，党的理论和哲学作为精神的力量必然在塑造党的实践，所以党一经出现就是历史唯物主义和辩证唯物主义规律的产物，党的全部活动就是把马克思主义理论和中国实际结合起来，党的活动代表着物质

性的力量，依托物质运动实现精神理论和思想。有了中国共产党的组织和行动，就会有中国共产党的精神和意识产生，党的组织现实决定党的精神状况，二者之间的关系就是辩证法的客观运动。立足党的百年历史活动和实践基础，对党的精神源头和精神谱系进行准确提炼和总结，既是党的历史和党的建设辩证法的内在要求，也是科学把握党的实践与党的精神相互作用的必然途径。

1. 党代表着民族历史运动的自觉性力量

中国共产党的产生是时代的呼唤，是民族历史运动发展的人民选择。中国共产党应时代之要求和历史之呼唤而诞生，历史需要我们去把握主动，民族发展需要化解危机的力量与方案，中国共产党是为数不多的先进政治力量团体，代表着新组织和新思想力量资源，有能力为民族危机带来先进解决方案。

中国共产党登上历史舞台，不是代表旧的、落后的政治势力，而是代表新的、先进政治力量。党所代表的马克思主义方案是一种彻底的解决方案，不是以往机会主义的政治妥协和政治随机平衡。中国共产党的精神特征、组织特征、工作特征，决定了党在历史上是一个能够有担当有作为的政治组织，在推动民族解放运动中能够发挥重要作用，作出杰出政治贡献。

中国共产党因适应民族历史发展的内在逻辑和内在需要而诞生，中国共产党代表的发展道路是一条全新的民族独立和民族自强之路，其所体现出来的民族精神发展是一种新型的独立精神能力，代表着一种重新思考国家前途命运的觉醒了的力量。和中国共产党相比较，旧式的封建政治力量、旧式的军阀势力都不具备这种富有前景的民族反思精神和思想能力。中国共产党不仅代表着先进的思想精神资源和先进的民族革命理论，而且也代表着先进的民族革命能力和民族革命实践。这种新型的精神能力和组织实践，客观上成为彻底解决中国民族发展问题的重要基础条件和前提。没有先进的精神优势、能力优势和工作优势，中华民族的彻底解放和独立问题是解决不了的，“三座大山”一个都推翻不了。要把“三座大山”搬开，首要条件就是自己有力量。中国共产党的出现，意味着中华民族从精神层面、政治层面和实践层面上获得了全新的赋能，激发和重塑民族的自觉性力量，这才是解决中华民族落后挨打的被动局面的关键。有了中国共产党，中国社会获得了一种全新的世界观、价值观和方法论，“用无产阶级的宇宙观作为观察国家命运的工具，重新考虑自己的问题。走俄国人的路——这就是结论”①。

从世界历史发展进程观察中国，中国共产党的理论为中华民族的觉醒提供了强有力的精神视角，自觉主动地把民族历史放置到世界历史发展的趋势、进程中去观察，确立中华民族在世界历史发展进程中的方位，以及与世界历史进程的差距。这种世界历史意识的获得不仅可以给民族历史注入一股新鲜的精神血液，而且能够让中华民族知耻而后勇，努力追赶世界发展的潮流，缩短和世界历史发展进程、发展趋势的显著差距，力争塑造民族自主发展和追赶先进国家的能力。中国共产党给予中国人民的世界历史眼光，给予中国人民观察自己民族现状的理论和方法，无疑是近代中国走出危机的全新的重要的思想资源和组织资源。

陈独秀从日本回来的时候，写了一篇文章，叫《我的自觉心》，内容是关于应该怎样去思考我们这个国家、这个民族和这个社会，怎样自觉地拥有一种正确的国家意识和民族意识。“我的自觉心”是“我”对这个国家的自觉主动的看法。列宁在 1901 年到 1905 年间写了两本书，其中一本是《怎么办？（我们运动中的迫切问题）》。《怎么办？（我们运动中的迫切问题）》里重点讲的一个核心问题就是自发性和自觉性的关系问题。自发性意味着被动，自觉性意味着主动；自发性意味着小解决，自觉性意味着大解决；自发性意味着无大作为，自觉性意味

① 《毛泽东选集》（第四卷），人民出版社 1991 年版，第 178 页。

着大有作为；自发性意味着一种分散的社会力量，自觉性意味着一种高度凝结起来的组织性的力量即新型无产阶级政党力量。建立新型无产阶级政党，确立自觉性的行动力量，就要采取自觉性的行动，树立自觉性的观点，确立自觉性的目标。只有实现自觉性的政治力量和自觉性的政治目标、政治行动的统一，俄国社会才会有国家前途，才会有阶级行动和国家革命。如果说工人阶级的社会斗争只是停留在工人、工厂、奖金，为了工资跟资本家泄愤斗气，那就不具有政治学的意义，充其量是只具有社会学意义上的社会自主平衡。工人反抗一下，老板涨点工资，仅此而已，工厂没变、劳资关系没变，产权关系也没根本变化。无产阶级新型政党意味着比较彻底的解决方案，需要对引发社会冲突的财产权、劳资关系、阶级关系进行变革，这就是一种彻底的政治解决方案，即把自发性的个人反抗上升为自觉性的国家革命，把自发性的社会抗争变成自觉性的阶级行动，这是列宁在《怎么办？（我们运动中的迫切问题）》里所讲的当时俄国社会的运动情况。

新中国成立前，中国老百姓都觉得日子过得不好，是因为地主阶级、帝国主义、资产阶级、买办阶级等各方力量都在压榨中国人民。老百姓负担越来越重，推翻压在老百姓身上的“三座大山”是唯一彻底的解决方案。中国共产党所代表的正是这样一种自觉性的力量，党的理论自觉、组织自觉和实践自觉，为领导人民推翻“三座大山”奠定了可靠的政治基础，正是这种自觉性力量加快了中国社会的历史进程，中华民族的历史由被动走向主动，不再是原地踏步，不再是长期在低效、无效的时间区间内运动，民族历史的自主作为为民族带来光明前途。

2. 党代表着马克思主义在中国的实践能力

有了中国共产党领导的民族历史的自觉行动，中国历史进入了一个科学的、富有效率的运行时期，进入了一个富有建设性、成效性的历史时期，进入了一个自主政治作为的历史时期。毛泽东指出，“读过马克思主义‘本本’的许多人，成了革命叛徒，那些不识字的工人常常能够很好地掌握马克思主义。马克思主义的‘本本’是要学习的，但是必须同我国的实际情况相结合”[①]。我们需要“本本”，但是一定要纠正脱离实际情况的“本本主义”。中国共产党在发展的历史过程当中，也充满着各种各样的理论与实践纠结，充满着各种各样的精神上的困顿和迷茫，既要读“本本”，又不能是教条主义；既要有理论，又不能拿理论完全代替实际；既要学“本本”讲“本本”，又不能够脱离实际，不解决中国的问题，不能“不打麦子不产粮食”。所以，中国共产党要把马克思主义的基本原理和中国实际结合起来，实现马克思主义的中国化、大众化、时代化，这就是中国共产党所肩负的精神使命和工作使命。

毛泽东特别反对“本本主义”和教条主义，“我们学马克思列宁主义不是为着好看，也不是因为它有什么神秘，只是因为它是领导无产阶级革命事业走向胜利的科学。直到现在，还有不少的人，把马克思列宁主义书本上的某些个别字句看作现成的灵丹圣药，似乎只要得了它，就可以不费气力地包医百病。这是一种幼稚者的蒙昧，我们对这些人应该作启蒙运动。那些将马克思列宁主义当宗教教条看待的人，就是这种蒙昧无知的人。对于这种人，应该老实地对他说，你的教条一点什么用处也没有”[②]。可见，共产党如果在精神上、理论上扭曲了、脱离了中国实际，走向教条主义的错误道路的话，对革命的用处是不大的，甚至是有害的。正是因为党的历史上犯了教条主义的错误，所以党的事业发展才会遇到挫折，出现思想路线、领导路线、军事路线、行动路线、工作路线上的失误，中国共产党领导的革命遭受了挫折、困难和磨难。

1921 年党的一大时，全国共产党员只有 50 多人，到了 1927 年

① 《毛泽东选集》（第一卷），人民出版社 1991 年版，第 111－112 页。

② 《毛泽东选集》（第三卷），人民出版社 1991 年版，第 820 页。

4 月党的五大时，全国党员数量将近 6 万人，但是到了 1927 年 11 月的时候，只剩下 1.6 万人左右，超过 2/3 的共产党员被国民党杀害了。为什么会变成这样？就是因为党的领导路线错误。我们是要为错误的路线买单的，后果是很严重的。所以，党的事业要想真正发展，党就必须解决自身的理论、组织、政治、军事和制度问题，党的理论路线和党的组织路线、政治路线、军事路线、制度路线一定要走向科学化。党在理论、组织、政治、军事、制度等方面能力增长的过程，就是无产阶级新型政党力量形成和崛起的过程，正是在这种力量形成和崛起的过程中，中国共产党一步步地让自身的精神和物质力量得到了实质性的积极增长。

在与教条主义错误斗争中，中国共产党逐渐有了自己独立的思想和理论；在同党的错误的领导权、错误的组织路线斗争中，中国共产党也逐渐有了自己独立的领导权，有了自己独立的武装组织；在同党内错误的领导路线斗争中，中国共产党逐渐形成了以毛泽东同志为核心的党的第一代中央领导集体及其正确领导；在同错误军事路线斗争中，中国共产党形成了自己“工农武装割据”和“枪杆子里面出政权”的军事思想；在同错误工作策略的斗争当中，中国共产党形成了土地革命、武装起义和农村包围城市的独特革命策略。中国共产党就是在同一系列错误的思想、理论和工作实践斗争的过程中发展起来的。可见，中国共产党保持精神上的优势，保持精神力量上的强大和正确，对于党保持对革命事业的领导至关重要。

以新青年为代表的五四新文化运动的爆发，是马克思主义在中国的萌芽和发展。这一文化运动的过程，为共产党理论、思想和精神的发展准备了充分的条件；没有这种思想和精神的准备，没有这种思想和精神力量的形成作为前提条件，中国共产党的组织化、物质化是不可能实现的。党的组织化的发展，党组织的正式建立，都是在党的思想理论条件和思想理论能力基础上发生的。先进的思想和理论，先进思想和理论武装，对于党的建立和发展，对于党领导革命的实践过程而言起着至关重要的作用。

（二）建党精神与精神谱系

建党精神主要是指在党的建立时期的精神渊源、精神特征，是党的精神形成中起初始决定作用的精神选择和内涵。党的精神谱系是指党在发展过程中形成的很多精神现象和精神典型，具有独特的精神优势和能力，在党的精神发展与完善中起到典型模范意义和精神源泉作用。

1. 建党精神

习近平总书记在庆祝中国共产党成立100周年大会上的讲话中指出："一百年前，中国共产党的先驱们创建了中国共产党，形成了坚持真理、坚守理想，践行初心、担当使命，不怕牺牲、英勇斗争，对党忠诚、不负人民的伟大建党精神，这是中国共产党的精神之源。"①

从精神源头上来讲，早期的中国共产党有着自己独特的精神气质，正是这种精神的独立和强大，才使它可以肩负起政治初心和使命，成为真正为人民服务的新型无产阶级政党组织。如果说中国共产党在成立初始时就缺乏精神独立和精神优势，那它就不可能在实践中展现出强大的组织能力和行动能力。从党的精神之源、党的早期精神特征来讲，伟大的建党精神是对中国共产党创建时的精神风貌、精神能力、政治品格及价值立场的一种全面概括和归纳总结，是在党的工作实践和革命历程中不断被发扬光大和继承创新的显著精神优势。

1921年，全国共有党员58人，从学业上看，他们中间有留学日本的18人，北京大学的17人，其他大学的8人，中师中学的13人，只有2人文化程度不确定。从职业上看，其中有教师教授17人，在校学生24人，报业人员、律师、职员、弃官不做的自由职业者等13

① 习近平：《在庆祝中国共产党成立100周年大会上的讲话》，人民出版社2021年版，第8页。

人，党务和工会工作者 2 人，工人 2 人。这些人大多出身富有殷实之家，有体面的职业，富足的生活。他们组建共产党并非为了自己的小家，而是为了大家，为了国家。这些人完全有能力过自己美好的小日子，但是他们放着自己的小日子不过，奔走呼告，为人民和国家请命。

毛泽东的家乡在韶山冲，他家老宅子盖的是青砖瓦房，有干净整洁的院落，院落后面是满山苍翠的竹林，院落的左右两边是绿油油的稻田，院落的前面是一亩荷塘。有池塘、有稻田、有竹林、有山、有水，简直是神仙道人都会向往的地方。毛泽东放弃这么好的生活环境，将个人危险和生死置之度外，一心为了国家和人民，全家为中国革命牺牲 6 人。如果只是为个人的幸福生活，他完全没必要这样。毛泽东有良好的家庭家世却毅然决然选择参加革命，这是非常高尚的个人主动选择。毛泽东参加中国革命时间不长，但进步很快。1926 年中山舰事件发生的时候，他已经是国民党中央代理宣传部部长。中山舰事件之后，国民党出台《整理党务决议案》，开始对共产党员进行清退。国民党明确提出，要想当国民党的大官，就得宣布脱离共产党，要继续做共产党就不能当国民党的高级干部。毛泽东选择放弃国民党的代理宣传部部长职务，重新回到社会实践，走上创建井冈山革命根据地之路。从井冈山革命根据地建设开始，正式开创了农村包围城市，工农武装割据的中国革命新道路。毛泽东要是没有为天下为人民甘愿吃苦的精神，他完全可以选择继续做国民党的高官。1927 年年底的时候，蒋介石才是国民党中央的组织部部长，但 1926 年毛泽东就已经是国民党中央的代理宣传部部长，在政治前途上远远领先于蒋介石。毛泽东为了中国革命放弃了个人的利益、前途和高官厚禄，毫无疑问这是共产党人主动选择的结果，是在伟大建党精神支持下以毛泽东为代表的早期共产党人集体自觉自愿的伟大选择。

中国共产党正是凭着这种伟大精神才走到今天。毛泽东在党的七大上指出：“我们党尝尽了艰难困苦，轰轰烈烈，英勇奋斗。从古以来，中国没有一个集团，像共产党一样，不惜牺牲一切，牺牲多少人，干这样的大事。”①中国共产党是一个敢于牺牲、能够牺牲的政党，因此才能在与很多其他政党的竞争中胜出。一般的政治力量、政治团体都有机会主义的倾向，有好处的时候一拥而上，没好处的时候直接往后面躲。中国共产党一直恪守自己的政治信念，践行自己的初心使命，严肃对待自己的政治理想、政治立场，并不惜献出自己的生命。据不完全统计，从1921年到1949年，全国牺牲的有名可查的革命烈士达到370多万人，平均每天牺牲370多人②，正是早期共产党人的优秀群体不怕牺牲、不怕苦难、视死如归、前仆后继，用他们真正的行动深刻诠释了“为有牺牲多壮志，敢教日月换新天”的豪情与壮志。

“从全球来看，越来越多的国家认识到，结构性改革才是走出眼前困境的根本之策，但这是需要付出代价的。西方国家多党执政的痼疾，没几个政治家敢于真正付诸行动，结果是‘心想’而‘事不成’。我们有制度优势，一定要形成共识、狠下决心，马不停蹄向前走，千方百计抓落实，扎实作为见成效。”③中国实行“三去一降一补”的供给侧结构性改革，加强对资本的有效监管，不怕得罪资本和各种经济利益集团，彰显出显著的政治独立性优势。只要这些资本和经济力量不遵守国家法律，不为国家的发展进程作出正面、积极和健康的贡献，就会成为党重点监督和监管的对象，就要接受党的领导和政治引领。

中国共产党不代表任何权势集团，不代表任何利益集团，中国共产党代表的是最广大人民群众的根本利益。中国共产党要想不受资本、不受权力绑架，就要在思想上、组织上、政治上统一团结起来，要切实增强“四个意识”、坚定“四个自信”、做到“两个维护”、拥护“两个确立”。讲政治就是要保持我们党在政治上的独立统一，不被资

① 《毛泽东文集》（第三卷），人民出版社1996年版，第292页。

② 《历史和人民选择了中国共产党》，联合日报官方账号，2021-09-04，https://baijiahao.baidu.com/s?id=1709921366098597103&wfr=spider&for=pc。

③ 《开局首季问大势——权威人士谈当前中国经济》，《人民日报》，2016年5月9日。

本拖下水，不被金钱所收买。党的独立立场、独立身份、独立工作及卓越的政治能力，既是党的政治的一贯优势，也是中国社会得到有效治理的宝贵经验。中国共产党不接受资本家收买，不接受帝国主义收买，不接受封建势力收买，敢于领导人民硬碰硬，实打实地解决问题，充分体现出新型无产阶级政党的特性与价值。

当前环境下，如果社会和资本的力量对中国共产党的干部进行围猎，围猎一个就能成功收买一个，那我们党还怎么独立地开展工作？如果有钱人对中国共产党的干部和组织能够随便通过收买进行控制，那我们党还怎么替人民发声，还怎么代表人民群众的利益和立场？国家在反垄断过程中，对阿里巴巴集团进行制裁，对美团进行调查，对滴滴出行启动专项调查，都是在遏制资本的无序发展，引导它们遵守国家法律，主动自觉地创造积极的社会价值，为社会的发展作正面的贡献，而不是为了资本扩张和发展对整个社会进行掠夺和透支。我们党在今天着手对资本的力量进行规范和监管，就是为了把资本的力量整合成社会发展进步的力量，而不是威胁社会健康的破坏性力量，更不是重新构建政治体系，干涉政治运行的操控性力量。

例如，北京从学区房、教育培训的课外机构整顿和治理开始，对资本的无序扩张进行主动限制和管理。中国社会决不允许形成富人阶层和穷人阶层的根本对立，如果把公共教育、公共医疗资源过度资本化、商业化，结果就是通过教育、医疗等公共产品的分化，最终造成社会分化，社会流动当中有钱人不断地往高阶层走，没钱的人不断往低阶层走，贫富两个阶层的消费结构、生活结构、观念结构、能力结构、利益结构都日益严重地分化和固化，甚至形成社会性对比和对立。社会分化严重，社会矛盾就复杂化和尖锐化了，就有可能形成阶层的乃至阶级的矛盾。如果任由资本不断利用经济优势对这些公共资源、公共服务、公共产品进行结构化竞争，最后的结果就是优质的社会资源全部向富人集结，人的平等自由全面发展就会受到社会意识和社会形态的政治化影响。中国共产党在政治上要保持独立性，“从来不代表任何利益集团、任何权势团体、任何特权阶层的利益”，反过来说也不受任何利益集团、任何团体、任何权力的绑架和围猎，能够做到敢于真碰真、硬碰硬，对不合理的、危害社会长远发展的力量和行为叫停，对错误的市场行为进行纠偏。当前老百姓买的房子和子女就读学校之间不存在物理上的巨大差异鸿沟，不至于形成不同社会阶层的封闭圈子，整个社会的流动性、社会结构的分散性、社会价值观的共识性等还都处在健康合理的发展区间，社会的平等化、多元化和民主化状况也正在得到自觉改善。这是党在坚持社会主义制度、社会主义核心价值观立场，在领导实践中为当下中国社会健康发展所作出的重大贡献。

我们党用 32 个字把建党精神的特点进行了全面、权威、准确的概括。建党精神从精神层面上来讲，就是要“坚持真理，坚守理想”；从行为层面上来讲，就是要“践行初心，担当使命”；从意志层面上来讲，就是要“不怕牺牲，英勇斗争”；从道德层面上来讲，就是要“对党忠诚，不负人民”。党的精神特点、行为特点、意志特点和道德特点综合起来，就构成了中国共产党人早期的精神风貌和精神特征，这种精神风貌、精神特征是有力量的、有温度的，是能够为温暖、照亮整个民族的前进方向提供不竭动力的。正如列宁所说的那样，“无产阶级所以能够成为而且必然会成为不可战胜的力量，就是因为它根据马克思主义原则形成的思想统一是用组织的物质统一来巩固的”①。

中国共产党作为无产阶级政党，它的优势就在于两个方面，一个是精神优势，另一个是组织优势，精神优势代表着精神力量，组织优势代表着物质力量。中国共产党之所以行是因为中国共产党在精神力量和物质力量两个方面同步发展，二者缺一不可。我们既要有精神的理论资源，也要有物质的组织资源，党只有在精神和物质两个维度上真正的力量化和优势化了，才有能力领导中国社会的政治进程。

① 《列宁选集》（第一卷），人民出版社 1972 年版，第 510 页。

2. 精神谱系

2021年2月20日，习近平总书记在党史学习教育动员大会上系统总结了百年大党的精神谱系，首次给中国共产党进行了精神素描，从党的精神发展历史的角度对党的百年奋斗进程进行了全面总结，有助于全党更好地从党的精神历史的角度学习和把握党的历史。习近平总书记指出："在一百年的非凡奋斗历程中，一代又一代中国共产党人顽强拼搏、不懈奋斗，涌现了一大批视死如归的革命烈士、一大批顽强奋斗的英雄人物、一大批忘我奉献的先进模范，形成了井冈山精神、长征精神、遵义会议精神、延安精神、西柏坡精神、红岩精神、抗美援朝精神、'两弹一星'精神、特区精神、抗洪精神、抗震救灾精神、抗疫精神等伟大精神，构筑起了中国共产党人的精神谱系。"①

在这样的精神谱系中，伟大建党精神无疑是共产党的精神之源，力量之根，是中国革命精神的总源头，也是中华民族精神不断得到丰富与升华的有力支撑，是一代又一代中国共产党人接续奋斗的强大精神动力，是中国共产党历经百年而风华正茂、饱经磨难而永葆活力的精神密码。中国共产党历经百年锤炼，成功创造了自己的文化和精神风貌，形成了熠熠生辉的神圣精神家族。在这个精神家族里面，从党的早期井冈山时期开始，井冈山精神、长征精神、遵义会议精神，一直到延安精神、西柏坡精神、红岩精神、抗美援朝精神、"两弹一星"精神、特区精神、抗洪精神、抗震救灾精神、抗疫精神等伟大精神，中国共产党一路走来，其卓有成效的精神成长与自我超越，使得党在不同历史时期都能够得到精神上持续不断的传承与飞跃，正是这种精神继承与创新的弥足珍贵的能力，确保我们党始终能够保持先进性与纯洁性，保持新鲜精神能力和强大精神张力。正是依托这种实实在在的精神优势，党才能够在历史的长河中历久而弥新，始终保持鲜明的精神特征和实践特征，才能够始终在历史发展潮流中掌握主动，勇立

① 习近平：《在党史学习教育动员大会上的讲话》，人民出版社2021年版，第19页。

潮头，坚持长期执政。这种显著的精神优势，最终凝结为党的强大精神能力，党在理论和实践上的双重优势，有助于党始终掌握历史主动和历史自觉，巩固党对历史发展过程的自觉领导，从而使党的百年奋斗历史升华为不断推动中华民族的伟大复兴的历史。

中国共产党的精神是一个丰富的家族，是一个强大的精神群体，这决定了党的精神谱系是精神共同体的复合结构。时间维度上的价值创新与迭代，空间维度上的形式多样与丰富，使得党的精神谱系不同于其他任何单一精神活动或现象，具有自身独特的精神面貌和政治功能。强大的精神群体构成伟大的党的精神谱系，党的精神家族共同体谱写和升华了党的历史，推动了党的精神创新与生产，生成了党的精神面貌与内容。

伟大的建党精神和党的精神谱系，既是民族精神运动的结果，也是民族精神运动的引领与方向，是民族精神活动过程中最有价值的部分。一代又一代共产党人接续奋斗的强大精神动力，既有伟大建党精神源头力量的支持，又有党的精神谱系创新力量的激励。党所领导的民族物质运动和精神运动，为党的思想和精神的生长创造了条件。党的精神谱系是对百年党的历史行动、历史实践、历史作为的精神总结与反映。

（三）提出建党精神与精神谱系的重大意义

今天，我们提出伟大建党精神和党的精神谱系概念，对中国共产党作出精神上的总体描述和概括，究竟具有什么样的重大意义呢？

第一，中国共产党的创建与发展是中华民族历史运动和发展的必然结果。这个必然性在于历史发展需要具备新思想、新组织的先进政治资源和力量。在民族历史运动和中国共产党新型政治力量的良性互动中，中国人民迎来了民族历史上最先进最彻底的解决方案，而中国共产党也因此迎来了世界政党历史上最伟大最辉煌的高光时刻。

中国共产党正是靠着自己先进的卓越精神品格、精神能力领导了中华民族的历史运动，从政治进程和精神进程上推动了民族历史发展，伟大的建党精神和党的精神谱系代表着中华民族共同体精神的实质性成长，以党的精神生产驱动民族精神生产，以党的先进性精神能力激励民族精神能力创新和现代化，把党的精神优势转化为民族精神发展的关键力量和领导力量。从五四新文化运动走向民族解放运动，从党的新思想新组织力量到民族民主革命力量，既是党的精神能力及其逻辑，也是民族的精神能力及其逻辑，党的理论化和组织化就是民族活动的政治化和革命化，民族历史自觉融入现代世界历史的过程，就是党的精神发挥政治功能和历史作用的过程。

党的杰出精神能力，为中华民族的发展和民族精神的独立与生产作出了创造性贡献，新民主主义革命的巨大成功及其价值，也给中国共产党带来了崇高的历史地位和民族地位。今天的中国共产党在 14 亿多中国人心目中，享有无比崇高的政治声望和政治地位。中国共产党在中国社会的政治领导力、思想引领力、群众组织力和社会号召力，都是世界上其他选举型政党难以比拟的。全党一声令下，全国人民积极响应、整齐划一、统一行动，这种民族的现代能力是独一无二的。比如，新冠肺炎疫情期间，党中央号召大家就地过年，待在家里自动隔离，14 亿多人全都安静下来，静悄悄地度过了传统佳节，这在中华民族历史上和世界历史上，都是绝无仅有的独特政治社会现象。没有党的历史贡献和历史地位，没有中国共产党相比较西方选举型政党的独特政治优势，要实现对 14 亿多人的全面彻底领导是不可能的。只有中国共产党有这种威望、影响力和领导力，这种威望、影响力和领导力都是在民族共同体的现代塑造中历史形成的，这种历史选择不同于现代民主选举，历史价值和选举价值也不能同日而语，党的历史地位是由党的历史贡献、历史作为所决定的，党的政治地位是由党的精神能力所决定的，这种实体价值不是现代西方政党短期的选举能力所能媲美的。

第二，党的百年奋斗与中华民族历史运动的主题高度融合，成功实现了民族发展能力的跃升。一方面，我们党作为最先进的政治力量，能够把民族运动从自发性提升为自觉性；另一方面，民族行动的内在逻辑，又会推动社会力量上升为政治力量，巩固和扩大了党的政治基础。党为实现中华民族伟大复兴创造思想、政治、社会和制度等现实力量的过程，就是党在精神、政治、社会和制度能力等方面成长的过程，正是在这个过程中党得到了充分锻炼、发展和壮大，加速了自身在物质与精神力量上的成熟。中国共产党的精神谱系、伟大建党精神的形成，离不开党史和民族历史运动史，离不开党的成长和民族的成长，离不开党和民族力量的相互建构与成就。党的精神能力、精神特质、精神品格就是民族历史运动和发展的最高成就与结果，党在自身建构上始终坚持把民族复兴和人民幸福作为自身不变的初心和使命。

第三，伟大建党精神和党的精神谱系来自党和民族历史运动的实践，是民族精神能力增长和发育的集中表现。党的精神谱系不仅是民族精神谱系的重要组成部分，而且是民族精神谱系发展的凝结力量。伟大建党精神的形成，意味着中华民族共同体的成长取得了实质性进展，达到了新的发展阶段与发展高度。中华民族共同体意识形成和民族精神的高度凝练，为实现民族复兴提供了必需的思想前提、精神条件和智力基础。

中华民族的伟大复兴需要思想和意识前提，这种前提条件不断形成的过程就是党的精神能力和民族精神能力发展的过程。没有党的精神力量推动民族精神的发展，就没有中华民族伟大复兴的精神条件。这种精神条件的形成，离不开伟大的建党精神和党的精神谱系。建党精神是源，党的精神谱系是流，这种源和流的不断融合与创新，最终构成了党的完整精神结构。党的精神结构一经形成，就会领导和推动民族精神的发展与成长，推动民族精神结构的形成，民族精神的不断强大既是中华民族伟大复兴的重要内容，也是实现民族复兴必须具备的精神前提和精神能力基础。

三、党的精神及其历史功能

在党的建设上，我们过去更多强调党的思想建设和理论建设。但是思想建设和理论建设，不能代替党的精神发展历史，也不同于党的精神面貌、精神能力和精神谱系的总结。按照黑格尔的历史观点，人类历史只有一种历史是真实存在的，那就是世界精神历史。黑格尔写的世界历史，不是我们所讲的民族史和国别史，也不是我们一般讲的断代史和朝代史，它是以精神范式为核心，把人类历史按照核心精神范式的内在逻辑加以梳理，从犹太教精神、基督教精神一步一步演绎变迁直到现在。精神历史在黑格尔看来是唯一真实的历史，个体的存在在他看来往往是历史的杂音和干扰。从历史整体和历史框架来讲，个体的存在确实只具有个体意义，不等于历史意义的存在。根据统计学的观点，一般个体的存活寿命最多150年，包括肉体和精神存活两个部分，正常情况下150年后个体后人的记忆基本就会消失，个体的肉体死亡和精神死亡就会彻底完结。

毛泽东、刘少奇、周恩来、朱德这些伟大人物之所以能够被人们铭记，是他们的精神力量无比强大，也只有他们的精神生命才会永放光芒。所以一定意义上来讲，精神的历史是唯一可以长期存活的历史，物质的永恒运动往往意味着物是人非、灰飞烟灭，但精神的光芒不会磨灭，历经岁月和时间，智慧依然可以继续释放光亮，精神可以穿越时间长河永远存在。智慧的力量总是平易近人，只要有人的历史就有智慧，只要有智慧就有精神的力量。对中国共产党百年历史，从精神角度去进行总结，从党的精神谱系整体去凝练党的历史高度，这是我们党在百年历史积淀基础上作出的巨大贡献与突破。

1921年中国共产党建党时有58名党员，这些人大多出身富有殷实之家，有体面的职业，富足的生活，他们组建共产党并非为了自己个人的生存，而是为了大家和国家，这是共产党人最初始的原生态真实面貌，是中国共产党建立之初的社会学面貌。这种社会学面貌最大的特点是其精神特征、理念特征，也就是说这种独特精神面貌不同于一般的社会学脸谱，这些有知识有文化的大多数是按照救国救民的精神原则来从事政治活动。以精神的选择取代个人社会生存的利益原则，这就是早期的共产党人，以精神选择立足于世，以自身的精神优势唤醒民众，激励民族觉醒，这就注定它不同于一般庸俗政治组织，而是一个立足崇高精神共同体的先进政治组织。

中国共产党是中国历史上唯一一个敢于牺牲、能够牺牲的政治力量集团。为什么是唯一的一个呢？恰恰是因为绝大多数的政治力量集团都是机会主义者，是政治投机分子，往往有好处的时候就一拥而上，没有好处的时候就作鸟兽散，懒散溃败。

明朝最后一个皇帝崇祯在清兵虎视眈眈入关威胁北京时，发誓要打败清兵保卫大明江山。当时面临的最大问题是没钱，崇祯提出跟大臣筹钱应对国家危机，开的利息很高，用今天的话来讲就是向朝廷重臣集资，通过紧急筹措资金解决军费不足问题，解决政治和政权安全问题。但是，这些大臣个个全然不顾朝廷安危，不管朝廷死活，严重缺乏政治判断力和政治领悟力，普遍选择不舍钱财，不挽救朝廷于倾倒。崇祯的老丈人周奎尽管家财万贯，但依然见死不救，崇祯皇帝跟他借钱，他说我把家底全部给你也没多少。周奎觉得皇权是你的，又不是我的。你不当皇帝了，换个皇帝我还是有钱人。结果李自成一进北京，挨个抄家，把这些前朝臣子的家产全部抄没了，一分钱都没留给他们。财富从来都是和政权绑在一起的，没有政权哪有财权？没有政治安全哪有财富安全？蒋介石政权作废了，蒋介石政府发的钞票也都全部随之作废，政权是信用，货币是符号，符号离开信用就失去意义。

长征的时候，中央红军从瑞金转移，博古把中华苏维埃政府印发的纸币一路都带着转移，毛泽东提议把这些纸币扔了，轻装快进便于突围保存红军主力。出了中央苏区，这些钞票就失去了政权信用背书，没有信用就等同于废纸。然而博古认为这是国有资产，需要保存和保护，一分钱都不能扔，就这样一堆废纸一直被背到湘江边，严重拖累了红军行军速度。如果不背这些没用的家底转移，红军轻装上阵，就不存在桂系和湘军在湘江边上合围攻打共产党了。博古就是犯了教条主义错误，政权都不存在了，印发的钱就变成废纸，没有任何货币价值。这些东西都不愿意放弃，最后的代价就是红军的巨大牺牲。中国共产党是敢于牺牲、能够牺牲的政治力量，但共产党的牺牲要有价值，为革命牺牲才有意义。“为有牺牲多壮志，敢教日月换新天”，没有牺牲敢说这个话吗？没有牺牲能教日月换新天吗？这个世界上没有免费的午餐，没有共产党的伟大牺牲，就不会有中华民族的现代革命。正是因为有中国共产党的牺牲精神，才有中华民族的现在和未来。

对中国共产党的这种精神源头，在中国共产党成立100周年的重要时间节点上，中国共产党怀着崇高的敬意和科学立场，对这种精神进行了总体的概括和梳理，总结成了中国共产党伟大的建党精神。这种集思想、意志、行为和道德于一身的伟大精神，展示出明显的精神优势、行为优势、意志优势和道德优势。正是依托这种强大的精神基础和能力，中国共产党才把自己变成一个富有明显优势的新型政治力量。这种新型的优势政治力量，既满足了中华民族历史发展对新思想、新组织的需要，也让中国共产党以其为基础有了重大作为。列宁认为，无产阶级之所以不可战胜，是因为它根据马克思主义原则形成的思想一致，用组织的物质统一手段来巩固。这说明共产党有两大能力优势，一个是精神能力，另一个是物质能力。精神能力造就精神优势，物质能力造就物质优势。伟大的建党精神和我们党的精神谱系叠加起来，构成中国共产党的精神能力和精神优势。党的强大组织体系构成党的物质能力和物质优势。中国共产党之所以有力量，就是因为有这种强大的精神能力和物质能力。

1945 年，党的七大上，刘少奇在党章修正案报告中讲，“我们党不只是有了自己的伟大的领袖，而且有了大批久经锻炼的、以毛泽东思想武装起来并围绕在毛泽东同志周围的中坚干部，他们在长期斗争中被证明是中国民族最优秀的人物，是我们民族的精华，是中国人民革命建国各方面的最上乘的干才。我们党和我们民族有了这样的伟大的领袖，又有了大批这样的干部，我们是不可战胜的”[①]。中国共产党正是凭借自己的这种精神优势和物质优势，最终成为中国政治生活中的决定因素。

1945 年 5 月，党的七大上作出判断，我们党“已经成为中国政治生活中的决定性因素了”。因为这种决定性能力，毛泽东在 1945 年 5 月就已经成为国家政治进程的决定性领袖和主导国家进程的政治人物了。但在 1945 年 8 月至 10 月的重庆谈判期间，蒋介石却提出让毛泽东做新疆省主席，以省部级规格来对待共产党，可见在当时，国共两党的认识已经发生严重偏差。时间证明共产党的判断是对的，蒋介石的判断是错的，共产党仅用两年多时间就把国民党打败了。1948 年 10 月，中国共产党开始打锦州，到 1949 年 4 月 25 号百万雄师过长江，半年时间就把国民党全面打败了。

中国共产党能够对自己作出清醒的判断，就是因为有以毛泽东思想为基础的强大精神能力，有以先进干部队伍为基础的强大组织能力、物质能力。所以，中国共产党在 1945 年成为中国政治进程的核心资产和决定性因素，决定了中国政治的主要走势和方向。

伟大的建党精神加上党的精神谱系，构成了中国共产党精神画像

① 《刘少奇选集》(上卷)，人民出版社 1981 年版，第 320 页。

的全貌。伟大的建党精神是源，宏大的精神谱系是流，源和流加起来构成了中国共产党的整个精神世界和精神空间。所以，党领导的民族物质运动与社会运动，也在为党的思想和精神能力成长创造条件。党的精神谱系的形成就是对这一运动过程的自觉反应，也反映了党的精神发展的历史过程，党的精神历程创造和谱写了党的奋斗历史。

第六章　完善新时代党建格局，保持党的先进性和纯洁性优势

不管我们所做的工作处在什么层次，都要学会运用宏观和微观两个维度与视角来看问题。如果只从微观视角去看问题，就会屁股决定脑袋，只为本地说话，所以重视微观也不能脱离整体，需要有宏观视角对整体价值的兼顾。党的建设是党中央统一领导下的党的建设，不是地方某市（县）自成一统的党的建设。我们只有一个核心，只有一个党的建设框架和要求，地方、局部不管多么特殊，最终都要回归主干，回到党的建设伟大工程的总体要求、总体规划中。任何行业、地方、部门、单位的党的建设必须做到既对上负责，也对下负责。对上负责就是政治正确，对下负责就是要符合实际。党的建设理论、基本观点、基本工作、基本队伍都是政治规范化统一要求，不允许以个性化来代替，必须在讲政治上保持一致，在普遍性的前提下，自觉兼顾特殊性、局部性和地方性，在实际中贯彻落实统一性要求。从党的建设实践与形势判断视角去开展党的建设工作，这是考验功夫的，它不同于党的建设的具体工作，不同于党的建设的局部安排，也不同于党的建设的某一方面活动，而是强调形神兼备，既要注重造“形”，更要重视铸“魂”。

一、新时代党的建设怎么看

党的十九大的统一部署安排，是加强新时代党的建设的总体指南。党的会议赓续交替，党的会议精神也在不断发展，不断对党的建设问题进行深化，调适和转换党的建设语境，就是丰富和完善党的建设场景，就是把党的建设工作和社会发展实际结合起来。党的建设的理论背景、实践背景、政治背景、工作背景是动态的，是发展变化的，不是固步自封的，具有显著的时代性，更具有极强的实践性，不能以教条主义和“本本主义”的态度来对待党的建设工作。

（一）新时代党的建设更加具有实践性

实践性的最大特点是辩证统一，万物皆动，万物皆变，人不可能两次踏进同一条河流。河是流动的，时间是流逝的，党的建设环境和问题也在时时刻刻发生变化。不同的人、不同的场景、不同的党的建设活动，每一次都是具体和实践的统一。比如，上一次支部会议是小王和夫人吵架后来参加的，但这次参加会议时两口子和好了，两次党的支部活动中小王的心理环境是不一样的，他的情感状态和认知环境是有差异的，这些因素在党的建设活动中会起作用。党员的心理环境，“知情意”的状态直接决定着党员的精神活动，直接影响着党的建设质量，这是具有高度相关性的。所以，对党的建设的问题，不能很粗糙地面对，必须非常细致地开展工作，才能直指人的心灵、精神，直指人的灵魂。

党的建设工作难做，主要难在政治过程和政治效益并非总是对称的，即使创造了很多政治形式和过程，也未必有相应的政治收益和政治效果，对这种政治的非对称性我们应该要有清晰的认识，在专业性的判断上一定要准确，不要拿具体部门工作思维去理解党的建设工作。党的建设体系很复杂，组织工作只是其中的一个方面，组织部的工作不能代表党的建设的工作全部。在党的建设实践中，整体性的把握是最难得的，因为我们经常拥有的是局部和具体，容易造成“屁股决定脑袋”的行为惯性。

或许有人认为，单位和部门需要什么样的党建，就把党的建设搞成什么样子，这样做在政治上肯定是不正确的，违背了党的政治统一性，违背了“两个维护”“四个意识”的整体要求。党的建设应该是规范性的政治工作，不能完全等同于部门和业务工作。习近平总书记在庆祝中国共产党成立 100 周年讲话中提道：“以党的政治建设为统领，继续推进新时代党的建设新的伟大工程，不断严密党的组织体系，着力建设德才兼备的高素质干部队伍，坚定不移推进党风廉政建设和反腐败斗争。”[①] 总书记这段讲话中强调了三点：一是组织体系建设，二是干部队伍建设，三是反腐倡廉建设。之所以着重强调这三点，是这三点在党的建设当中具有决定性的作用，是党的建设的物质性力量的保证和支持。组织中干部是决定性的物质因素，要把这些物质性力量变成标准化产品，干部队伍建设、组织体系建设和反腐败斗争就一定要高标准严要求，必须在规范化和标准化方面下足功夫，而不能是一省一政策、一市一标准，各个地方在这方面的要求和标准应该一视同仁，这既是政治统一性的普遍要求，也是政治规范性和严谨性的具体表现。

新时代党的建设强调以政治建设为统领，着力加强组织体系、干部队伍和反腐倡廉建设，以新时代党的建设重点为依托，突出党的建设的政治属性和物质属性，找准新时代党的建设的落脚点，确保党不变质、不变色、不变味，确保党在新时代坚持和发展中国特色社会主义的历史进程中始终成为坚强领导核心。新时代党的建设更加注重时代性与实效性的要求，更加强调党的建设的引领作用和政治保障作用，始终把实践性要求放到更加突出的位置。

---

① 习近平：《在庆祝中国共产党成立100周年大会上的讲话》，人民出版社2021年版，第19页。

（二）科学研判党的建设形势

当前党的建设的形势总体是明朗的，习近平总书记指出："与国内外形势发展变化相比，与党所承担的历史任务相比，党的领导水平和执政水平，党组织建设状况和党员干部素质、能力、作风都还有不小差距。"[①]总书记关于党的建设形势的科学分析，既符合政党政治的一般规律，也符合党的自身建设的实际状况。当前，我们在政治总供给上还有短板，在供给数量和质量上还有不足，这是目前关于党的建设态势的一个重大判断，是今后党的建设活动开展的基础。

自古以来，中国历史治乱循环、人亡政息的兴衰更替规律还没有被打破。中国共产党需要通过自我革命跳出这种历史周期率。1945年，黄炎培问毛泽东这个问题，主要原因在于黄炎培过分注重从政治权力角度去认识和理解中国共产党。在黄炎培看来，中国共产党和历史上所有政权并无二致，是一样的。对此，毛泽东明确指出不一样，从权力性质和权力运作方式上作了根本区分，用我们今天的话来讲，就是要结硬寨、打硬仗，把中国共产党做成"过硬产品"，真正做到打铁还需自身硬，把自身练成真正的金刚钻。习近平总书记在庆祝中国共产党成立100周年讲话中谈到新时代党的建设问题，第一句话就提出打铁还需自身硬。要做到打铁还需自身硬，就要继续推进新时代党的建设伟大工程。

习近平总书记讲话中的政治逻辑，放在今天适用，放在汉唐时期同样适用，道不远人，政治供需矛盾就是规律。所以毛泽东在《沁园春·雪》中才感慨道，"惜秦皇汉武，略输文采；唐宗宋祖，稍逊风骚。一代天骄，成吉思汗，只识弯弓射大雕"[②]。毛泽东否定封建皇帝，其实是否定封建社会制度，不能科学地选拔干部，干部队伍整体做不

① 《习近平关于全面从严治党论述摘编》，中央文献出版社2016年版，第4页。

② 《毛泽东年谱（1893～1949）（修订本）》（上卷），中央文献出版社2013年版，第509页。

到德才兼备，皇帝个人能力再强也独木难支。习近平总书记强调党的领导能力和执政水平，强调党组织建设状况和党员干部素质、能力、作风都还有不小差距，和毛泽东在《沁园春·雪》里面讲封建皇帝及其制度的局限性是一个道理。也就是说，即便是人类社会发展到今天，优质的政治公共产品作为一种稀缺资源，始终处在偏紧的供给不足状态，这个难题在今天依然没有解决。

美国以及其他一些西方发达资本主义国家拥有这种优质政治公共产品了吗？恰好相反，西方发达资本主义政治经济发展的不平衡问题更为突出，远不如中国政治治理的实践及效果，“东方之治”和“西方之乱”之所以构成鲜明对比，原因就在于这种政治经济的不平衡。从政治先进性和政治文明程度来讲，今天的中国共产党已经走在了时代前列，但走在前列的中国共产党，也不能完全满足中国社会的政治需求。当前老百姓对党的腐败和“四风”问题依然有意见，干部作风和干部能力依然不过硬，官僚主义、形式主义依然存在。

党的十九大对党的建设总体架构进行了重大调整和优化，但要让党员干部队伍在短短几年内发生翻天覆地的实质性变化，实践中难度非常大。怎么解决这个问题？我们说“不换思想就换人”，干部队伍要不断地新陈代谢，依托干部队伍年轻化来完成组织迭代，不断实现干部队伍的转型升级，这是党的建设工作中最有价值的部分。现有干部在有些方面存在较大差距，要解决本领恐慌和能力不足的问题，必须有一个过程。如果他们经过一段时间没有达到预期，没有变成我们所期望的样子，我们也不要失望悲观，社会发展是一个缓慢的新陈代谢过程，不能以个人想法来代替社会发展规律和过程。

（三）推动政治体系变革

这些年，基于政治供给短缺这一矛盾的突显，我们党在整个政治体系的优化上下了很大功夫，取得了不斐的成就。在政治基础建设这一块，做了很多务实管用的基础性工作，让党的政治体系越来越健全和完善，党的组织体系和国家政权体系内部相互制衡、相互激励、共同发力，为推进国家治理体系和治理能力现代化作出实实在在的贡献。这一点在很多方面都有充分体现，以中国航天科技集团有限公司通报航天投资控股有限公司党委书记、董事长张某酒后打人事件为例，从企业的角度来说，基于维护形象、利益的需要，基于企业危机公关的需要，当事人单位权衡利弊写公关软文，想办法淡化不良影响，尽可能地维护当事人，其本意是为了维护企业。但出乎大家意料的是，朝阳区公安分局奥运村派出所接到报警，经过调查发布了一个公安处理的基本意见，这个意见是脱离航天体系的，是非企业、非直接利益相关者的意见，是代表政府和国家公权力出具的司法主体专业意见。从航天科技的级别来讲，航天科技集团是个部级单位，而朝阳区基层派出所是个科级单位，一个科级单位的意见把一个部级单位的解释驳回了。朝阳区基层派出所代表的是国家公权力，代表的是国家法律，国家公信力不受行政级别影响，所以当派出所意见一出具，当事人单位从企业角度单方面公关基本上就无效了，二者既不是上下级关系也不是系统内部关系，所以公安派出所就可以雷厉风行、依法办事，把张某本人直接拘留了。

可见，一个单位或部门甚至是行业出了问题，想利用权力及体系优势对事情进行政治掩饰和包装，在今天越来越难以进行。整个社会体系处在相互作用中，国家治理是多元治理，参与主体是多元主体，任何一厢情愿的做法或想法都会弄巧成拙，把“一次灾害”变成“二次灾害”。如果事件性质很恶劣，理应接受党纪问责，如果事件发生后企业在处理方式、态度和立场上不够客观公允，就会出现事态扩大的“二次灾害”现象。有了这种标志性公共事件的示范，以后大家做事肯定会坚持按原则办事，坚持公事公办，不会再遮遮掩掩。因为遮掩导致的后果更严重，多方共治情况下大家相互制约，单一部门或单位不可能一手遮天。随着政治体系的健全和优化，体系内部就会自动产生相互促进、相互制衡的自行监督力量，这种公开性的体制机制力量，就会驱使参与各方形成合作与竞争的双向关系。

甘肃省白银市景泰第四届黄河石林山地马拉松百公里越野赛公共安全事件，是由于准备不充分而发生的，导致21位运动员遇难，这个案例可以看作21世纪中国治理的一个比较有代表性的样本。事件应急救援参与的所有关联方都在抢时间，都在和灾难抢救赛跑，都要给出精准作为和轨迹。这件事情的调查报告公布后，被认为是透明度相当高的一个事故调查报告，报告里面清清楚楚表明省、市、县各委、办、局所有关联主体的参与情况，把每个关联主体的行为轨迹和工作响应，精确到具体人具体活动等真实情况全部予以公开，整个过程的在场和缺席，响应和延迟大家都一目了然。

这个事件发生以后从省到市到县，各级应急救援力量参与程度很高，参与范围和响应能力很广，充分展示了当代中国治理的政治逻辑和组织路径。各个部门、各个单位、各个主体在这个事件中呈现的态度和行为，就是当代中国治理和行政运转的生动演绎，非常精准地刻画了当代中国治理实践的特征及整体面貌。危机应对中大部分机构和个人表现都非常及时和尽责，甘肃省省长接到电话之后，马上就从兰州出发赶往事发所在地，到了之后，又第一时间赶到现场，紧接着去医院探望，之后连夜开会安排工作，结束后又再次来到医院探望伤员，当天夜晚连续两次到医院探望。作为共产党的干部，只能适应当代中国治理的时代要求，必须第一时间亲临一线，靠前指挥，事必躬亲。省委书记接到电话后，不到半小时就来到省应急指挥中心。甘肃作为中国的一个欠发达省份，在事故发生后政治动员和响应第一时间达到这种程度，充分说明，中国的治理体系改革到今天已经取得了很显著的效果，政治供应链体系得到不断优化，政治合力和行政效能都得到很大的改进。通过所有政治要素的优化和改进，的确实现了1+1>2的良好效果，这也是这些年中国全面深化改革，不断推动政治体系优化的一个主导逻辑、总体逻辑。

习近平总书记指出，“要把新时代坚持和发展中国特色社会主义这场伟大社会革命进行好，我们党必须勇于进行自我革命，把党建设得更加坚强有力”①。中国社会发展了，对中国共产党政治供给的质量和要求就提高了，一方面党要领导社会推动发展，另一方面党也要随着社会发展而实现自身发展。在政治供给上，我们党要依托自我革命不断提高政治供给质量，优化政治供给能力，积极响应中国社会发展总体要求。

（四）优化党的力量结构

从新民主主义革命时期到中国特色社会主义新时代，中国社会发展前后经历了不同的历史时期。第一个时期是新民主主义革命时期，为中华民族伟大复兴提供了必要的社会基础。第二个时期是社会主义革命和建设时期，为中华民族伟大复兴提供了重要的政治前提和制度基础。第三个时期是改革开放和社会主义现代化建设时期，为中华民族伟大复兴提供了重要的物质基础和体制基础。第四个时期是中国特色社会主义新时代，为中华民族伟大复兴提供了完备的物质基础、制度基础和精神基础。三大基础的共同完成，意味着中华民族伟大复兴的基础和条件进一步得到完善和巩固。伴随着民族复兴的宏大历史实践，党的建设结构和逻辑也得到了持续不断的完善和优化。在民族复兴的总体逻辑和框架下，党的建设实践和能力都获得了明显提高，出现了实质性的积极变化，最重要的体现就是党的力量结构更新基本完成，新力量塑造基本形成。党的力量包括精神力量和物质力量两个方面，精神力量主要体现为党的思想理论和习近平新时代中国特色社会主义思想，物质力量主要体现为党的组织、党的干部、党的制度、党

① 《习近平谈治国理政》（第三卷），外文出版社 2020 年版，第 515 页。

的纪律等方面。为了把权力关进制度的笼子，党在纪律、制度及监督、问责、反腐等方面都进行了大量的制度性、体制性、组织性调整，让约束性力量和规范性力量在今天大大增强。坚持“开源”和“节流”相结合，重塑干部队伍和组织体系“开源”增量力量，加大规范性和约束性“节流”存量力量，通过清理党内贪污腐败分子，净化党内成员结构，扩大新鲜血液输入，从增量和存量两个方面持续改进，逐渐形成党的新型力量结构。

当前中国共产党的精神力量特征，可以用“我将无我，不负人民”八个字充分体现出来。如果说党的干部都有这种真诚的、至纯至真的政治道德品质，这个国家何愁不发展、不强大，怕的就是私心、私利、私念过甚，一生都执着于“我”，放不下个人蝇头小利，放不下个人的长长短短，不能正确处理“公”和“私”的关系。

当中国共产党人真的在精神上完成自我超越，塑造出“我将无我，不负人民”的强大精神品质和精神能力时，每个共产党员从私心私利的政治本能中超脱出来时，中国共产党自上而下的精神建设和价值塑造就基本完成，就能够展现出强大的现代政治竞争能力。在21世纪市场经济大潮下，中国共产党依然能够保持这样独特的政治品格和政治优势，达到这样的政治境界和政治高度，无论是在实践上还是在理论上，都是弥足珍贵的。拥有这种强大的政治精神面貌和政治价值追求，就意味着党拥有了更广泛的社会基础和精神基础，意味着党具有了更坚实的长期执政能力和执政资格。

（五）改善党的建设工作

截至2021年6月5日，中国共产党已经建设成为一个拥有9500多万名党员，在思想上、政治上、组织上完全巩固的，始终走在时代前列、人民衷心拥护、勇于自我革命、经得起各种风浪考验、朝气蓬勃的马克思主义执政党。党的政治、思想、组织、作风、制度、纪律建设等领域的重大进展，对于党的形态和功能都产生积极影响，使得党的活动方式呈现出新面貌、新形态。今天的中国共产党，是在 1939 年《〈共产党人〉发刊词》所主张的“帮助建设一个全国范围的、广大群众性的、思想上政治上组织上完全巩固的布尔什维克化的中国共产党”基础上，历经抗日战争、解放战争、社会主义革命和建设、改革开放、中国特色社会主义新时代等重要历史时期成长，最终成为拥有 9500 多万名党员的世界第一大党。今天，我们党在思想上、政治上、组织上完全巩固，这是毛泽东同志在《〈共产党人〉发刊词》中呼吁建立的一个全国范围内的布尔什维克化的马克思主义政党，是 1939 年的中国向往建立的中国共产党；走在时代前列、人民衷心拥护、勇于自我革命、经得起风浪考验、朝气蓬勃的马克思主义政党，同时是党的十九大规划和主张的中国共产党。正是在社会发展的政治增长中，中国共产党建设的主体结构基本趋于完成，尽管党内要素结构与功能优化还未停歇，但党的建设成就斐然已经是有目共睹。

据党内的统计，2021 年 6 月与 2019 年年底相比较，新增党员数量 473.9 万名，一年零六个月增长了近 474 万人，增长率是 3.5%。2019 年年底前，党员增长人数每年大约为 100 万人，相当于每年增长 1% 左右。然而从 2019 年到 2021 年，18 个月时间内党员数量增长了 3.5%，增幅明显高于之前年份，这充分说明群众对党的认同越来越高，积极踊跃要求入党的人越来越多。从这些年发展党员的要求来看，“控制总量、优化结构、提高质量、发挥作用”的 16 个字方针已经清楚表明党的发展状况。也就是说，尽管有“控制总量”“提高质量”的明确要求，还是有这么多的人正式入党，这充分表明中国共产党吸收的优秀人才越来越多，中国共产党的实体结构优化越来越明显，中国共产党的吸引力越来越显著。这应该不是一个偶然现象，因为从 2020 年到 2021 年 6 月份，新入党的主要群体，基本都是以“90 后”“00 后”为主，客观上这些年轻人民主平等意识更强，独立性、主体性要求更高，在这种主体性充分增长前提下还有这么多人自觉认同中国共产党，充分说明我们党的建设极其成功。党的有机体得到先进优秀分子的认可和加入，无疑会进一步优化和改善党的实体结构。能够吸引优秀年轻人，能够获得接班人的高度认同和加入，意味着党的未来、国家的未来有了坚实的保障。越来越多受过良好教育的优秀年轻人的加入，既新鲜了党的肌体又增加了国家发展活力的源泉。由他们代表未来，主导未来，就意味着未来已来。他们的认同就是未来的认同，认同中国共产党的现在，就是认可中华民族的赓续发展，这既是党的成功，也是党的领导和执政的最高价值。

（六）提升党的建设效果

党的建设实践取得的积极效果，体现在党的结构、功能、作用等要素增长的方方面面。党的建设结构这些年发生很大变化，“5+2”的党的建设总要求和过去党的五大建设结构相比较，发生了根本性的变化。除了党的建设实践结构的增量变化外，在党的建设的价值内涵上也取得了实质性的进步。新时代党的建设不仅注重物质力量结构的增量发展，而且在党的理论与质量优化改进上，投入了很多资源，取得了非常显著的效果，主要表现在党的理论、组织、制度、监督等方面能力的提高与创新。

从理论方面来说，中国共产党的建设理论、发展理论、领导理论、治党管党理论，让我们党的建设目标更加合理，党的建设实践更加科学。“始终走在时代前列，人民衷心拥护，勇于自我革命，经得起各种风浪考验，朝气蓬勃的马克思主义执政党”，这是党的十九大对中国共产党建设目标第一次进行的全面准确概括，党的建设目标的科学化与清晰化，意味着党的建设理论和建设能力的显著提升。党的建设目标科学形态的完成，标志着中国共产党在时代和实践双重维度上的成熟。

从组织方面来说，党的组织体系建设取得显著进展，以新时代党的组织路线的提出为标志，党组织的体系建设、能力建设、作用建设、功能建设都得到了前所未有的发展。通过规范组织、提升组织和约束组织，大大地提高了党的组织力，解决了长期存在的执行不力的问题，解决了新出现的为官不为的问题。

从制度方面来说，党的十八大以来，是中国共产党历史上党内制度供给和党内法规出台最为密集的时期。出台密度最大，供给数量最多，覆盖范围最广、法规质量最好，成为这一时期党内制度建设的最大特点。党的各项制度空白基本都得到填补，已有制度和法规也都得到进一步的完善和修订，党的各级组织及其活动全都纳入党内制度统一化管理，取缔和打击特权，有力推动党的建设规范化进程。

从监督方面来说，监督执纪问责体系建设、力量建设、队伍建设、制度建设都得到了极大发展，党内监督工作得到了极大改善。监督的组织、监督的力量、监督的能力和过去相比有了明显改进，几乎是重构了一个监督力量体系和监督生态。以某县区为例，公务员队伍中从事纪委的、监委的、审计的监督人员，以及和监督检查相关的工作人员，合计占到该县区公务员总数的 1/3 多，充分说明监督工作、监督力量、监督能力大大加强了。正是这种监督力量的加强，党的领导得到加强、完善和提高，提升了党的领导力量，加强了党的领导工作。有了强大的监督体系和监督力量，新时代党的建设面貌发生了根本变化。党的理论形态、制度形态、组织形态、监督形态、工作形态都得到了极大的改进和提升，党的领导能力和建设能力都有了极大的提高。党的建设整体迭代与进化，以新形态代替旧形态，新能力代替旧能力，意味着党的建设在新时代取得了重大进展，意味着新时代党建引领和保障作用的发挥得到了根本性加强。

从党的领导方面来说，党的领导结构也发生了最为深刻的变化，整体呈现出新的领导局面、新的领导能力、新的领导理念、新的领导要求。从领导思想和领导理论重塑入手，调整党的领导理论，强调坚持和加强党的全面领导，确立加强党的领导的政治共识。坚持和加强党的全面领导，不仅要在党内得到认可，也要在党外获得群众的认可。也就是说，一方面要加强党的全面领导，另一方面要增强群众的获得感，积极拓展加强党的领导的政治基础和群众基础。在加强党的全面领导的实践中，把党的理想信念、政治伦理、政治价值观的主导权牢牢掌握在党的手中，真正贯彻落实到党的执政活动和执政实践中。

和全面加强党的领导相呼应，党和国家的机构改革全面展开。把党和国家的机构改革作为党的中央全会专门议题，加强整体顶层设计，对武装力量、群众力量、领导力量、统战力量等几大体系进行全面调整。优化机构功能，理顺机构衔接，提升机构效能。在党和国家机构的整体改革中，重塑党的形象、功能和组织，解决党的领导和国家行政机关之间的重叠交叉问题。改革和完善党与国家的组织结构、组织功能，就是加强和改善党的领导，就是坚持和加强党的全面领导的组织性手段和实体性举措。

从党的权力结构来说，在整个决策体系、执行体系上，党中央和地方各级部门之间调整优化的空间很大。以纪检监察工作为例，纪检监察领导权的调整，把过去块状的管理变成了条块结合的管理，而且变成业务管理以条的领导为主，为整个反腐败工作创造了极其有力的条件。把本地化的反腐败变成异地化的反腐败，把本级的反腐败变成上级的反腐败，把本体的反腐败变成高于本体的外部力量反腐败，这种反腐败的力度和过去相比有了根本差别。过去以地方党委为主时，纪委书记反腐败反的都是党委提拔任命的干部，所以这种本级反腐败技术上往往难以实施，很容易屈服于内部人的道德与利益压力，反腐败对本地负责就变成给本地添乱。现在是以上级纪委领导为主，本级党组织不能单方面叫停，本级党委的知情权在时间上、信息上不再占有绝对垄断优势，上级纪委的垂直业务领导话语权明显增大，这种内部权力关系的调整对整个反腐败的影响是决定性的。

从党的治理结构来说，党内的治理基本做到了全域治理、全面治理。党内所有个人、组织和主体，以及党内所有工作，都有了相应的法规条款去规范，既没有法外之人，也没有法外组织，更没有法外工作。所有程序性的、机构性的、纪律性的党内法规基本都健全了，在贯彻和执行上也都得到保证，做到了应管尽管。最典型的体现就是2020年发布的《中国共产党中央委员会工作条例》，我们党在今天能够对中央本级做到覆盖和规范，充分说明党内治理全面且彻底，从治理结构和范围覆盖来说已经基本趋于完成。

（七）新时代党建的特点

新时代党的建设有自身的环境和问题，也采取了完全不同的政治策略和方法，新时代党建的变化有其内在的规律，概括起来，呈现以下三个特点。

第一个是强力量。党的力量结构和过去相比较，从党的中央组织到地方组织、基层组织、党员队伍，党的组织体系的整体力量确实得到大大的加强。我们强调“两个维护”“四个意识”“四个自信”，就是在加强党的组织体系建设，加强党的组织体系首先从中央组织的维护开始，中央加强了，地方也必须加强，基层也就相应得到加强。党组工作条例、地方委员会工作条例、党支部工作条例、中央委员会工作条例，等等，都是对党的组织体系各个层级党的组织的规范和管理，通过各层组织的专业化规制，党的组织力量整体得到充实提高。

第二个是强领导。坚持和加强党的全面领导既要做到坚持又要做到加强。党政军民学，东西南北中，党是领导一切的。中国特色社会主义最本质的特征是党的领导，最大的优势是党的领导。中国共产党是最高的政治力量。党的领导加强了，党的执政能力就会相应提高，党的领导和党的工作能力提升，必然带来党与国家、社会和民众关系的积极变革。党领导国家发展体系的优化，必然带来党与社会互动能力的增强，党的领导体制的响应能力、健全程度和完善水平的提升，为更好实现党对国家的领导奠定了坚实的组织基础和能力基础，真正做到准确领导和科学领导，谁出问题谁责任，“谁的孩子谁来抱”。政治责任伦理明细化的过程，就是现代责任政治建立的过程。

第三个是强关系。党内的政治关系明显得到纯洁和净化，团团伙伙、拉帮结派、码头主义、山头主义、跟人站队、搞政治人身依附等等，所有不良政治现象在今天大幅度得到遏制。党内的政治关系全部纳入“表内”规范化管理，一切都要按制度和程序办事，所有制度和程序都得到有力监督。党内政治关系受到公开制度制约，私人领域的勾兑不再具有政治效能，即便是晚上拎着钱袋子到领导家也没用，一是领导不敢接，二是领导接了也办不了事，一切都必须走程序，和过去相比变化很大。当然，局部地方、部门或是个别领导干部还依然大胆继续，不收敛不收手，只是因为缺乏对当前政治环境的深刻理解，违规违纪行为迟早是要被查处的，是跑不了的，大家慢慢会建立科学的政治认知，确立健康正确的政治观念。

社会的发展总是要付出代价的，所有反腐倡廉建设上出了问题的干部都是从反面角度为中国共产党的政治文明作了血淋淋的注脚。没有这些人的反面教训，共产党怎么会有途径走向廉洁政治。全面从严治党的力度、强度大家是有目共睹的，党内治理的效果也是非常显著的。

从中央到地方，中央一级的治理力度、深度、广度和效能，和地方省市县一级相比较，和乡镇与村一级的基层组织相比较，越往下面走，全面从严治党的力度就越衰减。当前强调全面从严治党向基层延伸，往深里走，往实里走，就是要解决这种上下冷热不均的问题。以时间换空间，随着政治生态整体环境的缓慢出清，整个社会的主流环境、氛围和风气就会逐步形成，那些不良的政治力量就失去生存条件。一旦某种政治生态变得没有前景，没有竞争力，新鲜的进步的政治力量就一定会应运而生，彻底完成对不良政治力量的竞争和代替，全面从严治党所肩负的党内治理责任就会取得实实在在的成果。

二、新时代党的建设成就及其意义

党的十八大以来，中国共产党加强自身建设应该说进入了一个比较好的历史时期，主要表现在党的建设意愿和能力都有了很大的提高，党的建设结构优化，党的建设效果在实践中也很明显。党的建设在新时代上升为新的伟大工程，在“四个伟大”中有了重要政治地位，发挥了政治引领和政治保障作用。

（一）新时代党的建设成就

1. 政治建设富有成效

把政治建设放在首位，让政治建设发挥统领作用，应该可以看作新时代党建的一个重要特点。政治建设加强之后，相应的政治功能、政治能力、政治要求、政治效果都有了具体要求和变化，必然带来党的执政力量和执政活动的积极变化，党的执政能力提高就意味着党的执政目标和执政目的的实现。党的力量结构优化，党内政治关系制度化、规范化和体制化，把党内关系的正常活动和私下里的拉帮结派、团团伙伙区分开来，让政治原则、政治立场、政治方向、政治道路真正在党内政治生活中落到实处，把规范和增强党内政治关系变成净化党内政治生态的重点，把过去党内关系的私下勾兑变成公开解决，切实增强党内关系的政治属性，确保党的政治要求和政治原则得到遵循。

2. 提升思想自觉

和过去相比较，不管是群众的思想、党员的思想，还是领导干部的思想，都发生了积极的变化，思想意识形态工作明显得到加强。以网络传播的治理为例，建立清朗的网络空间取得了明显的效果，网络暴力、散播谣言及网络犯罪等问题都得到了有效治理。谁要在网上造谣制造恐慌，公安机关就找谁，这是全国人大通过互联网条例法规正式规定实施的国家行为。在这样的集中治理下，思想管理、意识形态管理取得明显效果，政治自信大大增强，年轻人要求入党人数大大增加，充分说明现在年轻人对党和国家具有极大的政治认同感。这种意识形态领域的积极变化，为党和国家的意识形态安全、意识形态工作以及意识形态领导打下了坚实基础。

3. 组织上健全有力

截至2021年7月1日，党内的统计，基层党组织的数量由新中国成立时的19.5万个增长到现在的486.4万个，增长了24倍，全国8942个街道，3万个乡镇，11.3万个社区居委会，49.2万个行政村，中国共产党的组织实现全覆盖，无死角，这是巨大的政治财富，也是党的组织优势和强大组织能力的重要基础。全国14亿多人的治理，通过这样一张网全部纳入中国共产党的组织工作体系，这个组织工作体系就跟蜘蛛网一样，任何一个地方或区域的任何震动，都会引起全网的反应和警觉。正是依托这张强大的政治组织网络，整个国家治理基本上做到了到边、到底、到沿，实现了全域治理和全面治理。

4. 纪律上更严格

维持一个完整的庞大组织体系，必须依靠和严格党的组织纪律。政治纪律、组织纪律、廉洁纪律、群众纪律、工作纪律、生活纪律的全方位加强，对于加强党的建设和全面从严治党发挥了重要推动作用。和过去相比较，纪委作为专责机关，职能职责进一步明确，纪检监察队伍建设、工作建设也得到明显增强。按照监察法的要求，需要科学处理纪法关系，力求做到纪法衔接，纪委的办案能力和办案水平因此得到很大提高。要优化和提高办案质量与能力，就要加强纪律队伍和纪律专业化能力建设。以2020年春节为例，一方面因为新冠肺炎疫情防控要求，另一方面因为纪律工作的形势和任务紧迫，很多地方纪委监察机关连续两年春节不放假，就地在单位过年和办公。很多纪检监察干部过年不能回去跟家人团聚，一是怕回去把疫情带回家，二是怕被调查对象改变态度，工作要趁热打铁跟进，工作不能停歇。正是通过广大纪检监察干部的强有力的工作和专业化的努力，从中央“八项规定”到反“四风”，中国共产党在作风建设上才一路高歌猛进，党的作风才得到彻底扭转和实质性改进。

5. 监督上有效能

监督制度、监督机制、监督力量、监督环境和过去相比较，都得到了全方位的加强和提升。这种监督力量的增强非常明显，不仅是纪检监察机关、监督机关的监督加强了，而且整个社会的监督意识和监督能力也大大提升了。一方面，建立健全党中央统一领导，党委（党组）全面监督，纪律检查机关专责监督，党的工作部门职能监督，党的基层组织日常监督，党员民主监督的党内监督体系；另一方面，进一步扩大监督的视野和范围，注重发挥行政监督、民主监督、人大监督、舆论监督、审计监督、司法监督与社会监督的作用，全面推动和完善了党和国家监督体系。

6. 反腐败上有力度

反腐败理论、力量、能力、制度、环境等方面的改进和优化，为反腐败工作的顺利开展提供了积极有力的支持。把腐败分子变成全民公敌，把反腐败工作上升为国家斗争，通过国家监察法和国家监委，把党内反腐和国家政权机关反腐机制结合起来，把党的组织力量和国家政权机关力量结合起来，把反腐败政治力量与反腐败法律力量结合起来，把反腐败工作上升到国家层面力量进行动员，标志着反腐败永远在路上，没有休止符，只要国家能力和意志存在，反腐败工作就永远不会鸣锣收兵。这种反腐败政治意志、组织意志和法律意志的叠加，必然塑造前所未有的反腐败力度和反腐败力量，也就意味着反腐败工作必定会取得实质性重大胜利。

总体效果而言，加强全面从严治党，坚持和加强党的全面领导，把党组织的内部治理和党领导国家与社会的外部治理有效结合起来，内外兼修、内外兼治，内部问题和外部问题同时解决，从整体上增强国家治理体系和治理能力，这就是党的建设这些年所取得的重大成就。

（二）新时代党的建设取得重大进展的意义

党的十八大以来，党的建设形势发展变化很快，2021 年也是我们党非常关键、非常有作为的一年，典型的体现就是政府对阿里巴巴集团、美团、滴滴出行的专门治理和监督。中国共产党着手主动处理政权和资本的关系问题，是中国特色社会主义制度和原则所面临的重大现实问题，是新时代中国特色社会主义必须解决好的关键问题。以学区房和校外培训机构的整治为例，这不是一个单纯的行业治理问题，实际上是中国特色社会主义的制度理念、制度原则和实践发展如何协调一致的问题。资本的集中治理是一个很复杂的问题，不是一个单纯的行业治理问题，本质上关乎着社会主义的实践形式和实现方式，需要对社会主义的实践方式和管理模式进行创新与拓展。在社会主义制度与逻辑下，如何具体进行社会关系、社会利益结构和社会行为的管理与引导，不仅是一个社会治理的技术问题，同时也是一个关乎社会性质和社会制度的政治原则问题。随着中国特色社会主义实践的发展与深化，需要在一些关键问题和关键立场上进行直接面对，作出重大选择，需要亮出底牌，不能再回避问题或采取虚无主义，软化或弱化社会主义的基本立场。

政治力量和政治理念在社会主义市场经济繁荣中怎样得到贯彻和体现，的确是我们今天面临的一个深刻现实问题，也是对中国共产党政治的一种实质性的现实考验。在今天这个时间点上解决这些问题，既是对中国社会主义市场经济制度的考验，也是对中国共产党领导制度的考验，是对中国共产党执政能力和领导水平的考验。能不能在社会主义体制框架下把这些问题处理好，一方面保持经济社会的繁荣增长，利用好社会主义市场经济的体制优势，另一方面又能坚持和巩固社会主义的价值观与原则立场，照顾到绝大多数人，坚持以人民为中心，坚持全心全意为人民服务，把公平正义和繁荣增长很好地平衡起来，这是资本主义体系和框架无法解决好的问题，也是社会主义制度优越性和优势能力的集中体现。在今天，要在保持增长和繁荣中去着手解决这些棘手问题，这是对人类政治智慧的一种实质性考验，其中也蕴含着巨大的政治风险。如果坚守政治原则换来的是经济衰退，带来的是整个社会能力矮化和弱化，那么这种政治也不是我们想要的。正如 1984 年邓小平会见外宾时所说："社会主义要消灭贫穷。贫穷不是社会主义，更不是共产主义。"在政治的道德理想和世俗的社会生活之间做好平衡和兼顾，这是对中国共产党执政的智慧与能力的巨大考验。在这个问题上下功夫坚持对的方向和措施，既是对党的政治的巨大发展，也是对中国改革开放政策的重要修复和完善。党领导下的政府没有对万达集团、阿里巴巴集团、海航集团、安邦保险集团、滴滴出行这些新兴资本采取激烈措施，而是在有序监管前提下尽可能地维护国家经济秩序、政治秩序和社会秩序，避免这些力量的崛起对国家根本制度的挑战，自觉防范社会底层结构和逻辑的性质变化。党的领导和执政能及时捕捉和响应这一重大问题，对这一问题的时间窗口和解决方向保持足够的敏锐，必将会在这些问题的处理上取得比较大的进展。

中国共产党的政权是独立自主的，既不受外来资本和利益的绑架与制约，也不受内部利益和资本的掣肘与围猎，这一条是中国共产党处理现实棘手问题的明确政治态度。唯有依靠中国共产党的政治力量和政治立场，才能有效实施对资本社会力量的合理监督与管理，才能让中国特色社会主义资本成长为有节制、有纪律、有道德的理性力量，而不是资本的野蛮扩张和无序发展。在这种重大问题上的实质性作为，可以看作中国共产党政治立场的标志性事件，也可以看作检验党的政治立场和政治原则的"试金石"，当前阶段注定是中国共产党历史上必须进行重大作为的关键阶段，唯有如此才能体现新时代的重大独立价值。

再过 20 年、30 年回过头来看，中国共产党今天所选择的政治立场和政治方向，确立的政治道路、政治价值观及其实践，以及采取的政治举措和政治策略，对中国社会的价值结构、意识结构、利益结构和社会结构的影响一定是非常巨大的。新时代中国特色社会主义作为一种强大的塑造力量，必将体现出独立存在的深刻价值和重大意义。

三、新时代党的建设发展的趋势

（一）进一步丰富和健全党的精神谱系

新时代党的建设和党的发展，还是要从组织和精神两个方面的更新来实现。2021 年，我们在中国共产党成立 100 周年这个时间点上，站在党的百年历史高度，从党的精神源头出发，以伟大建党精神提升和拓展党的精神谱系，赋予党的精神谱系更加全面的政治内涵和境界。

正如习近平总书记所说，“中国共产党的先驱们创建了中国共产党，形成了坚持真理、坚守理想，践行初心、担当使命，不怕牺牲、英勇斗争，对党忠诚、不负人民的伟大建党精神，这是中国共产党的精神之源”①，伟大建党精神在党的历史源头熠熠生辉，百年风雨奋斗及其伟大成就，使这一历史深处的伟大精神愈加光彩夺目，愈加突显和弥足珍贵。“一百年来，中国共产党弘扬伟大建党精神，在长期奋斗中构建起中国共产党人的精神谱系，锤炼出鲜明的政治品格，历史川流不息，精神代代相传”②，伟大建党精神的面世填补了民族精神空白，其宝贵精神内涵与高尚精神追求，必然注定其具有强大号召力与动员能力，如同火炬般照亮黑夜，历经春华秋实，伟大建党精神开花结果，

① 习近平：《在庆祝中国共产党成立100周年大会上的讲话》，人民出版社2021年版，第 8 页。

② 同上。

开启中华民族复兴的现代精神进程。党在领导民族复兴实践中，也在同步进行自身精神进化与增长，不断创造和完善自身的精神形态与面貌，最终形成独具光芒的璀璨精神谱系。习近平总书记讲的两种逻辑，即指出了中国共产党的精神之“源”和中国共产党的精神之“流”，两个方面统一起来就是中国共产党的精神画像与脸谱。

精神的“源”和“流”是不同属性的两个方面。“问渠那得清如许，为有源头活水来。”源头的问题很重要，就好比一个人的出身和血统，本身包含着基因的强大力量。但是，正所谓“性相近，习相远”，一个人仅仅出身好，后天习得不足的话，坏毛病缠身也不行。说到底，源要正，流也要正，只有正源正流才能真正源远流长。中国共产党的精神之源就是伟大建党精神，精神之流就是共产党的精神谱系，从井冈山精神到长征精神到延安精神，一直到我们今天的“两弹一星”精神、抗洪精神、抗疫精神，党的精神谱系里有很多家族“成员”，每个历史时期都有属于自己独特的精神创造和贡献。从党的精神家族的发展谱系来说，隶属于每个时期的精神脸谱都可谓独具价值，无可替代。把“源”和“流”结合起来，构成党的精神家族全貌，群星灿烂，光耀千秋，这种伟大的精神力量和资源整合，就是党的精神空间的巨大拓展。

（二）巩固和拓展党的内涵与价值

党的十九届五中全会多次提出人民生活更加美好，推动人的全面发展，全体人民共同富裕取得更为明显的实质性进展。把“共同富裕取得更为明显的实质性进展”作为中国未来 15 年社会发展的目标远景，这是一个重大的、实质性的变化。习近平总书记讲共同富裕不单纯是一个经济问题，更是一个政治问题。既然是政治问题，我们一定要在政治层面上进行全面考虑，不能降格成经济工作问题。之所以是重大的政治问题，是因为它关乎着社会主义的制度性质和体制。党的十九届五中全会之后，党中央、国务院印发《关于支持浙江高质量发展建设共同富裕示范区的意见》，“共同富裕”在操作层面上的部署就正式开始了，这是一个伟大的举动。如果能够把浙江的经济发展优势，最后变成共同富裕的政治优势，中国特色社会主义就彻底成功了，必将为人类政治文明发展创造更高等级的实践形态，它是完全不同于传统的社会主义和资本主义体系的新型制度形态、文明形态、经济形态和政治形态。

习近平总书记在庆祝中国共产党成立100周年大会上讲：“江山就是人民、人民就是江山，打江山、守江山，守的是人民的心。中国共产党根基在人民、血脉在人民、力量在人民。中国共产党始终代表最广大人民根本利益，与人民休戚与共、生死相依，没有任何自己特殊的利益，从来不代表任何利益集团、任何权势团体、任何特权阶层的利益。”① 这是社会主义和资本主义区分的最关键的部位，最实质的地带，今天中国共产党敢堂堂正正地把这个观点亮出来，不代表任何利益集团，不代表任何权势团体，不代表任何特权阶层，这就意味着中国共产党在坚持和发展中国特色社会主义这条道路上的坚定决心。在市场经济面前，今天的中国共产党以什么样的状态坚持自己的立场、观点和方法，党在今天的行动已经表现得很明确，比如取消蚂蚁金服的突击上市。国务院金融稳定发展委员会召开会议，刘鹤副总理针对马云在陆家嘴的演讲也讲了重要三条，可见这种博弈已经到了实质性的阶段，已经是“真枪真刀”的交锋了。马云在陆家嘴的演讲就谈了三条：第一条是说我们的金融监管体系落后，我们现在执行的《巴塞尔协议》是个老年协议，已经和金融现实、金融实践严重脱节了。第二条更为严重，习近平总书记讲推进三大攻坚战，首战就是防范化解风险，尤其是系统性的金融风险，而马云演讲谈到我们的风险不是系统性的金融风险，我们的风险是没有金融系统的风险。第三条马云提

① 习近平：《在庆祝中国共产党成立100周年大会上的讲话》，人民出版社2021年版，第11－12页。

到我国现在的银行连当铺都不如，银行抵押担保这一套质押体系，和以支付宝为代表的这种大数据的信用评估体系及零抵押体系相比较，严重落后了。马云在演讲中提出的这三条，等于把中国现有的金融体系基本全否定了，明确主张要以蚂蚁金服为代表的新金融代替旧金融。但是马云嘴里的"旧金融"是国家金融、人民金融，"新金融"是资本家的金融，这是本质区别。所以马云要自由，这符合他企业家身份和资本发展的愿望，也符合新金融势力扩张的内在需要，符合金融资本继续做大的需要。所以当"马云们"的绝对自由和国家主义的有效监管正面遭遇时，就是国家必须亮明态度的时候。马云讲了三条，刘鹤副总理也讲了三条。然后国务院责令四部委约谈蚂蚁集团实控人，最后形成16个字共识，即"稳妥创新、拥抱监管、服务实体、开放共赢"。每一个字每一句话都关乎着社会主义的性质，字字千金，也是体现出中国共产党处理和资本关系的真正立场，代表着繁荣增长过程中党的政权和资本关系处理的科学方案。中国共产党着手在经济结构上纠正这种问题，对阿里巴巴集团开出了全球第二大罚单，仅次于欧盟对谷歌的罚单。国家对美团立案调查，对滴滴出行进行审查，这些都是在积极主动处理市场经济和社会主义的关系问题，处理资本和政权的关系问题。中国共产党有能力、有决心解决这个问题，也能够把这个问题在政治和经济双重逻辑上处理好。全世界最好的投资热土，最好的投资地就是中国，没有比中国更好的地方。到国外去投资，财富不安全，人身不安全。李嘉诚转移到英国去投资，实践证明并不可取，尤其俄乌战争带来的西方民主危机，个人财产权并没有得到实质性保护。苹果公司在中国之外，如东南亚很多地方办厂，很多项目也亏损严重。中国应该是全球资本投资的最理想目的地，没有比中国更好的选择。正确引导和监督资本健康有序发展，并不会削弱中国市场的全球吸引力，通过对资本进行规范和监督反而会为资本的发展创造更健康的环境。

我们一定能够找到资本市场繁荣增长和招商引资规范发展之间和平相处的共同富裕之路，这是中国共产党在当代世界发展进程中最有价值的探索。习近平总书记要求党员领导干部严格自律，注重防范被利益集团“围猎”，本质上就是从政治角度处理政权和资本的关系问题。党的十九届四中全会提出，完善构建亲清新型政商关系的政策体系。亲清新型政商关系就是政权和资本之间的现代自觉的科学关系，不同于传统的自发关系和本能关系。如果新时代中国特色社会主义的解决方案能够在权力、资本和社会中间实现共赢，建立一种全新的现代良好合作关系，那么中国特色社会主义就将对人类政治文明进程作出巨大贡献。资本主义认为他们的社会形态是社会发展的终极解决方案，但资本主义结构性的矛盾依然没有解决。我们如果能够兼顾这两方面，找到一种和解的共赢方案，就是对人类政治文明、政治制度的巨大推动。

（三）增强历史主动和自觉

对党的百年历史和中华民族的千年历史进行主题融合、过程融合和价值融合，充分体现了中国共产党历史对民族历史的升华和提高。2021 年我们党成立 100 周年，而中华民族是一个有着 5000 多年文明历史的伟大古国。对一个拥有 5000 多年历史的民族来讲，100 年的中国共产党还很年轻。在今天这样一个时空结构中，能够把这样一个婴儿阶段的青春政党和一个 5000 多年的古老民族放在一起，谈经论道，并驾齐驱，这是对中国共产党的历史地位、历史作用的巨大提升。这种历史场景和待遇不是我们的一厢情愿，是中国共产党依托 100 年实实在在奋斗成就得到的历史支持。如果说中国共产党功课做得不好，工作干得不好，在民族历史发展进程中怎么能获得这么高的地位？一方面民族的发展需要先进的政治力量，另一方面先进的政治力量也需要民族力量的社会支持，两者是相互成全的。没有中国共产党就没有中华民族历史的巨大飞跃，跨越式发展；没有中华民族的力量支持和实践基础，就没有中国共产党的高光时刻，两者是相互创造、相互成就的成长关系。

（四）继承和创新党的经验

从习近平总书记在庆祝中国共产党成立100周年大会上的讲话内容来看，九个必须里面前四个必须是对党的传统经验的遵循，后面五个必须是对党的新鲜经验的归纳和总结。以党的十八大为时点，前四个经验是党的百年历史经验的一贯总结，后五个经验是党的十八大以后在实践中提出的一些新的工作思路和工作方法。在党的经验结构上遵循了四个必须，创新了五个必须的新鲜经验，5∶4的经验迭代实践，总体更新超过一半，充分彰显了中国共产党自我革命的强大政治能力。

对党的精神之“源”和精神之“流”的全面总体概括，无疑是对党的精神历史结构的重大完善。对党所经历的历史过程，进行党史和民族史的统一和整合，同样是对党的历史结构和历史认知结构的极大完善。把党史上升到民族史的高度，把百年党史上升到了中华民族伟大复兴的主题高度，这是对党的政治结构和民族历史结构的双重完善。在行动指南上，通过九个必须、通过百年党史整体结构的重塑，通过党的精神历史的总结，成功实现对中国共产党实践结构的巨大创新。尤其是以史为鉴，开创未来，采取九个方面的行动部署，在实践上完成对传统中国特色社会主义实践的巨大突破。必须不断推动构建人类命运共同体，必须进行具有许多新的历史特点的伟大斗争，必须团结带领中国人民不断为美好生活而奋斗，这些都是以往党的政治过程、政治活动里面没有出现的全新实践，其所具有的现代政治价值在处理国内国际、党内党外等关系方面一定会得到真实的体现，所起的进步作用一定是今天难以估量的。伟大斗争是处理党内党外关系，为美好生活而奋斗是处理国内关系，人类命运共同体是处理国际关系，党内党外、国内、国际全面兼顾，并且拿出了三个方面的解决方案，其所代表的新型政治智慧和新型政治工作、政治力量与过去相比较，具有本质性的变化，显示出前所未有的意义。

四、新时代党的建设增量发展的重点

从党的建设发展进程来看，从未来发展规律和发展趋势来看，中国共产党未来的发展会是一个什么样的态势，我们可以作一个总体的判断。总体发展态势是党的基础设施建设基本完成，包括思想理论、组织制度、纪律监督等基本结构、基本力量、基本队伍建设大体完成。村（社）街党的基层组织硬件设施建设基本完成，活动场所基本实现全覆盖。包括“两新”组织（新经济组织和新社会组织）和国有企业在内，党的基础设施建设也都基本齐全。党的建设在“体”和“用”的关系上，“体”的建设基本完成，接下来重心应该转移到“用”的创新和开发上，维护好、开发好、利用好、管理好党的组织体系，发挥好党的各级组织政治功能，把党的建设成就切实转化为党的领导效能。

在党的建设体系的基本框架、基本结构完成情况下，党的建设进程就要进行升级和调整。由短缺到优化，由数量到质量，由外延到内涵，由供给侧到需求侧，都要进行根本性的转变。尤其是在提高应用效率以及应用场景方面，怎样把党的建设优势变成经济发展优势、社会成长优势、社会治理优势，这是当前党的建设发展的一个总体方向。具体来看，这个发展方向可以从这样几点去理解。

（一）进一步增强党建自觉和行动

习近平总书记在主持中共十九届中央政治局第十五次集体学习时指出：“我们党作为百年大党，如何永葆先进性和纯洁性、永葆青春活力，如何永远得到人民拥护和支持，如何实现长期执政，是我们必须回答好、解决好的一个根本性问题。”[①]这种自觉意识和忧患意识，正是

① 《习近平谈治国理政》（第三卷），外文出版社 2020 年版，第 529 页。

党的强大精神能力发挥作用的现实表现，百年大党的境界、眼光、胸怀、气度全都淋漓尽致地表现出来。党的自觉性精神力量的表现领域和方面很多，比方说“两个大局”意识、百年大党意识、民族复兴意识、社会主义意识形态、斗争意识、全球意识、安全意识、危机意识、新发展意识，等等。党的十九届五中全会提出的新发展阶段、新发展理念、新发展格局，都是党在领导力和智力供给上对发展问题的积极关注，是党在今天表现出前所未有的强大精神能力和精神自觉的体现。精神自觉性的力量加强过程，就是党的领导能力和领导意识不断走向进步的过程。“我将无我，不负人民”，这种独特的精神境界就是中国共产党精神能力在现代社会继续生长的集中典型表现。中国共产党在精神继承与创新上的与时俱进及其成果，就是中国共产党精神发展的现代成就及其实践能力。能够自觉坚持精神创新的意识，能够在全党总结提炼出广泛认可的精神价值立场，意味着中国共产党在实践中就一定会坚持自己的精神选择及奋斗方向。

（二）进一步加强规范性力量

规范性力量明显提升，制度的、组织的规范性和过去相比较大大得到改观。从中央委员会到地方委员会，从党组到基层、到机关、到国有企业，党的组织全部都做到了应建尽建。所有组织层级和组织主体，究竟应该怎样开展工作，应该怎样活动，全部都出台了相应的条例规定来规范。党的全部要素及其活动都有效纳入表内，“除了法律和政策规定范围内的个人利益和工作职权以外，所有共产党员都不得谋求任何私利和特权”，统一规范代替自选动作，统一要求代替特权思想、特权现象，一切都要接受规范性力量统一约束，这对中国共产党长期安全和长期政治效能优化，应该说产生了长远深刻的影响。

（三）进一步加强纪律性力量

纪律体制、纪律队伍、纪律制度、纪律质量都在不断得到优化、提升和改进。这个过程不仅局限于主要纪律力量配置的增加和扩展，也不仅着眼于纪律制度、纪律设施等基础设施的建设，关键是如何利用好这些纪律资产，有效提高使用效率和使用质量，更好地促进党的纪律检查和监察工作，真正地解决党和国家各领域的纪律问题。通过这些年党对纪律工作的加强领导，在纪律体制的完善上、纪律队伍的加强上、纪律制度的优化上、纪律质量的提高上，全党下了很多功夫，实践中也取得了很好的效果。党的纪律体系和纪律工作，在将来一定会越干越专业，越干越会干，这些年在党的纪律工作方面的进展和突破是有大家目共睹的。

2021 年 5 月 11 日，中纪委网站发布了一个消息，为推动规范保荐机构履职尽责，保障注册制改革顺利推进，中央纪委国家监委驻证监会纪检监察组进一步加强政治监督，督促证监会强化监管职责，压实保荐机构看门人责任。证监证券工作本来是政府成员单位主导，是政府工作的组成部分，纪委主动介入政府工作，因为注册制是中国资本市场改革的一项重大举措和突破，是中国金融市场向国际市场接轨的一个重要方面，深刻关系着资本市场安全和我国经济总体安全。过去纪检监察工作是以我为主，以地方党委为主，现在不一样了，这把“利剑”哪里有需要，就指向哪里，就去哪里发光发热。陕西秦岭违规建别墅的问题，习近平总书记前后作了多次批示都无法落实解决。中央纪委成立专门工作组进驻督办很快就解决了，实践证明用政治手段去解决一些政府行政问题，效果反而更好。中纪委工作部署安排之后，证监会加强 IPO 全产业链监管，压实和监督保荐人履职尽责具体情况。慢慢加强纪律工作的过程就是业务工作不断改进的过程，纪律监督出生产力，最终沉淀为工作能力、工作局面和工作成效。有纪律、有过程、有工作，政府的行政能力自然就会大大提升，这是党的纪检监察工作创新发展的一个全新方向，在实践中有效促进了行政能力和行政效率的提升。

（四）进一步加强监督性力量

从他律的体制机制而言，监督合力和监督体系建设获得了很大进展，监督能力和监督效果得到了很大提升。党内监督、社会监督、法律监督、行政监督、政治监督、民主监督、媒体监督、审计监督、财务监督、统计监督等监督性力量都得到明显激励和支持，党和国家的监督体系建设日益完善。从自律的体制机制而言，廉洁自律意识和能力都得到显著提高，廉洁政治理念、廉洁政治能力、廉洁政治需要、廉洁政治安全、廉洁政治环境都得到很大的改善，政治自律的意识与风气正在逐渐形成。比如，一个党员领导干部，当他腐败的成功率和失败率正在发生显著变化，“伸手必被捉”“贪必亡”的风险统计学现实形成之后，他就会严格要求自己，开始收敛，因为成功率太低，风险太高，腐败的“风报比”严重不对称，自主性的廉洁机制、自律机制自然就会建立起来。尤其随着中国社会主体性的发展，领导干部的政治身份和家庭成员的社会身份就会相互发生作用，家庭成员基于安全和道德价值观就会主动提要求，家人安全优先，平安最重要，这种社会氛围环境形成之后必将对政治运作产生长远影响。

（五）进一步加强党的建设的科学性

现在越来越多的科技化手段运用于党建领域。比如，国土资源部遥感卫星中心开展党日交流活动，交流现场就可以把投资、区域环境治理、区域疫情防控、区域去产能进展等方面工作全部卫星化、遥感化和数据化，将各项工作开展状况集成呈现在一张表格上。这一张表格里面，地方的节能减排情况、每个月的投资情况、新开工项目情况等等，所有的经济数据和社会运行数据应有尽有。这个时候的政治体系运转不再停留在过去抽象政治的原则与理念中，地方党委政府的所有工作表现都在头顶的卫星面前“裸奔”，如果有地方开展工作出现严重失职失责和违规，卫星系统数据就会自动预警。以卫星热成像技术为例，地方的经济发展活力指数，投资的规模和实际开展情况，通过热成像数据分析对比就自然清清楚楚，远远超过行政统计数据的准确性。中国共产党的领导和执政慢慢就依托这种科技手段、科技力量走向数据化、科技化，人治变成技术治理，政治变成科学治理，让数据“说话”，让卫星“说话”，让统计的量表“说话”，让统计规律“说话”，不再是地方领导“屁股决定脑袋”说话。这种力量的改变对共产党执政体系的优化和提升，所产生的长远影响是难以估量的。我们国家未来的科技结构、经济结构、物质结构、社会活动结构都会决定和改变党的执政结构和领导结构，政治不可能无视科学规律、数学规律和社会规律孤立存在。可以预见，这种科技力量在未来党的建设实践中的权重和影响还会进一步增加。

（六）进一步激发人民性、民族性、普遍性力量

2021 年 7 月，习近平总书记在庆祝中国共产党成立 100 周年大会上第一次提出，“发展全过程人民民主”。中国共产党从提出发展人民民主到发展全过程人民民主，在政治上提出更高的要求，这是一种典型的增量民主发展，是中国共产党自觉提出的民主发展远景和要求。政治民主的普遍性，全过程人民民主的普世价值是毋庸置疑的。习近平总书记讲到两个观点：“新的征程上，我们必须坚持大团结大联合，坚持一致性和多样性统一。”① 如果全世界的政治家都能够树立这种思想，这个世界就和谐美好了，之所以分歧和冲突不断，恰恰是受西方霸权主义、霸凌主义、殖民主义、种族主义、民粹主义等价值观的影响，导致全球政治经济秩序混乱，矛盾冲突不断。

中国人强调的大团结、大联合，是一致性和多样性的统一，在哲学思想上具有全球整体主义的高度，是构建人类命运共同体的真实思想和理念基础。“中国共产党将继续同一切爱好和平的国家和人民一道，弘

① 习近平：《在庆祝中国共产党成立 100 周年大会上的讲话》，人民出版社 2021 年版，第 18 页。

扬和平、发展、公平、正义、民主、自由的全人类共同价值。”[①] 中国共产党的发展不是特立独行的个性化发展，而是按照人类政治文明和政治普遍规律的要求，自觉遵从全球政治文明和价值观的普遍性逻辑。在中国特色社会主义文明新形态发展中，普遍性的力量、规律性的力量、规范性力量的增加，意味着中国共产党的现代化进程有了很大的提升。随着政治体制和政治规范力量的加强，党的建设工作的制度性、体系性、规范性逐渐形成。各个机构、各个组织、各个成员之间，体制力量和组织力量之间，相互制约与激励的良性互动关系越来越明显。

比如，前面提到的航天投资控股有限公司党委书记、董事长张某打人事件，是警方所代表的政府行政力量和企业所代表的经济组织力量，以及企业行政级别带来的政治规格力量之间关系的调处问题，最后的结果是基层的行政力量牵制了高层的政治力量。司法鉴定的问题和法律上的界定问题，不是企业和政治权力能够直接掌握的，是由政府的专业技术部门来实施的，让专家说话，让技术鉴定说话，这是依法治国所体现出来的实践效果，在政治学意义上具有难以估量的价值。正如习近平总书记所说，“我们坚持和发展中国特色社会主义，推动物质文明、政治文明、精神文明、社会文明、生态文明协调发展，创造了中国式现代化新道路，创造了人类文明新形态”[②]。这里所指的新道路、新形态代表着中国共产党的未来发展，是按照共产党执政规律、社会主义建设规律和人类社会发展规律三大规律所代表的人类社会普遍趋势与发展，唯有这样中国共产党的道路才能越走越开阔，中国共产党的建设才能越来越科学，中国共产党的领导才能越来越全面、越来越有力量。

① 习近平：《在庆祝中国共产党成立100周年大会上的讲话》，人民出版社2021年版，第16页。

② 同上书，第13－14页。

第四部分　能力建设与本领建设

领导十三亿多人的社会主义大国，我们党既要政治过硬，也要本领高强。

——习近平

第七章　提高“政治三力”，强化政治能力建设

2020年12月，习近平总书记在中共中央政治局召开的民主生活会上的重要讲话中提出：“必须增强政治意识，善于从政治上看问题，善于把握政治大局，不断提高政治判断力、政治领悟力、政治执行力。”提高“政治三力”，既是牢固树立“四个意识”、坚定“四个自信”、做到“两个维护”的必然要求，也是新时代领导干部锤炼政治能力的题中应有之义。

一、政治结构中的永恒关系——中央与地方

俗话说“要在中央，事在四方”。中央之要和四方之事之间天然存在着差别，必然导致中央决策和地方执行之间存在难以避免的矛盾。因为决策和执行的主体不同，比如，领导是拿主意、作决策的人，但不是亲力亲为的执行者，决策和执行在主体、行为、过程和时间等维度上一定是分离的。这种差异性必然带来一个问题，决策结果与执行过程、执行结果之间不会完全一致。因为每个人的背景、出身、知识、利益、需要都不一样，所以知和行两个活动不会完全一致。正因为决策和执行的客观差异，所以管理才显得必要。管理主要是管控知行不

一致的风险，管理知行不统一的偏差，解决执行过程中执行不力、执行不当、执行不到位的问题。决策和执行的差异性在各个场景都会表现出来。比如在一个家庭中，家长对孩子的教育与成长会有一个预期设想规划，但孩子成长的实际往往与家长的辛苦过程、动机预期未必会保持完全一致。家长可能望子成龙、望女成凤，但孩子可能会成长得很普通，客观上和家长的最初预期不一致，有的甚至还“长歪”了，变成了“问题小孩”。如果说家庭这种亲人共同体都不能保证父母与子女关系处理执行到位，做不到父母对子女彻底负责，那么在政治或社会活动领域要做到决策与执行完全一致就更困难了，这种工作场景往往既缺乏家庭的情感背书，也缺乏持久有效的职业道德与伦理约束。

从国家层面来讲，从中央到省市县，再到乡镇和村，中间隔了多少层级，隔了多少人，每一次的决策命令传递都意味着存在扭曲和变形的风险。比如，大家坐在一个教室里，从各自的角度观察同一个对象，每个人感受到的对象是有客观差别的。这边的人看的可能是左面，那边的人看的可能是右面，各自看到的信息内容和范围不完全一致。信息不一致，就意味着主观性和客观性的双重差异，就自然会产生误解、分歧和矛盾。总体上讲，从上到下信息传播的过程是一个信息流失和衰减的过程，上面要求是 10 分，下面执行可能就只能做到 8 分、6 分甚至 4 分，组织管理中的“熵增”现象是没法被完全消除的。

党的指导思想是实事求是，实事求是是一种能力，只有强势文化和强者才可能做到实事求是。一般普通人的想法、说法和做法中间可能存在很大的出入，受身份、能力、知识所限，这种主体行为的自主偏差同样是一种客观存在，正如幸存者偏差一样，能力和信息偏差是世界实相的一部分，不可能从根本上消除。实事求是没有错，但实事求是的行为在不同行业、不同系统、不同主体之间是有区别的，各自的能力条件不一样，作风和风格不一样，办法也不一样，最终在实事求是理念和实现程度上也一定不同。实事求是也要尊重经济社会发展的客观规律。“大跃进”时期，在公开出现的数据中，一头猪比现在的一头牛还要重，水稻亩产过万斤甚至过10万斤，这明显违背了科学规律和自然逻辑，但在当时的条件下，要实事求是地解决吃饭问题，就要千方百计地调动和激励发展农业的积极性，解决农业生产力不足和农业效率不高的问题，结果从“反冒进”反而演变成共产风、浮夸风、命令风、干部特殊风和对生产瞎指挥风的“大跃进”盛行，把调动积极性扭曲成编造政治数字加杠杆，直至变成“人有多大胆，地有多大产”。

到今天，社会的文明程度达到一定水准，再以这种方式去开展工作，政府的形象和公信力就会彻底受到影响。现在只能提倡依法治国，建立法治国家、法治政府、法治社会。依法治国强调规范性力量，不主张搞主观主义膨胀和泡沫，不鼓励搞假大空。尽管依法治国已经上升为国家战略和政治意志，但实践中还依然面临反对形式主义和官僚主义的问题。形式主义、官僚主义本质上是政治泡沫、政治变形和政治背离。形式主义和官僚主义之所以很难从根子上根本解决，就在于每一个人，尤其是每一个党员领导干部都客观面对着“公”和“私”两个现实。我们要求党员领导干部在政治上、思想上、组织上保持团结统一，都应该大公无私，真正做到立党为公、执政为民，全心全意为人民服务。但是当这种政治立场、工作立场和党员干部的社会立场、生活立场相结合，就失去了唯一性和纯粹性，变成了党员领导干部的具体选择。手心手背两个方面怎样兼顾平衡，怎样处理“公”和“私”的关系，就成为考验党员领导干部政治立场与政治能力是否过硬，政治属性与道德属性是否一致的重要“试金石”。

从这些年少数领导干部贪污腐败的情况看，很多人在这个问题上并没有处理好，政治立场脆弱，政治认识模糊，自身贪念过重，身在宦海却因私废公，为党分忧却因私忘公，最终触犯了党纪国法。党纪国法是维护公的最后防线，目前对腐败进行重点治理，但不可能在短期内把“公”和“私”的关系问题彻底解决了。“强化不敢腐的震慑，扎牢不能腐的笼子，增强不想腐的自觉”，从不敢腐到不想腐的转变，无异于从政治革命到文化革命，要换来海晏河清、朗朗乾坤，就必须把健康科学的公私关系实实在在地最终建立起来。

自古以来，朝廷和诸侯、中央和地方之间的关系都是政治实践中的一个疑难问题。身在中央就要着眼全局，坚持各民族一律平等，各省区市一律平等，全体人民一律平等，各行各业一律平等，人不分南北，地不分东西，理当一视同仁，不能厚此薄彼。刘少奇讲，他跟掏粪工时传祥都是人民的勤务员，只是革命分工不同，这是在中央工作的领导人应有的一种境界。从领导人的角度来讲，领导人应该是无私的，个人的思想、情感和利益永远让位于公众利益，时刻要以天下苍生为念。领导人是一个岗位、一个机构、一个组织，组织机器应该按组织意志和组织规则运转，不允许公器私用，领导人没有“小我”，人民和国家的立场就是其岗位立场，不可以把个人立场凌驾于国家利益之上，不允许用个人意志代替组织意志。

一个村、一个乡、一个县，各有其边界和职能，工作中各个层级都应该恪守本分，不允许出现缺位、空位和越位。比如一个县委书记，超过自身职权范围去琢磨一个市的事，一琢磨即是犯错，市域治理不是县委书记能管的事，权限上也不归他负责。社会生存是一种共同体的集体生存，既不是一个人的战斗，也不是一个人的责任，要从系统整体考虑，兼顾系统周围力量的平衡。

明朝在嘉靖皇帝时曾发生这样一件事，严嵩的儿子严世蕃亲自参与遴选县令，为了集团利益不惜杀了浙江总督，事后嘉靖皇帝过问此事说到，杀浙江总督之前可不可以向朝廷报告一下。这时严嵩作为一个“资深政治家”立即表态：“皇上，率土之滨，莫非王臣。”意思是所有的领导干部都是皇帝的臣子，哪里有小阁老自己的人，我的儿子都是皇帝的臣子，我儿子提拔的干部也是皇帝的臣子，不可能是我儿子的人。嘉靖皇帝听闻后说了一句无比深刻、无比清醒的话，也是政治学上近乎公理的说辞——话虽这样说，但是饭要吃下去还得分开锅来吃。这是何等的人间清醒啊！在嘉靖皇帝看来，内阁也好，太子党也好，后宫宦官也好，都是不同的势力集团，不同的圈子。用嘉靖的话来讲，朝廷不是几栋房子，不是几个大院子，朝廷是由人组成的，事总是在四面八方，大家的想法、做法是有出入的，是不一样的。严嵩你别忽悠我，嘴上说的是“普天之下，莫非王土，率土之滨，莫非王臣”，实际上早已山头化和私有化了，朝廷政治不能无视社会规律。

1956 年三大改造完成后，我国迅速调整生产关系，大力搞以初级社和高级人民公社为代表的生产关系公有制，“大跃进”的结果是公有制消费和生产之间严重脱节，很快就寅吃卯粮，到处出现饥荒。从 1959 年到 1961 年，三年困难时期，全国人民都要过苦日子。要解决这个问题，就得回归社会规律和经济规律。既然吃大锅饭把老百姓积极性搞没了，三个和尚没水喝，那就把这三个和尚分开，各自给自己背水喝，这就叫家庭联产承包责任制。60 年代初，刘少奇就开始尝试搞包产到户，尽可能地从生产力实际出发调动农民积极性，解决吃饭问题，从工作一线实践上尊重社会现实和社会发展规律。尽管这个问题从自下而上的逻辑来看是符合实际的，但是从自上而下的逻辑去思考，问题就没有那么单纯。在毛泽东看来，我们搞社会主义制度，搞中国共产党的领导，搞“一化三改”经济革命，不就是要建立一个彻底的全面的社会主义国家吗？当社会主义体系建设还没完结的时候，就开始向暂时困难妥协，如果允许为了经济而接受政治倒退，那就无异于重新回到新民主主义革命时期。在新民主主义革命时期，打土豪分田地，通过土地革命把土地从地主手里拿过来，然后依托党的领导把土地分给农民，极大地激发了农民革命的积极性。建国之后，根据社会主义过渡时期的总路线和总方针，好不容易实现农业、工业、商业的社会主义改造，现在又要开历史的“倒车”，让政治立场向社会现实妥协，这种社会与政治逻辑之间的悖论，根本说来是由当时社会生产力水平不高引起的，在低限度生产力条件下很难同时做到社会正确与政治正确，这就导致路线和政策的工作分歧最后政治化为组织和权力关系的矛盾。从这个逻辑冲突开始一直到“文化大革命”，路线政策分歧的工作问题逐渐上升为一线和二线的政治分歧。站在退居二线的毛泽东的角度看，工作路线方针政策就应该为政治路线和政治原则服务，党的一切工作都应该按照既定的方针和要求办事。但是当身处一线工作的同志面对现实时，就必须把党的既定路线和群众实际相结合，和地方实际相结合，党的所有大政方针只有和地方实践、资源、人口等具体现实要素相结合，才能得到真正贯彻和落实。由地方利益、人口和知识等因素构成的地方实践决定党的大政方针政策的贯彻落实程度，所以最终还要走本地化的路子，要和当地实际情况结合起来，结合的过程就是在事实和价值维度上独立创新的过程，最后必然带来实然和应然的不一致，如果不从政治上主动去理解和允许这种差异，那么差异就会升级为政治矛盾和斗争。

权力体系内部冲突的本质是社会运行的一种客观表现，中央和地方在想法和做法上的天然差异、客观差异传导到政治组织关系内部，如果组织在体制机制上缺乏宽容和理解，那么这种差异就会放大为组织裂痕，转变为权力关系本质。不同的时代，解决这些问题的手段、资源和方法都会受历史和时代局限的影响。到了今天，虽然这些问题客观上依然存在，但解决问题的手段、方式、资源都发生了积极的变化，不会再像过去那样采取“文化大革命”的激烈政治手段，通过群众运动的激进办法来解决政策与执行过程当中的扭曲变形，以及政治原则和政治现实的修正主义逻辑陷阱问题。今天解决问题的办法总体隶属于政治文明的范畴，更多的是一种规范性的低成本方式，产生的副作用是社会运行沉没成本允许发生的，我们的改革就是这么一路走过来的。为什么后来反复强调不再提倡搞群众运动？是因为群众运动这种办法成本太高，不可控风险太大，尤其是社会成本、经济成本、精神成本和制度成本在内的负向叠加会引起社会失控，严重破坏国家与社会建设。今天选择采取不折腾的办法，彻底摒弃“休克疗法”，更多从规范和完善意义上渐进改革，不断从各方面着手科学解决问题。

二、政治建设的原始逻辑与任务

不可否认，形式主义、官僚主义在今天依然还是屡禁不绝，形式主义、官僚主义在未来还会以各种面目反复出现。为什么形式主义、官僚主义会反复出现？就是因为存在“屁股”和“脑袋”的差别，只要这种客观差异性存在，形式主义和官僚主义就一定还会出现。我们党今天强调提高领导干部的政治判断力、政治领悟力、政治执行力，实际上就是在解决政治体系运行过程中的“老毛病”——自古以来都广泛存在的问题，即自上而下的政治效能衰减、自下而上的政治执行力不足的问题，以及政策执行过程中扭曲变形的问题。政策执行扭曲变形就是有令不行、有禁不止，就是搞变通、打折扣、阳奉阴违、弄虚作假，就是拉帮结派、团团伙伙、山头主义、码头文化。这些表现都是和中央的要求不符合的，但这也是客观存在的。社会在发展，人类的政治体系、经济体系、社会体系也在不断进化，在进化过程中，尽管政治形式和政治技术可以创新，但实质性的政治关系、政治矛盾始终都是存在的，这种矛盾本身不会被消灭，矛盾的表现形态可以随着时代的发展不断变化，但矛盾本身是不能被消灭的，这是马克思主义辩证法最基本的观点，矛盾是普遍的，是永恒存在的。

（一）政治建设是为解决政治问题

今天要解决的政策执行扭曲问题，既是一个一般性的普遍问题，也是一个当代性的实践问题。说它是当代性实践问题，是因为这个问题在今天解决起来要有对应的思路、办法、技巧和资源，不能用过去的手段去解决。过去皇帝可以大开杀戒，今天行不通。反腐败到今天为止，杀的干部很少，为数不多的被处决的几个人，实在是因为性质太过恶劣了，对国家和人民犯罪过于严重。这是历史的进步，说明我们的治理方式、治理手段、治理过程更趋于文明。假如这个人罪大恶极，但他没有杀人放火，没有剥夺他人性命，那么他的性命本身从生命平等意义上讲就应该存在。至于说他存在某一方面的问题，那就解决那方面的问题。涉及到经济问题，就从经济上重点治理，把他多拿的钱一分不少地拿回来，再对他进行额外的处罚，让其经济优势一夜之间丧失，这是社会文明的表现，然后再对其犯罪问题进行司法追究。用我们规范的语言讲，不需要把矛盾扩大化。经济领域的问题就按经济犯罪来处理，不能把问题无限度上升。可见，问题还在，但是解决问题的方式、方法、手段变了。与过去相较，变得更加文明，更加低成本，更加富有效能，这是时代进步的表现。

这个问题的时代性真实性含义还有一个层面，就是这是大家共同的问题，不单是中央的问题。因为中央也好，地方也好，个人也好，都是在党的组织体系内部活动，都是组织体系内部的一个枢纽和环节。既然都处在枢纽位置，大枢纽也好，小枢纽也好，都要受到各方关系和力量的牵扯。假如你在二级单位当个一把手，或者当个地市公司的一把手，下面人领命去办差，结果把差事给办砸了，或者说办得勉勉强强、办得出意外了，虽然之前都有要求和安排，但是办事的人在判断、领悟和执行的时候，就给搞走样了，给彻底办跑偏了，甚至完全弄得南辕北辙。从长远讲，你把他开除，一个地市公司、一个县市公司能有多少人，你能开除多少人？而且，人事的权力，不是单纯领导一个人说了算。人都是在社会中，他现在虽然在你手下，但他可能和省公司总公司都有千丝万缕的关系，实际上还没法开除。你说随便把他工资扣了，制度上不鼓励也不允许，所以实际上没什么好办法。

对这些问题的节制和处理，在时间、空间、资源、能力上很多时候都是心有余力不足的。一个人不是万能的，不可能时时处处都在位和在状态。一个单位那么多人，不可能人人都盯得住，事事都盯得住，很可能盯不住，就会和当初想法有出入、有偏差。所以有的领导干部想着只要不出大事就行，就将就着对付。何为不出大事？出事是必然的、是经常的，但是这个事别把“乌纱帽”丢了，这个事别出到上级部门去，这个事别让社会有反映，别让地方党委政府追责，这就是所谓的不出大事的几个方面的考虑。这种想法实际上是不可行的，既然会出事那就随时存在不可控的风险。可见，在这个问题上，中央承受风险，地方也在承受风险，风险是大家共同面临的。中央真遇到风险，那就是全党的风险、大家的风险，谁也不能独善其身。

所以严格来讲，风险是两个方面，一个方面是最高决策层的风险，另一方面是本级组织的风险。比如在长征期间，第五次反“围剿”和湘江战役，因为指挥失误，部队从 8.6 万人减员到 3 万人，短短一年多时间就少了超出一半以上的人。之所以说遵义会议重要，就是在于遵义会议的决议把错误领导、错误指挥的局面给改变了，所以说遵义会议挽救了党，挽救了红军，挽救了中国革命。中央有错误，我们跟着受损失；所在组织出错误，个人也受损失。严格来讲，个人在这个问题上的风险是没办法逃避的，所以才普遍要求大家心中有党、心中有民、心中有责、心中有戒。

（二）“政治三力”决定政治能力

政治短板的背后是判断力、领悟力、执行力不足的问题。大家看不清形势，在行为中管不住自己的手脚，错误地想问题，错误地干事情，最后满盘皆错，一输到底。所以，这个问题是个极具现实性、时代性的问题，是一个长期性的棘手问题。长期性的问题是指所有朝代的政治体系、政治组织都普遍面临的问题，现实性、时代性是说这个问题在每个时代都有它的具体存在形态，都有它的具体表现面貌。

1.“政治三力”凸显政治现实

今天的政治形势、政治环境、政治任务变化，决定了“政治三力”不足问题的敏感性和重要性急剧上升，现在的政治体系正处在一个强压力阶段，体系的紧张感与敏感性就会带来体系的政治安全需要。要管理政治风险，当前阶段就要下大力气下重拳来解决“政治三力”不足的问题。正因为这是困扰所有政治、容易导致政治失败的一个普遍性问题，所以要想获得政治自信、政治安全和政治效能，就必须在这个问题上有所作为、有所突破，取得实质性进展。正是因为要有作为与突破，所以这个问题就变成政治治理中的一个重点难点问题。

所有领导干部都可能或多或少面临“政治三力”不足的问题，甚至个别干部存在“政治三力”严重缺陷的问题，所有领导干部在工作中都可能因为这个问题被问责、被追究责任。在上级和下级之间、在领导和被领导之间，在党和社会关系中，以及党和群众关系中，这个问题都容易成为风险点。中国社会发展到今天，整个政治体系对风险的容忍程度在下降，在腐败问题上更是零容忍。正是因为低容忍、零容忍，所以这个传统问题在如今党的政治实践上就变成了一个重点问题。今天，我们党需要领导干部千方百计克服困难，创造出共产党政治的显著优势。我们讲无产阶级政党领导、全心全意为人民服务、最高纲领和最低纲领、中华民族的伟大复兴，都是对这个政治体系的逻辑强化。这个体系是有追求的，这种追求和政治的庸俗性、一般性中间必然会发生矛盾冲突。效能政治、廉洁政治，甚至是贤能政治，肯定是和无效政治、腐败政治、平庸政治格格不入的。

从古至今，中央和地方、组织和个人之间都存在政治判断力、领悟力、执行力先天不足的矛盾，根源在于两端的信息与能力不对称。但我们党是要有杰出作为、杰出贡献的，不是一般意义上的普通政治力量，党的先进性与纯洁性特征，决定党必须拥有强大的执政能力。所以在当前党的建设总要求中，强调以党的长期执政能力和先进性、纯洁性建设为主线。以往政治体系的失败，就是因为执政能力和先进性、纯洁性不够。中国共产党想跳出治乱循环的历史周期率，想创造一种长生命周期的政治，就需要在这些实质问题上有所作为，有所突破，这同样是不以人的意志为转移的政治规律。从马克思主义理论逻辑到中国实践，到中国实践在当今世界拥有越来越举足轻重的地位，从政治思想维度来看，这就是一个不断“紧螺丝”的过程。与政治上的散漫不同，只有在政治“紧螺丝”的过程中，组织体系里的干部和党员才会创造和贡献价值，才能真正对体系尽责任，做到忠诚干净担当。

党的思想和组织逻辑要求党的先进政治逻辑，要求党在政治宗旨上坚持全心全意为人民服务，要求党在政治道德、政治实践、政治制度上表现出完全不同于资本主义体系的先进文明政治优势和特点。这种先进性、文明性政治的价值优势，直接对应着政治组织、政治要素、政治活动的严格管理和要求，变成党的组织体系的低容忍和零容忍。

在政治体系能容忍的时候，腐败就不是问题。在政治体系不容忍的时候，腐败就变成问题。今天的意大利、俄罗斯、印度等国，官员的腐败行为很多，尤其是许多警察和基层税务官员都存在着严重腐败，但是整个国家的文化体系、观念体系、政治体系、制度体系普遍宽容，腐败甚至成为体系运作的有机组成部分，体系内部可以消化和接纳这种腐败现象，所以它似乎不是问题。

在中国情况就不一样，腐败已经成为人民群众的公敌，腐败的人已经成为国家和社会的共同敌人。党的十九大明确提出开展反腐败斗争，什么叫作斗争，只有对抗性的矛盾，不是人民内部的矛盾，对敌人才开展斗争。现在把腐败现象作为国家敌人，作为斗争对象，就是因为中国共产党的组织和理论不能容忍腐败，中国共产党的政治理念和纪律不接受腐败，这也是中国共产党政治和其他政党政治的根本区别。同样的逻辑，当政治体系的容忍度、内在要求发生变化时，政治问题、政治矛盾自然就会出现，政治治理的具体任务自然就明确。所以，反腐败斗争在今天不断升温、升级，变成党的政治生活中要重点解决的问题，从根本上来说都是党的政治性质的外在表象。

2.“政治三力”决定政治安全

中国共产党的政治发展过程，无论是从理论形态、历史形态、组织形态还是从实践形态任何一个角度来观察，都会发现这种政治现象的发展，往往是不以人的意志为转移的，不是人为改变就可以决定其政治发展走向的。从政治观察的逻辑来看，要保持足够的政治敏锐性，要看到问题背后的本质，要学会从政治本质上去理解政治环境、政治运行，从而建立科学的个人政治观念，选择合理的个人政治行为，最终实现个人的政治效益与安全。提高“政治三力”不仅仅是组织的需要，也是干部的自身需要，需要和收益的最后结合一定是在干部这里。就干部的政治前途而言核心就两个方面，一个是政治发展，一个是政治安全，政治成长性和安全性二者必须同时兼备。干部要解决自己的政治难题，就要在政治领悟力、政治判断力、政治执行力上有“两把刷子”，能够与整个的政治环境、政治纪律、政治任务保持一致。历史上的政治野心家、政治投机分子、政治机会主义者很多，但成功的不多，根本原因就在于德能不济。从组织长远计，从干部自身的安全、发展和利益计，都需要确立一种实在的政治观念和行为。这种政治观念要符合政治的本质和实质，不能用一套假大空的政治形式让自己迷失，在政治观念、政治道德和政治行为上没了底线，这样早晚会出事。所以“政治三力”讲到最后，实际上就是讲我们自己，不是讲中央，也不是讲组织要求，而是讲个人的政治修养和政治修为，是讲个人在政治上怎样自处的问题。

要保持政治和谐顺畅，要真正确保政治安全，就要把当前政治包含的复杂逻辑和深刻道理理解透彻，这绝不是简单地和单位一把手和上级公司的领导班子把关系搞好的问题。这些办法尽管显得很直接，但只是政治体系运转的很小方面，其作用是有限的。我们需要一种统一的、普遍性的政治，而不是个人化、地方化、部门化的政治。部门化的政治，换个领导马上就变了，但“四个意识”“四个自信”“两个维护”“两个确立”所拱卫的政治结构和现实轻易是不会变的，具有最高的权威性和稳定性。因为这是全党的统一要求，这是全党的意志，是全党成员和组织的最大公约数。实践中切忌把一般性、普遍性扔在一边，过度在意短期的特殊和场景，拿出大量精力和单位领导私下勾兑私人特殊性关系，得不到任何组织和制度保障，关键时候不能作数。价值、制度、组织、程序这些核心政治元素才起真正决定作用。

权力是为事业服务的，为了事业发展权力随时可以选择个人。个人的牺牲不是权力的牺牲，个人可以牺牲，但是事业不能失败，事业失败了是大家的事情。所以，只有失败的干部个人，没有失败的党委、党组织，党组织凭借强大的新陈代谢和健康的出清能力，常态情况下不会失败。一些干部做到国家级的层面，在政治上还是不成熟，照样避免不了和村级干部政治失败相同的逻辑。这种核心政治部位的个体短板，在国家处于一个低水平、粗放式的发展阶段时，不是很明显很突出。但是在今天高质量发展阶段就会越来越成为问题。当今社会的公开性、开放性、透明性程度都得到前所未有的发展，在互联网的助推下，很多组织、干部和政治过程与行为，都不可避免地受到来自各方面的广泛监督，这就意味着巨大的政治风险。如果个人的政治领悟力、政治判断力、政治执行力严重不足，对这种政治阶段和政治环境缺乏专业化的深刻认识，就必然会遭遇政治行为上的监督和问责。

比如浙江金钱豹出走事件就很有典型性，几个豹子“离家出走”，不在动物园待了，动物园隐瞒这件事，不及时向社会和上级汇报，想把这事糊弄过去。成都四十九中的学生跳楼坠亡，当地采取“捂盖子”的办法向社会虚假报道，公开的通报信息极其有限。这两件事都有共同特点。金钱豹“离家出走”，隐瞒是错误，通报了也还是错误。隐瞒是被动认错，向社会及时通报是主动认错。被动认错、主动认错都是错，在今天的政治体系下，一定要问责。学生的跳楼事件变成了一场公共信任危机，引发了公共舆情，如何应对？假设相关部门跟学生的死因没有直接关系，但是政府在这里不积极作为、不主动作为、不正确作为，即便学生的死亡基本情况通报都属实，事实情节都没问题，但对学生死亡引发的公共舆论的应对和处理，却成为带有硬伤的公开问题。为什么当时的主体不主动通报？就是怕被问责，怕受牵连。这意味着大家都明白现在的政治体系和政治阶段的敏感性，以及全面从严治党的严肃性。

问题的本质是政府人员在行政过程的执行环节出了问题，虽然是具体的事务性问题，但最后被扩大成政治问题，扩大成公共舆论问题。一旦变成政治问题就只能从政治上解决，这类问题的根源还是由政治能力引起的，因为政治能力不足，所以导致行政问题政治扩大化，把小问题变成大问题，把事务性行政管理问题变成政治问题。这就是政府办事人员不给力，“政治三力”不足，最后导致党的形象和组织形象受损。

所以，大家要有一个充分的心理认知环境，对已经发生的这些问题一定要看得真一点、实一点、准一点。这是今天政治生活、政治关系中矛盾较集中、风险较密集的地方。上面有要求，下面有行动，如果下面行动中出现瑕疵、不足和扭曲，执行可能就会有问题，最后就是好心办坏事。出台的党规党纪都是对组织、干部和党员的规范与管理。我们在政治执行层面的工作开展、职务行为一定要和这些条例准则对标对表，一定会发现这中间有出入、有偏差，这种出入和偏差很有可能就变成单位、部门和领导干部个人实实在在的政治问题、政治风险，这种政治现象学的还原不仅是必要的，而且是了解政治真相最有价值的部分。

3.“政治三力”对应精神能力

中国共产党为什么要出台这么多党纪党规，把政治门槛定得这么高？这不是共产党跟广大的党组织和干部过不去，是这个时代、这个社会及广大群众对共产党的要求。共产党不全面从严治党，不加强党的领导，不从严管理，就会被推到风口浪尖。社会要求共产党，群众要求共产党，共产党就要要求干部和组织，这是不以人的意志为转移的政治发展阶段和发展规律。要认识到党规党纪是高压线，不能触碰；在党规党纪的弹性空间里，与同志、与领导要与人为善，能不为难别人就不为难，把公和私、党纪国法和人情世故、公共生活和私人生活、公共利益和私人利益很好地管理起来，这既是岗位职责和组织使命，也是我们党存在的作用和价值。不能因私废公，以私代公，否则就是把自己置于巨大的风险中。和组织相比，和党相比，和时代、社会、群众相比，领导干部尽管是“关键少数”，但也是少数，不仅在数量上是少数，在很多方面，包括在能力上，也是少数。毛泽东讲人民群众是英雄，历史是由人民群众创造的，我们不是英雄，这样想才会以人民为中心，全心全意为人民服务。

中国共产党践行的道理是一套很睿智的做人做事体系，面子、里子都能兼顾，最怕的是偏执。比方说要耍威风、耍权威，很重的江湖气、社会习气，这样就一点党性、组织性、政治性、行业性、专业性都体现不出来。从这个角度讲，官不一定要做多大，而是要把官做实在，在这个位置和岗位上，让自己在精神上、心理上、认识上、智慧上饱满，对很多事物的估计和认识力求到位。这样，在工作中就会像大马拉小车一样，干得轻松，干得舒服。否则，在不自觉、不自知中会让自己身心疲累，各方面的关系都不顺畅。处处拧巴意味着在心理建设、精神建设和能力建设上的缺失，唯有注重提高个人政治能力和觉悟，真正做到在“政治三力”上通透，才会实现个人政治心灵世界的和谐。

三、在政治逻辑中把握“政治三力”

中国共产党政治是一种立党为公、执政为民的天下政治，是一种无我的、利益天下、利益他人的服务政治。习近平总书记讲“我将无我，不负人民”[①]，代表中国共产党的政治进入一种更高的自觉发展阶段。人最大的敌人是自己。真的把自己放下，做到我将无我，基本就是战无不胜。我们在生活中、社会中不勇敢，不够理直气壮，是因为私心、私念、私利太重。如果说关于个人的东西计较得少，人人都是“亡命之徒”，人人就都是英雄。这里的“亡命之徒”指的是一个人为了事业放弃了自己的生命，进入一种无敌状态，所有留恋生命的人都有所怕，无我之人则无畏，不能“死磕”只是因为“贪生怕死”。所以，共产党的政治做到了一种无我状态，代表最广大人民群众的根本利益，没有自身的私利。在道德上，在利益层面上，中国共产党政治显然是一种有竞争力的政治，能够把老百姓动员号召起来。因此，中国共产党的胜利实际上是人民的胜利，是人民关于自身利益的认识和行动的胜利。中国共产党是老百姓利益的政治代表，我们党的政治就是讲人民、讲整体、讲大家的政治。

（一）提出“政治三力”的政治分析

从深刻认识“政治三力”提出的角度讲，提出“政治三力”恰好表达了政治发展必须遵循应然和实然的统一，标志着政治发展的一种潮流和趋势。从传统的中国共产党政治特性讲，中国共产党是讲政治的党。讲人民、讲整体、讲长远利益叫讲政治；讲团伙、讲局部、讲私人利益叫不讲政治。所以中国共产党是以公共利益、公共福祉、公共目标为追求的党。讲大局意识、全局意识而不是只关注某一区域、某一阶段，这是由中国共产党的政治特性特点决定的。正是这种特

① 《习近平谈治国理政》（第三卷），外文出版社 2020 年版，第 144 页。

点造就了中国共产党的政治优势，否则这种政治不可能脱颖而出，像小草一样顽强生长出来。蒋介石五次“围剿”，在抗日战争期间也采取了很多手段剿共，最终也没有把共产党消灭。这是因为现实中有需要，社会现实对中国共产党政治有需求。中国共产党的政治核心优势、核心竞争力就在于全心全意为人民服务，为广大人民群众的利益而奋斗。

1. 政治需要是“政治三力”的根本逻辑

我们党作为马克思主义政党必须旗帜鲜明讲政治，这是共产党的立身之本，也是马克思主义政党突出的特点和优势。党员干部应该时刻把讲政治摆在首位。在政治生活、社会生活中，大部分人的经验是私人领域的经验，这就造成在政治上的隔膜、生疏和不熟悉，总觉得一些道理虚头巴脑。所以，个人和组织之间观念、行为、理论上的差异，个人和组织在实践中的时间上、空间上的偏差，造成了党员领导干部特定的心理环境。

党的十八大以来，对政治纪律、政治规矩、“四个意识”、“两个维护”、“两个确立”、政治生活、政治生态、政治文化、政治意识、政治能力等要求，包括出台《中国共产党党内监督条例》《中国共产党廉洁自律准则》《关于新形势下党内政治生活的若干准则》等重要党内法规，无不标志着一种全新政治生态的出现。这些概念和制度之所以这样要求，说明它有一定的社会基础、理论基础和实践基础。我们要丈量自身和公共要求间的差距，自由主义、无政府主义、本位主义、地方主义、部门主义肯定行不通，《关于新形势下党内政治生活的若干准则》里面对这些形形色色的“主义”进行了很明确的反对。要自觉保持政治上、组织上、思想上的团结统一，党的十八大以来政治建设周期的强化和凸显，一方面体现了政治科学的内在要求，另一方面体现了重大现实利益和关系规范的实践需要。

2. 公共能力不足是提出“政治三力”的现实原因

习近平总书记指出，新中国成立 70 年来，我们创造了两个奇迹，“一是经济快速发展奇迹”，“一是社会长期稳定奇迹”。[①] 这两大奇迹意味着经济力量和社会力量的快速增长，而经济力量和社会力量的快速增长，必然带来不均衡和不平衡。经济天然地分成国有经济和非公经济。理论上两者应该是齐头并进，但实际的成长性是不一样的。从结构比例上看，民营经济已经在整个经济体系中占有重要地位，贡献了一半以上的 GDP，私人部门迅速发展和快速崛起。从党的政策上讲，要求“两个一以贯之”，“坚持党对国有企业的领导是重大政治原则，必须一以贯之；建立现代企业制度是国有企业改革的方向，必须一以贯之”[②]。对国有企业本身而言，既需要国有企业的经济能力增长，还需要国有企业公共能力增长，这是政治责任和社会责任。为什么要强调两个方面？因为在社会治理中单纯靠经济能力、靠经济属性不能解决所有社会问题，社会治理需要公共部门和私人部门、公共能力和私人能力两个部门、两种能力、两种职能、两种力量的共同合作才能达到有效治理，单有经济优势难以实现社会治理。

这些年，私人部门成长很快，而公共能力、公共部门的成长却没有跟上，最后造成的结果是公、私两个部门不平衡，私人部门一路高歌猛进，最后开始对公共权力体系、公共监管体系和公共能力体系进行围猎和干扰。就国家治理的合理模式而言，应该是市场和政府两个作用、两种职能、两种优势相互合作、相互弥补。

当年苏东剧变之后，美国日裔学者佛朗西斯·福山凭借《历史的终结及最后之人》一书获得盛名，最近他自己公开撰文认为当年“历史终结”的判断是错误的。资本主义没有在全世界取得完全胜利，是因为资本主义只有自由市场经济的私人部门能力发达，而资本主义的

① 《习近平谈治国理政》（第三卷），外文出版社 2020 年版，第 124 页。
② 《习近平谈治国理政》（第二卷），外文出版社 2017 年版，第 176 页。

公共体系、公共能力普遍较弱。对于社会的治理、国家的治理恰恰需要两方面力量的优势均衡，如果公共能力薄弱，或者说相对于私人部门的野蛮生长，公共能力成长性不足，必然造成国家治理中的现实问题。公共治理短缺、公共治理赤字可能导致社会发展长期受影响，社会稳定长期受影响，国家安全长期受影响。

1945 年，刘少奇在中国共产党第七次全国代表大会上作的关于党章的修正案的报告里讲，“我们党不只是有了自己的伟大的领袖，而且有了大批久经锻炼的、以毛泽东思想武装起来并围绕在毛泽东同志周围的中坚干部，他们在长期斗争中被证明是中华民族最优秀的人物，是我们民族的精华，是中国人民革命建国各方面的最上乘的干才。我们党和我们民族有了这样的伟大的领袖，又有了大批这样的干部，我们是不可战胜的，并将战胜民族的和人民的一切敌人”①。共产党形成了公共能力、公共力量的比较优势，相比较国民党就有了更大的国家公共生活塑造能力，就可以改变中国政治的主要走势，改变中华民族的历史进程，改变中国的未来发展。事实证明，从解放战争到建国大业，中华民族都发生了实实在在的巨大改变。公共力量、公共能力是宝贵的稀缺资源，不是随便一个政府或一个政党都能搞出一个具有明显优势的公共能力体系出来，很多政府在公共能力上都是短缺的，公共资源经常出现匮乏或缺失。

中国公、私两个部门发展到今天出现了明显的不平衡，一方面需要加强对私人部门的监管，另一方面需要加强公共部门的建设。公共部门的建设过程就是加强党的全面领导、加强全面从严治党的过程，也就是加强党的政治建设的过程。东西南北中，党政军民学，党是领导一切的，表明的就是党对公共事务的全面责任。党要对所有的领域、所有的行业、所有的部门履行领导监督和监管责任。就私人部门来说，

① 《建党以来重要文献选编（1921 ～ 1949）》（第二十二册），中央文献出版社 2011 年版，第 378 页。

国家着手反垄断，对阿里巴巴集团、美团、滴滴出行等涉及垄断行为的企业进行专项治理，这种私人部门的监管逻辑和公共部门的建设逻辑从根本上来说是一致的。

李克强总理说："中国是一个人口众多的发展中国家，我们人均年收入是3万元人民币，但是有6亿人每个月的收入也就1000元，1000元在一个中等城市可能租房都困难，现在又碰到疫情，疫情过后民生为要。"① 可见在疫情影响经济发展背景下，解决6亿人的民生问题，形势还是比较严峻，如果政府不采取有力措施，继续任由资本维持自由主义扩张和持续垄断，那么6亿多人的生存处境还要继续受到影响。这个时候，自下而上的私人部门、私人利益的竞争和国家自上而下的公共责任、公共职能之间就发生严重冲突，再往前走可能就是赤裸裸的资本主义，就是资本围猎权力、资本收买官员、资本操控政府，权力就会变成资本的附庸。一旦权力实现的是资本的利益和资本的目的，那么整个国家就要按照资本的逻辑，在结构上、利益上和方向上进行重大调整，就会走向真正的资本主义。

这时候不讲政治、不讲人民、不讲以人民为中心是不行的，不讲社会主义、不讲共产党的领导也是不行的。立案调查的神华宁煤集团老总王某，一个人受贿6000多万元。6000多万元这个数额不是最可怕的，最可怕的是这6000多万元形成的方式。北京一个环保企业常年作宁煤集团的生意，年净利润最多时候有十几亿，这是典型的赚国有资产的钱。国有企业的利益输送换来的是王某本人的66万股原始股，股份登记在他小舅子名下，在企业前30大股东里面。自从送了他股票，到股票的实际套现，中间大概有五六年时间，这段时间他一直和这家企业利益捆绑，这个企业连续五六年每年盈利都好几亿，盈利最多的年份净利润有十几亿。如果说我们的经济结构、社会结构都形

① 2020年05月28日李克强总理在十三届全国人大三次会议闭幕会后的记者会上答记者问，http://www.gov.cn/xinwen/2020-05/28/content_5515697.htm

成这种隐性利益交换关系，那么整个金融市场、资本市场、实体经济、虚拟经济和权力中间就会完全同构化、完全一体化。一旦这种政治经济一体化结构真正形成，那会是比传统的帝国主义垄断、寡头垄断还要可怕的垄断。过去的寡头垄断，它是市场垄断，现在的垄断如果形成，就是权力垄断加市场垄断，基本上完全压榨了老百姓的生存空间。

所以，在这个时候，中国共产党讲政治的内在社会需求、时代需求，内在自觉性和积极性就自然而然地爆发出来，不讲政治是不行的。不讲政治的话，亡党亡国，这是习近平总书记着重强调的。如果极少数人极大限度的成功意味着绝大多数人极大限度的失败，那么当失败的人口和群体增长超过了一定的度，整个国家结构就会发生性质改变，社会运行一定会陷入不安全、不稳定状态。

学习党史的原因，习近平总书记从党情、国情、世情三个方面来进行说明，清楚阐明学党史为什么是党中央作出的重大决策。之所以从这三个方面讲，因为学会从党的历史看问题是处理要不要社会主义、要不要坚持中国共产党的领导、要不要坚持党的立场观点方法等重大问题的关键所在。我们最大的危机不是处理不了这些问题，而是轻易放弃党的领导原则和党的核心理念来处理这些问题。政治问题在今天凸显出来，就是因为今天发展到我们要政治亮剑的时候了。

（二）深刻认识“政治三力”的内涵

在讲政治的过程中，势必要讲政治能力，习近平总书记多次谈政治能力建设，党的十九大报告提出八大本领，党的十九届四中全会在八大本领基础上又加了一个斗争本领，一共是九大本领。在九大本领基础上，在2020年秋季学期中央党校（国家行政学院）中青班开班式上的讲话中，习近平总书记又讲到七种能力建设，首要的能力就是政治能力。中国共产党的能力结构决定党的政治现实，我们的能力怎么样，就把现实领导成什么样。加强政治能力建设，是提高现实政治品质，提高现实发展质量，提高现实规范性与合理性的有效手段和办法。加强政治能力建设，就要在政治活动中提高政治判断力、政治领悟力、政治执行力。讲政治能力建设不是“眉毛胡子一把抓”，而是有重点、有主次的。

在讲政治、讲政治能力、讲“政治三力”过程中，政治建设就会越来越清楚，越来越具体，越来越聚焦，自然集中到“政治三力”上来，这是社会实践和党的政治能动性自觉发展的结果，是政治能力建设聚焦的必然结果。习近平总书记讲：“我们党要始终做到不忘初心、牢记使命，把党和人民事业长长久久推进下去，必须增强政治意识，善于从政治上看问题，善于把握政治大局，不断提高政治判断力、政治领悟力、政治执行力。”[①]“政治三力”不是空穴来风，不是小问题，是从中国社会实践过程中来的，是从政治发展现实中来的，是从政治能力建设过程中来的。所有的政治都是有限政治，不可能一次解决所有现实问题。所以，现实政治必须要不断聚焦核心问题、关键问题，这就有了“政治三力”这个现实政治要求，有了以“政治三力”为主要内容的政治实践形态。

“政治三力”是讲政治的具体方案。习近平总书记在中央政治局会议上、中纪委全会上反复强调“政治三力”问题。我们党的政治能力是一个不断探索发展的过程，是一个不断推进政治精准、政治聚焦的过程。由最开始讲政治到讲“政治三力”，政治规范的准确性和有效性大大提高。讲“政治三力”的重要性不言而喻，凡是讲“政治三力”的时期，都是政治图谋发展的时期，凡是注重提高“政治三力”的干部都是政治上成熟的干部。我们过去讲政治相对比较宏观和抽象，更多侧重于理论政治和中央政策方面。到了今天，从宏观政治到政治能力建设，再到“政治三力”，讲政治的要求更加实在，更多触及现实中

---

① 《加强政治建设提高政治能力坚守人民情怀 不断提高政治判断力政治领悟力政治执行力》，《人民日报》，2020-12-26。

的关键问题，把最终落脚点都统一到讲政治的效益上来。从党的十八大到党的十九大，在讲政治方面，我们党也经历了一个在理论和政治能力上不断自我深化的过程。在实践和理论的反复磨合中，在历史逻辑、理论逻辑和现实逻辑的相互强化中，讲政治才能够越来越深入，才能够越来越有实效性。

讲政治的逻辑一定是真实的，讲政治的效果一定取决于聚焦的问题，本质上是考验个人的政治能力。所以，在今天讲政治时，必须具体到“政治三力”这个深度。可以说，在讲政治这个层面上，我们已经讲到关键问题，已经讲到关键部位。对党员领导干部来讲，政治是分层的，都是和具体工作环境紧密相关的，具体的政治关系、政治活动环境都是不可忽视的真实政治场景。

从讲政治的角度来说，讲政治越来越具体化，讲到政治能力建设，能力建设又聚焦到讲政治判断力、政治领悟力、政治执行力。讲政治要讲出效益，要解决问题，解决政治执行力和政治安全问题。一方面，大家对整个政治信号的解读要准确、精准；另一方面，在政治实践、政治现实当中，大家要把中央很多政治设计和考量在政治实践中实现，要执行下去。有令不行、有禁不止、阳奉阴违、做两面人都是极其危险的。

“政治三力”的提出，标志着我们党讲政治的能力结构、实践结构、理论结构已经深化到一个相当高的阶段。政治判断力、政治领悟力、政治执行力对一个党员领导干部来讲，三者缺一不可，不可相互替代。

1. 政治判断力

政治判断力包含着一个党员干部对自己的判断、对环境的判断、对立场的判断，但凡是和政治层面能够发生关系的所有要素，都应该纳入这个判断体系里来。打个比方，一个人的判断能力差，相当于他的中央处理器（CPU）的系统处理能力比较弱，因此作出判断的质量就不会高；或者他重视程度不够，判断结论出现偏差，等等，一定是要受到教训的，最终需要为他的判断失误买单。在判断的问题上，是考验政治功夫、政治能力的。很多时候，人们的政治收益、政治结果取决于人们的政治判断，而政治判断很多时候又带有极强的情境性，因为当整个过程都没有全面展开的时候，很多东西带有极大的不确定性。

历史上涉及重大判断的案例很多。当年毛泽东提出北上，张国焘主张南下，毛泽东的北上抗日提议表现出了政治家的眼光，张国焘的南下策略只是军阀生存的格局，这时候政治家和军阀的区别就出来了。毛泽东北上抗日的战略能不能成功，有没有一些成功的刚性基础、硬性条件支撑？当然是有条件的。如果没有张学良这样的政治变量，毛泽东北上抗日就不具备条件，北上抗日的政治路线就难以执行。当时中国共产党东征、西征已经开始了，刘志丹开辟的陕北根据地已经不能长久地支撑中国共产党的生存。黄河东西两边都是阎锡山和冯玉祥的部队，南北两头是张学良的军事力量，国民党东北军要把中国共产党围起来，共产党当时的政治生存空间很狭窄。但周恩来等人从张学良这里撕开了一个口子。从时间顺序上讲，毛泽东所讲的北上抗日战略是1935年7月提出来的，张学良的西安事变是1936年12月12日发生的。毛泽东在1935年7月的时候不可能知道张学良在1936年12月会发动西安事变。张学良发动西安事变之所以能给共产党留下了很大的政治生存空间，关键在于北上抗日战略，中国共产党因此得以发展壮大了自己。从这个角度来讲，毛泽东的政治判断力和张国焘的区别在于，一开始的毛泽东讲北上抗日，这是政治家的战略眼光，张国焘讲打到成都去吃大米的判断明显缺乏政治高度。所以，共产党的领袖和共产党的干部在政治问题上的判断力差距就明显表现出来。这里面每一步都包含着我们党对政治形势、政治环境和政治趋势的判断。从历史上看，政治判断力是所有政治人物和政治集团生存的主要能力。

对一个党员干部来讲，在今天的环境下要把政治生存、社会生存和家庭生存都兼顾好是件不容易的事情，这里面是考验判断力的。我们在工作中，要瞪大眼睛，在组织形势、政治情形的辨别上，要保持头脑清醒，不是说领导交代的事情，无论对或不对，我们“眉毛胡子一把抓”都给干了。这样干领导会很高兴，但作为一个党员干部不问是非就是对不起党了，一定要时刻牢记党章党纪党规，领导交代的对的事情、合规的事情要照办，要体现出职业素养和岗位职责。但如果领导的做法是错误的，不符合党章党规党纪要求，就要多想一步，就要在原则和现实中间做判断，把自己撇清，把原则守好。如果跟着不讲党性，一条道往前走，可能就把自己带沟里去了。

比如，中央三令五申的很多事情，在地方和单位里面，用地方政治、单位政治、部门政治把中央政治给代替了，当时是把内部关系摆平了，但外部还是搞不清，巡视组一来，一查便清清楚楚，含糊不过去。所以党员干部要“眼观六路、耳听八方”，把方方面面都考虑进去。

讲政治基本的标准是以党的标准、人民的标准为标准，这是一个基本价值判断。在基本价值判断的前提下，个人讲的政治就是自我的政治生存，怎样能够让自己的工作、事业健康的发展，就怎样去做。要把政治收益率和政治成本、政治风险三个方面做好平衡，不能光看有好处就往上扑，有的好处暗藏着陷阱，一定要多打几个问号，多问一问。在职业生涯的安全性、长期性和个人家庭的安全性面前，多个几十万元、几百万元的财富是没意义的，习近平总书记在指导河南省兰考县委常委班子专题民主生活会时曾形象地说：“那些大贪巨贪，最后不就当了一个财物保管员吗？就是过了个手，最后还要还财于民、还财于公。”[①] 中国共产党的体系是健全的，迟早都要问责、追究。现在，犯了错误，对个人即使倒查 20 年都要被追责问责，人去世了也要

① 中共中央纪律检查委员会、中共中央文献研究室编：《习近平关于党风廉政建设和反腐败斗争论述摘编》，中国方正出版社、中央文献出版社 2015 年版，第 147 页。

被追责。尽管外部的监督力量很强大，但唯一能够帮助你看管内心的只有自己，自己得绷着这根弦。整个社会是大家组成的，有人的地方就有斗争，人和人之间的关系是复杂的，对自己、对别人也要有充分的估计，这是一个成熟的领导干部应该具备的政治判断力。

2. 政治领悟力

政治领悟力的问题是一个比较高的要求。从政治领域来讲，对政治信号的判断要精准，不能对很多事情形成模模糊糊的认识。如果只是说得好，干得不好；或者是干得好，说得不好，那都不行。比如现在强调得很清楚，党的十八大以来不收敛不收手、群众反响强烈、举报线索比较集中、在重要岗位上、还有可能继续被提拔的干部都是反腐败重点查处的对象。这个时候我们头脑就要清醒，党的十八大以后不收敛、不收手，不知轻重，那是在为自己挖坑。

党组织派你到地方去工作，没有让你去得罪群众，也没有让你去得罪同志，肯定还是希望你能处理好关系。政治是个公共产品，不能把私人部分带到公共操作。在我们的政治范畴，公共的和私人的领域一定要分开，在利益上、立场上、方法上一定要分开。在工作中不能用私人手段去处理公共问题，半夜拎着东西、拿着信封到领导家去，这叫工作关系的私人化处理，时间上是私人时间，处理手段是非组织手段。这些做法在公共层面上没有公共信用，没有公共合法性，没有公共效能。政治领悟力一定要把公私边界搞清楚，把公私两种方式、两种手段、两种办法搞清楚，不能混淆在一起，该怎么办就怎么办、该怎么说就怎么说。每个党员干部要说应该说的话，办应该办的事情，不能受个人心理活动、个人情感的主观影响。

现在强调“四个必须”，对提拔使用的主要领导干部，个人档案必须核查，个人申报事项必须进行核查，纪律监察廉政意见必须出具，群众举报必须核实，就是要把受影响变腐败的干部全部拦截，不允许进入新时代的政治迭代，优化政治资产体系。对干部队伍中清白的、有政治抱负、有政治前途、有政治能力的人委以重任，实现干部队伍的出清和新陈代谢。这样，让优秀干部人才的新资产对原有腐败政治力量进行置换。所以，从当领导的角度讲，这个政治信号的领悟解读一定要清醒。

以党的十九届五中全会为标志，开始加快构建以国内大循环为主体、国内国际双循环相互促进的新发展格局，依托财政手段，在存量经济领域进行重大分配体制改革，意味着中国经济盲目追求GDP增长的时代结束了。从企业经营的角度讲，这时候再加杠杆就会搞得自己很被动。比如，某省机场董事长讲过一个经历，党的十八大之后他们大规模扩建航站楼，现在企业有几十亿负债，财务成本特别高，再加上新冠肺炎疫情影响，机场整体收入下降一半都不止，企业经营局面非常窘迫。可见，领导干部对整个经济的运行趋势要有一个宏观判断，这种政治领悟力对企业领导人来说至关重要。政治领悟力包括对本土、本单位政治环境和政治氛围的认识，对领导、单位和部门的情况要有清醒认识，要给自己设定一些基本原则，清楚什么事情可做、什么事情不能做。同时，要对个别领导的个别做法、风格、脾气保持警惕，对自己个人的言行要进行管控，什么场合可以参与、什么人可以交往，这些内容对党员干部的政治敏锐性要求很高，作为干部要有明确的政治意识。

在和基层社会打交道过程中，一旦我们的工作面对的是群众和社会时，对群体性的事件，对涉及群众利益的重大事项，一定要保持足够的政治敏锐性。对其中的关键环节、关键部位，党员干部一定要谨慎把控，认真处理。比如，在第一现场这种关键时候的队伍就要特别可靠，可靠的干部才能有可靠的工作，这是做好工作的重点和保障。在现阶段，政治领悟力里有一个核心领悟就是我们对政治的回报率要有一个准确的理解，不要有谋取暴利的想法。我们的心理和精神成长要抑制社会的不良现象影响，确保自己在精神上、心理上、生活上、工作上健康起来。这一方面是党性的要求，另一方面也是我们个人和家庭长期可持续发展的终极解决方案，时代的发展也要求我们每个党员干部必须走正道。所以，领导干部要有足够的政治敏锐性，足够的政治领悟力，中央和地方党委的政策要统一起来，做到同时负责，然后找准自己作为的政治空间。

3. 政治执行力

执行力用过去的话讲，就是差事办得怎么样。这个含义太丰富了。举个古代的例子，皇帝的意思要不要落实？当然要落实，一定要让皇帝有面子，让皇帝体面好看，为难皇帝就是为难自己。但是在办差过程中，光考虑皇帝这头不考虑老百姓那头也不行。明朝嘉靖时期，新安江发生水灾，淳安几个县在赈灾过程中，地方干部为了完成任务，把稻田改成桑田。用我们今天的话讲，是对农业耕地进行无限度侵占，工业用地侵占了农业用地。趁着发水灾，把老百姓手里稻田全都低价买过来，改种桑树，搞丝绸、搞出口创外汇。皇帝要求赚800多万两银子，你真去这么干了，你干了之后皇帝满意吗？让皇帝出面去讹老百姓，把皇帝置于何地。你瞅准时机把地买到手，但是皇帝的形象、道德、政治权威全都葬送掉了，皇帝怎么能满意？

在古代是这个道理，到了今天，道理还是一样的。我们讲执行力，对上负责，对下负责，把自下而上和自上而下结合起来，让几头满意，这叫执行力。不是说对一头负责，只唯上面论，下面死活我不管。你把下面得罪了就等于把上面得罪了，因为上面的目的是为了管好下面，就必须为下面着想，下面是目的，所以要走群众路线，对群众负责。不能以为群众无职无权没本事，把群众得罪了，就等于把上面得罪了，组织不可能牺牲群众。政治执行力不是单纯地听上面话的问题，要把上面的政策变成具体的、得体的、合理的、现实的实践方案。在政治行动中，不但不引发新问题、次生灾害、新冲突，而且有助于上面和下面的问题得到实际解决，这叫执行力。

领导交代的事情要不要办？要办。但是领导交代的事，在有条件办的情况下可以办，如果在没有条件的情况下怎么办？这也是考验个人水平的功课。怎样在有限的范围内采取一定程度的弥补和补救，这就是政治执行力的具体能力了。因为政治执行的场景都是不完备不充分的，政治执行的环境条件都是有局限的，不可能等所有条件都成熟了，万事俱备、只欠东风。在政治执行力中，创造性解决问题的能力、保证政治安全的能力都是需要的。要把领导的指示执行了，自己也不犯错误，这就是对个人的政治能力的考验。心中要有规范的认识和看法，做事要有边界和重心，守住关键环节、关键部位。政治执行力一方面是干成事，另一方面是不出事。如果说在做事的过程中，事情当时做成了，但是成本很高，尤其是安全成本、心理成本和精神成本，这个事情完全可以不做。所以，在执行力方面关键问题是分寸感，不能搞政治冒进，甚至没条件办理却强行满足领导要求。如果是这样，对组织、对单位、对能力就是过度透支，后面定会遭到反噬。已有的机会，我们要把它抓住利用好；没有机会，我们也要实事求是。在工作执行当中，在执行的事由、场合和环境上要有专业化水准，哪些属于政治范畴，哪些属于业务范畴，政治和业务两方面怎么统一平衡，这些问题都要考量清楚。

四、加强政治能力建设，切实提高“政治三力”

现阶段提出“政治三力”建设，需要从当前政治气候和政治发展需要去理解，实际包含着很多对当前工作、单位环境以及社会发展趋势的深刻判断。党的十八大以来，我们政治上调整的力度和幅度比较大，步子迈得比较快，从建设性的角度来讲，我们已经形成了一些确定性、建设性的认识，这几年的重大政治调整沉淀下来，就变成领导干部稳定工作的政治要求，不再是政治上处在一种高度不确定、不明朗的状态。从领导干部的角度来讲，这些认识中的一部分是组织给自己的，但相当一部分是自己给自己的。一个合格的领导干部必须要对今天的社会发展形势、政治走势有一个独立的基本认识和看法。

关于人生的智慧，时代和组织能够给的是一些外部性的东西，真正需要我们做得更多的是自身心理建设，是内在精神建设，包括能力建设。在当今时代怎样寻求个人的价值和认知之间的平衡，这是需要个人去实践的，组织不可能为个人提供标准化的答案。组织只有一般性关系的原则和要求，比如，党章、准则、条例，这些党纪党规都有一些规范性描述。但是，这种规范性描述要变成干部的行为、工作的具体过程，就像毛泽东当年把马克思主义基本原理与中国具体实际相结合一样，结合的过程只能每个人自己去完成。具体到见人见事，就是地方化和本地化的过程。政治有它一般性的面貌和要求，但是政治在实现机制上来讲，是具体的、实践的。所以，虽然党的原则具有普遍性、一致性，但是在具体地方化、部门化、单位化的实践当中，大家就表现出了差异性。这种差异具有政治上的含义，就像 KPI 变成政治绩效，有的人成功了，有的人失败了。

（一）深刻理解中国政治的整体走势

太阳底下无新鲜事，实际上很多事物的场合、环境、说法会发生变化，但其底层结构和逻辑没有变。中国社会基本的物质结构、社会结构、政治结构并没有因为“政治三力”的提出而发生重大变化。新中国成立 70 多年来，我们党领导人民创造了世所罕见的经济快速发展奇迹和社会长期稳定奇迹。社会长期稳定奇迹就是指社会基本结构是稳定的，没有大的折腾。在社会基本结构稳定的基础上，我们在思想上、心理上和政策上就必须要做出比较大的调整，以政治领域的调整来适应中国社会的发展变化。

有效把握和架构政治活动背后的底层逻辑，通过政治调节解决社会问题，既是党的一贯优势，也是当下党的政治发展的薄弱环节。中国共产党是政治正确的党，如果没有政治正确这一条，不可能做大、做强。所以，作为马克思主义政党，中国共产党最应该讲政治、最会讲政治，也是最讲政治的党。我们党在任何时候都是人民群众的利益代表，党始终和群众站在一起；任何时候只要掌握了群众，就掌握了政治上的优势和主动，这种成长路径塑造了党的政治优势。

中国共产党一路走来，一直都讲政治。习近平总书记提出，“我们党作为马克思主义政党，讲政治是突出的特点和优势”，“没有强有力的政治保证，党的团结统一就是一句空话”，“共产党不讲政治还叫共产党吗”，“谁都不能拿政治纪律和政治规矩当儿戏”。[①] 国民党不讲政治正确，共产党讲政治正确，结果当时力量小但政治正确的共产党把力量强大但政治不正确的国民党战胜了。党员干部必须时刻绷紧政治之弦，校准政治之标，时刻把讲政治摆在首位。党的十八大以来，我们党在讲政治这个问题上下的功夫很多，提出了很多新的概念，推进了讲政治的进程，部署了一系列讲政治的行动。从提出“三严三实”、讲政治纪律和政治规矩、“四个意识”、“四个自信”、“两个维护”，到后来讲政治生活、政治生态、政治文化、政治意识、政治能力、党内政治生活准则、廉洁自律准则、政治建设的意见，等等，都显示了我们党在政治建设领域的进展和思考，这种政治逻辑基本上覆盖了党的十八大以来党的全部政治过程。讲政治这条主线一直紧紧地绷着，因为讲政治既是无产阶级政党、马克思主义政党的优势，也是今天破解中国问题的一个关键，这是由社会发展的阶段和环境所决定的。

今天为什么讲政治？改革开放 40 多年，我们党创造了两个奇迹，经济快速发展奇迹，社会长期稳定奇迹。但现阶段社会、经济的成长更多的是一种私人部门的成长。有数据显示，截至 2018 年，国有经济在整个经济中的占比总体偏低，60% 以上 GDP 都是民营经济贡献的。广东、浙江、江苏的这种情况更为突出，广东和浙江的非公经济

① 习近平:《在党的十八届六中全会第二次全体会议上的讲话》,《求是》2017 年第 1 期。

占比更高，国有经济比重很小。这就带来一个问题，这些年的经济发展，更多以私人部门的发展为主要的实现手段，私人部门这种高歌猛进的发展好不好？当然好，他们贡献税收、创造收入、增加就业。但问题在于，非公经济规模扩张，力量越来越庞大时，就需要管理能力和力量同步做强做大。

现代企业制度是一种实现增长实现发展的有效市场机制，但需要平衡增长繁荣和党的领导，这种逻辑不仅支持了我们对待国有企业的态度，实际上也反映了我们党在国家治理中的现实结构和需要。

从本质上讲，在整个国家治理中，靠的是公共部门和私人部门的通力合作，靠的是两个部门、两种能力的共同参与，如果说一头大一头小，两手抓却一手硬一手软，肯定不能取得好的效果。真正有效的治理是公共部门和私人部门两个部门、两种职能、两种力量共同增长，才能够保证国家治理的健全有效。在过去改革开放40多年里，整个中国社会实体结构的成长是不平衡、不均衡的，实际上是公共部门的公共能力成长不足，市场和社会的私人部门迅速增长，两种力量不平衡、不对等。这带来的后果就是我们今天看到的不少干部腐败。因为他们有财务腐败的环境和条件，而且贪污腐败的诱惑已经为其提供了占有绝对优势的前景。一方面惩治腐败使这些人想收手，另一方面市场和社会力量诱惑他们伸手。在这场“拉力赛”中，很多干部的立场逐渐被市场和社会扭曲。我们党的体制有政治优势，但私人部门的经济优势、社会优势也很明显，很多干部的腐败本质上就是他们所代表的政治优势被市场优势和社会优势打败了，这是一种深层次的危险影响。

在这个问题上如果没有彻底有效的解决方案，随着经济的发展，尤其是私人部门的经济继续发展，随着私人资本的比重增加，投射在政治上，政治性质和政治结构就会出现实质性的变化，出现我们所讲的资本主义政治经济。这时候，领导干部就会变成资本利益的代言人，谁有钱就替谁说话，谁有钱就替谁办事，谁有钱就对谁进行利益照顾。

如果这成为现实，就意味着中国共产党政治被市场和社会打败了，意味着社会主义和中国共产党的全面失败。所以说，这种威胁是巨大的、赤裸裸的，对我们党的影响是致命的。

私人部门和公共部门两种力量、两种能力成长的不平衡，在今天已经严重影响到了我们党的政治安全、经济安全和社会安全。如果国家治理体系出现漏洞，那么庞大的市场和社会就可能失控，就会出现僭越政治的风险。中央对陕西秦岭违建别墅问题三令五申，相关部门就是不落实，虚报整改数目，后来这件事被拍成中纪委教育干部的一个专题片，给我们很大的警示。如果我们党整个政治体系，有好处的时候都去捞一把，没好处的时候全都轻轻放过去，省、市、区主要领导干部不作为，反而让一个巡视员去落实，如果政治忠诚、执行和担当是这种情况，国家人财物的监管、管理和分配就一定会发生扭曲变形，后果就非常严重。这就是我们今天讲政治最真实最现实的背景。

如果不讲政治、不讲现实的担当作为，按照市场的、资本的利益来作为，我们党相当一部分官员就可能出现跟当年苏联官员一样的行为，让自己手中的权力和资本结盟，出现政治、经济通吃的寡头垄断，这些垄断会同时操控政治和经济资源。这样，中国的老百姓肯定是最大的受害者。

现在全国人均 GDP 超过 1.2 万美元，总量上平均有了很大提高，但是区域和群体收入差异过大，发展不平衡不充分的矛盾已经日渐凸显，这说明经济的、利益的结构分化已经相当明显，如果中央不校正这样的经济结构和态势的话，整个社会将两极分化，将来要出大问题。所以，现在必须倾国家之力反垄断，对这些寡头企业进行遏制。

今天的讲政治也涉及用真金白银解决问题，和我们的经济结构、社会结构、利益结构有着千丝万缕的深刻关系。今天的西藏财政收入绝大部分都是来自中央财政转移支付，今天的新疆建设也主要是靠中央财政转移支付，治藏、治疆从财务成本上来讲很高。因为国家的区域发展不平衡，所以党的领导、党总揽全局协调各方的宏观调控在国家治理中就扮演了非常重要的角色。

传统的社会主义之所以取得优势，一部分是社会主义结构上比较平衡，它既有强大的政府能力，又有强大的市场能力。资本主义有效率，但资本主义的公平机制不行，资本主义私人部门发达但公共能力不行。

美国作为世界上最发达的国家，在新冠肺炎疫情中是全世界死亡人口最多的。为什么美国这样一个具有发达市场体系、经济体系和医疗体系的国家会死这么多人？这充分说明美国的公共行动能力、政府能力跟不上。中国在这次抗击新冠肺炎疫情中为什么应对得这么成功？因为拥有强大的公共能力、政府能力来解决和对冲社会的系统性风险。

所以说，我们党今天讲政治，就要把公共部门和私人部门的力量协调起来，两种力量都要做大做强，保持两方面的优势，让私人部门去解决繁荣增长的问题，让公共部门去解决公平正义的问题。这是中国政治体系、经济体系里面应该包含的政治逻辑，而不是单一的繁荣增长。单一的繁荣增长，如果没有结构性的调整，最后带来的是两极分化，是经济对政治、市场的全方位占位，大批官员会被“围猎”。

讲政治讲到最后，核心问题就是要回到干部队伍，回到干部的作为上。这才有了现在开始着手在商业领域、社会领域的一系列重大行动。处罚阿里巴巴集团、美团，包括将来对其他一些垄断行业进行重大调节，都非常清晰地向我们传达一个信号，即中国社会已经进入一个存量博弈的阶段，那种增量式的发展阶段已经过去了。

存量博弈阶段，货币政策、货币杠杆逐渐淡化了，主要动用的是财政杠杆、财政政策，解决存量内部的一些关键问题。

第一，要解决老百姓的吃穿住行和民生领域相关的生活成本问题。要把消费品变得特别便宜。为什么？因为当经济的增长不像以前那样快时，只有把老百姓的生活成本降下来，老百姓的生活才能够得到改善，要么增加收入，要么降低成本。存量阶段更多是通过降成本的办法。比如药品、电力这些关系民生的行业一定是进入微利时代。整个经济增长的周期决定了经济发展的方向，在存量博弈阶段，强调以现有的蛋糕分配为主，在分配领域把和民生相关的重要行业成本降下来。

第二，抓大放小。抓核心资产，抓硬资产，抓先进的有高科技含量的资产。我们党要抓住头部的企业、头部的核心资产，这些关键的优势企业是经济发展的核心竞争力，也是存量发展阶段的必然战略选择。增量年代的政治和存量年代的政治也是不一样的，增量年代的政治往往鼓励突破，“撑死胆大的、饿死胆小的”，但凡有开拓创新精神的干部都容易政绩突出，但是在存量博弈年代看的是谁能够兼顾各个方面，比较好地保持总体平衡。在存量分配的领域，谁的手段温和一点，能够处理好各方面的意见冲突，谁的政绩和政治把握就会比较好。同样是讲政治，不同年代讲政治的方向取向都是不一样的。

不同年代有不同年代的政治主题，领导干部不能一招鲜走到底。形势、环境变了，领导干部的说法、做法也要跟着做出改变。我们党的政治已经进入到一个关键阶段和地带，是真正和分配相关的政治，可以说是“此消彼长”的政治，大家对利益分配都会盯得严严实实，所以这个时候对政治能力的考验是巨大的。

青年干部的七种能力建设，优先讲的就是政治能力，现在讲政治能力建设，是因为现在干事的环境、条件、氛围变了，干事的法律门槛、道德门槛、制度门槛都很高，稍不注意平衡，某一个方面就会出现问题，不仅事儿办不好，把老百姓也得罪了。

现在的政治体系之所以敏感性强，就是在存量为主的发展阶段，僧多粥少是常态，资源竞争性加强，就需要提高竞争力。竞争力提高的结果是整个系统的整体压力加大，竞争风险增多。所以习近平总书记反复强调政治能力，要求党员领导干部提升把握方向、把握大势、把握全局的能力，要求做到明辨政治是非，保持政治定力，驾驭政治局面，防范政治风险等。

现在政治风险多，是因为市场社会力量增长和整个政治体系的公共力量之间进行存量博弈，资源紧张、环境偏紧，竞争压力加大，所以解决起来回旋余地小、难度大，不是一般策略能解决的。我们党在强调政治能力建设的同时，需要不断把题目往深往实里做。习近平总书记多次强调，必须增强政治意识，善于从政治上看问题，善于把握政治大局，不断提高政治判断力、政治领悟力、政治执行力，切实提高党员领导干部的“政治三力”。

（二）提高“政治三力”，实现组织和个人共赢

“政治三力”中的三个方面构成了这个时代讲政治的核心问题，也是党员领导干部的政治能力建设问题。政治能力建设到什么水平，讲政治就到什么水平。在党员领导干部的政治能力结构中，核心就是这三个方面的能力。如果能够在政治判断力、政治领悟力、政治执行力上，把中央、地方两头兼顾好，搞好平衡，能够让大家相互满意，就是优秀的干部、厉害的干部。作为党员领导干部，要在这几个方面有点心得、有点思考、有点体会。当官能挣多少钱？挣不了几个钱。但通过这个平台，对人性、社会、政治规律、中国的政治现实进行深度思考和关照，能够做到政治正确，把个人融入时代，为时代发展助力，这就是一个干部的价值感。这是在实践中，不管是从个人考虑，还是从组织考虑都应该有的一种状态，是一个共赢的方案。

从这个角度讲，个人要结合在工作中的实践和环境，包括工作中具体的人和事，使自己的心理建设和精神建设都还要下沉一步，对很多东西要有深刻的理解，要和自己的年岁、级别、职业相符。这样做的结果是干部个人在政治上正确，在社会上正确，在家庭上正确，实现几方面的共赢。这是当干部当得有名堂的表现，也是当干部当得有收获的表现。如果说只是为挣点钱，心里和大脑都空空如也，一点积

淀都没有，那也是对不住自己。我们要有德性、有智慧，德性和智慧是最根本、最宝贵的东西。

以“政治三力”为代表的党员领导干部的能力建设，实际上就是现代干部的精神风貌建设，是现代干部的工作面貌建设。干部面貌要跟随着时代发展，和时代同步，让个人的成长和时代、社会吻合。老百姓能够接受，同事能够接受，上级能够接受，家庭能够接受，这就是一个成功的人，是干部存在的意义，也是一个干部价值的最大化。这里最忌讳的是偏激、偏颇、偏狭，只顾一头不顾其他，让以自己为枢纽的关系出现失衡，这是不对的。如果做的事对自己好，最后结果一定是在几个关系里形成一个和解方案，与自己和解，与社会和解，与党组织和解，与家庭和解。我们要把这种政治学习上升到人生哲学的高度，获得一种积极有力的观念与心理能力，让我们在社会、工作、生活中处在优势主动的位置，这样做不是务虚，是务实，为解决我们的烦恼和自身问题，提供了一种方法和视角。

（三）全面提高领导干部的“政治三力”

一个党员领导干部的思想、认识和境界，最后会外化成他的行为，外化成政治安全和遭遇。在个人的内心世界里，心理结构训练得精密、灵敏和智慧，那么外部行为的准确性、安全性就会提高。如果个人内部结构很粗糙，很多该想到的要素没想到，该考虑的方面没考虑到，那迟早会在某一个外化行为和环节出问题。在今天，社会发展到这个阶段，要把安全放在第一位，在安全的前提下，在监督和法治的环境下规规矩矩地把事情做成，这就是本领。

在现有的制度条件下，能够在安全的前提下做出成绩和政绩，为个人的职业生涯、政治进步积累一点资本，就是对个人能力的一种最直接的考验。做工作也是为了政治进步，这就要求我们在政治纪律要求、社会基本是非判断，以及社会公共道德中间作好权衡。一些不能干的事情坚决不干，哪怕得罪领导也不能得罪制度，不安全的事情坚决不干，个人的政治安全在很多情况下是第一位要考虑的事情。只有个人安全、部门安全，其他的一切才能去做，如果说安全这一票失去了，其他做得再多都没用。在现实当中，该担当的就担当，该坚持的就得坚持，该得罪的人就得罪，该唱黑脸的时候就唱黑脸。这是为了在几个方面中寻求一个最大公约数，千万不能当和事佬，或者说轻易拿原则做交易。

从政治判断力、政治领悟力和政治执行力三力的逻辑分析来讲，首要的是政治判断力，个人的认识、见识和视野决定了个人其他的一切活动实践。认识越到位、越精准，后边的措施跟进、行为跟进就会越及时，所以政治判断力是第一位的。政治判断力要参照党规国法，以及中央和地方党委的部署安排、组织的具体要求，要综合考虑各个方面。

个人在宏观、中观和微观的判断基础上，一定要把口头表达和实际情况区分开，领导说的意思和最后的结果在很多时候未必一致。比如，有时候领导可能碍于场合身份、碍于面子等考虑，未能将一些现场和专项工作上的要求清楚明确地传达出来，具体执行的人就得考虑清楚，弄明白哪些能做，哪些不能做。包括在单位工作中，个人执行时一定要有层次感和轻重感，哪些环节是需要亲力亲为的，哪些环节是可以交给其他人的，要把工作业务吃透，得把共事的这些人了解清楚，事情交给谁放心，交给谁不放心，心里要有一本账。

在执行环节，首先是执行安全的问题。在执行安全前提下，再来考虑变现率的问题。执行安全既包含权力安全，又包含业务安全、社会安全、政治安全、组织安全和人员安全。一些行业对安全的要求更高一些，这就要在安全意识的前提下，在不违规不违纪、政策允许、条件支持的情况下，能执行就执行，能变现就变现，尽可能地让执行效益最大化，创造和贡献自身的一些独特价值。从这个角度来讲，这种变现是个人、法律、国家、大局的一个共赢方案。领导干部在真实的生活环境里应该做这样的有心人，这样就没有人能够代替。

只有在领导岗位上待的时间长了，才能够感知和把握中间的轻重深浅。一定要学做有心人，这样的话，在家庭、单位、“庙堂”、社会几个方面才能够游刃有余。一个人的生存空间拓展是在几方面不同定位情况下的选择，不是能完全自主的。想怎么干就怎么干，在现实中是不可能的。倘若一个人连老婆孩子这一关都过不了，就别说过单位关、组织关了。如果说个人完全放弃不作为了，那也不行。因为，如果这样，在这个时代，这个社会，个人的存在感、价值感从何而来？何以安身立命，心安在何处？

所以，我们要尽可能地实现身心的统一，如果长期在这两方面背离的话，对个人的健康和工作都是不利的。个人要尽可能在这里实现和解，和组织、和时代、和社会、和自己和解，不要为难自己，也不要为难领导，更不要为难组织。很多事情要在理想和现实之间寻求一个多方共赢方案。这样的领导干部才有特点、有分量，领导就是在创造性、积极性、主动性的作为中彰显智慧和能力，彰显主体作用。

从这个角度来看，领导就是服务、就是管理。靠什么管？就靠个人的优势，就靠比别人用心多一点，就靠比别人做得更精准、更到位一点，靠这种优势去体现自身的领导价值。

工作层面上把务虚的和务实的两部分结合起来，虚实结合就是自己的世界，我们建立这两方面的优势，建立我们虚的优势和实的优势，把软实力和硬实力两个方面结合起来，就是一个合格的领导干部应该具备的能力基础和政治素质。

第八章　加强本领建设，提高专业化水平

2020年10月10日，习近平总书记在中共中央党校（国家行政学院）中青年干部培训班开班式上发表重要讲话，他强调“提高解决实际问题能力是应对当前复杂形势、完成艰巨任务的迫切需要，也是年轻干部成长的必然要求。面对复杂形势和艰巨任务，我们要在危机中育先机、于变局中开新局，干部特别是年轻干部要提高政治能力、调查研究能力、科学决策能力、改革攻坚能力、应急处突能力、群众工作能力、抓落实能力，勇于直面问题，想干事、能干事、干成事，不断解决问题、破解难题”。[①]

一、国家治理变革中的干部能力

国家治理变革中的干部能力问题的核心是要回答为什么在今天提出领导干部本领建设的问题。党的十九大报告里谈的是提高执政的八大本领。党的十九届四中全会在八大本领基础上增加了提高斗争本领，至此党执政的九大本领要求就全面提出。从提高九大本领的执政要求

① 《年轻干部要提高解决实际问题能力 想干事能干事干成事》，《人民日报》2020年10月11日。

来看，其内在的政治逻辑也是从社会发展逻辑出发，及时适应中国经济社会发展的阶段特征和需要。

（一）政治语境中的九大本领

党的十九大报告在谈到八大本领时，习近平总书记讲了一个总体性的观点，要全面增强执政本领。为什么要全面增强执政本领？领导14亿多人口的社会主义大国，我们党既要政治过硬，也要本领高强。这是从14亿多人的社会主义大国领导和执政现实需要出发得出的政治看法。到了什么样的发展阶段，就会有什么样的执政对象、执政环境和执政要求，就需要改变和调整党的执政能力和执政方式，以满足和回应社会发展内在需要。在社会发展进程当中，社会发展的事业结构、行为结构都在变化，那么和社会发展结构相适应的党的领导和执政结构也要作出同步调整，这是党与社会保持良性互动的重要基础。

学习本领、政治领导本领、改革创新本领、科学发展本领、依法执政本领、群众工作本领、狠抓落实本领、驾驭风险本领和斗争本领九个方面的概括，一方面是从客观需要上去总结的，另一方面是从党的政治供给能力上来思考的，究竟党员干部队伍建设在哪些环节还需要做工作、需要加强，从而提高干部队伍的整体能力。

干部队伍能力建设的重点工作、方向和领域不是大水漫灌，它包含着极强的时效性、针对性和实践性，是一个基于政治整体发展的相对概念。领导干部的时间、精力、能力各方面都是有限的，就党的事业发展的不同阶段而言，对领导干部的要求侧重点、需求点是不一样的。所以，我们在不同的历史时期，结合党的领导和执政，国家的形势、环境和任务，对领导干部进行匹配性、阶段性、针对性的能力建设规划和要求，以此应对党的干部本领恐慌、能力不足的组织弊端。

在党的十九大的政治逻辑基础上，党的十九届四中全会提出健全提高党的执政能力和领导水平制度，把党的执政本领建设问题进一步整合到推进国家治理体系和治理能力现代化的政治逻辑当中，并在党的十九大报告提出的八大本领基础上增加和突出了发扬斗争精神、增强斗争本领的新要求。从党中央的工作部署和党组织的发展要求来讲，对领导干部加强本领建设提出要求，并把九个方面的任务予以明确，从而完善了当前干部队伍建设的实践结构和工作要求，推动干部队伍建设工作迈上一个新的台阶。

（二）国家治理实践中的供需平衡

如果把领导干部的思想建设、意识形态建设看作软实力，那么本领建设就是硬实力的锻造，尤其是在领导和执政这样一个极具专业化的政治工作上，就更加需要能力结构的专业化和执政本领的优势化，不能让外行来干内行的工作。党的领导、执政现实需要及环境，给党的领导行为、能力结构和本领特征提出时代性的阶段要求和具体要求，这种要求所包含的政治任务应该成为我们今天工作的重点对象。尽管党的工作是相对的，但力求准确性和针对性也是毋庸置疑的。这种准确性、针对性体现的是社会发展和政治供给二者之间的一种动态平衡与对称。打个比方，社会需要的是“苹果”，政治供给结构体系就应该提供“苹果”。如果社会需要一个“苹果”，政治供给拉来一车“梨子”，看起来是大供给和大作为，但准确性、针对性、有效性不足，这种政治产品的供给可能就和社会的实际需要之间出现错位。所以，本领建设的核心问题，是政治供需关系的平衡能力问题。

1956 年，邓小平在党的八大上指出：“同资产阶级的政党相反，工人阶级的政党不是把人民群众当作自己的工具，而是自觉地认定自己是人民群众在特定的历史时期为完成特定的历史任务的一种工具。”[①] 既然是工具，就要适应主体的需要，主体需要工具 a，就把自己变成工具 a；主体需要工具 b，就把自己变成工具 b。这既是党的执政

① 《邓小平文选》（第一卷），人民出版社 1994 年版，第 217－218 页。

能力建设的范畴，也是党的执政意识科学化的范畴。政治总供给和社会总需求之间的平衡是历史的、动态的、实践的，不是铁板一块几十年不变的，随着时间、事业的发展，需求也处在动态发展的更替中。

目前，中国社会发展呈现积极向好的态势，这种积极向好的发展势头就是中华民族的伟大复兴。在中华民族伟大复兴所代表的繁荣增长过程中，经济社会发展的增量必然带来政治消耗的增长。这既是我们讲“两手抓两手都要硬”的政治指向，也是“三个文明一起抓”的政治指向，同样是“四个全面”“五位一体”等政治要求的共同指向。“两手抓两手都要硬”、“三个文明一起抓”、“四个全面”战略布局、“五位一体”总体布局都是在强调发展平衡，都是在优化经济文明、社会文明和政治文明之间的关系以及寻求相互之间最大限度的一致。从现实来看，增长很重要，但平衡更关键，“不患寡而患不均，不患贫而患不安”。不能是大经济大市场大社会配套小政治小政府小政党，大和小中间不匹配，就不能对市场和社会进行有效的领导和管理。

在实现中华民族伟大复兴的进程中，党在政治上作了结构性的分析，把它概括为“四个伟大”，“四个伟大”的底层政治逻辑实际上是讲四个方面的力量平衡。伟大斗争代表的是一种发展过程和发展方式；伟大工程代表的是一种政治支持和组织保障；伟大事业代表的是一种发展结构和发展载体；伟大梦想代表的是一种发展意愿和发展目标。前面的摊子铺得很大，目标定得很积极，相应的手段也要同步加强，也就是强目标、强手段。目标和手段二者之间要匹配，不能是大目标小手段，这样是落实不了的。所以，按照社会发展、历史发展的内在逻辑，必然要求我们加强政治本领建设。

在政治本领建设加强的过程当中，政治能力建设是至关重要的一个方面，没有政治能力的供给，没有政治效能的提升，面对大的局面我们是无法驾驭的。习近平总书记讲“中国特色社会主义进入新时代，我国社会主要矛盾已经转化为人民日益增长的美好生活需要和不平衡不充分的发展之间的矛盾”①。不平衡不充分的发展问题变成我们今天的主要矛盾。这种不平衡不充分发展的主要矛盾实际上就是指发展地域的不平衡、人口的不平衡和其他各领域的不平衡。

各领域的不平衡表现为政治领域、经济领域、社会领域、精神文明建设领域、生态文明领域、国防建设领域、党的建设领域等方面的不平衡。这种不平衡必然会出现整体合力不足的现象，所以今天要着重解决不平衡不充分的发展问题。

改革开放40多年，中国社会发展的最大成就有两个，一个是经济奇迹，一个是社会奇迹。经济和社会发展奇迹让更多私人部门力量成长，和这种私人部门力量成长相伴随的是公共部门、公共能力成长略显不足。所以，在今天这个阶段加强政治本领建设，加强政治能力建设，加强执政本领建设，实际上是缓解当前公共部门和私人部门之间力量不平衡不匹配的问题所采取的主要措施和办法。

中国共产党表现出的精神风貌和能力结构，不是由共产党自己说了算的，而是由时代来定义的，是由中国特色社会主义事业来定义的。中国特色社会主义事业发展到哪一阶段，党的建设就要跟进到哪一阶段，党的本领建设、能力建设就要跟进到相应的阶段，不能让一个发达的社会现实匹配一个落后的政治体系，要遵循党的建设规律。

党的十九大把新时代的积极变化概括为五个方面：是伟大胜利的时代；是现代化强国的时代；是共同富裕的时代；是伟大复兴中国梦的时代；是走近世界舞台中央的时代。这五个方面的概括表达了我们党今天的发展成就，今天的这个时代是一个进步上升的时代，对应的党的建设、领导干部的能力建设，都要和这个发展进步的时代相匹配，也就是德位相配的问题。德不配位，必有灾殃。无论是个人、组织还是国家，一旦出现能力“赤字”，就必然会出现治理“赤字”和管理“赤字”。治理“赤字”和管理“赤字”的长期积累，必然会带来系统

① 《习近平谈治国理政》（第三卷），外文出版社2020年版，第9页。

性的失败。所以，能力建设、本领建设的问题就变成了政治生活里面的一个主要问题。

从这个角度来讲，治理现实和治理策略选择、治理需要之间，也是一个平衡的关系。从今天中国共产党治理方式转变的角度来讲，在内部治理和外部治理，在法治和人治，在善治和恶治，在治理和管理中间正在作重大调整和安排。在这种调整转变的过程当中，治理的供给增量化、治理方式科学化、治理效果最大化、治理成本最小化都是优化治理的一种现实需要，和这种治理的变迁、治理的优化相对应的核心问题就是治理能力问题。

（三）推进国家治理体系和治理能力现代化

党的十九届四中全会提出推进国家治理体系和治理能力现代化，治理能力问题因此上升为我国治理实践当中的一个突出问题。为什么要提升治理能力和治理体系现代化？习近平总书记讲了三个方面的原因。

1. 实现奋斗目标的需要

提升治理能力和治理体系现代化，是实现“两个一百年”奋斗目标的重大任务。2021 年这个时间点正处于两个百年奋斗目标的交汇期。第一个百年目标在 2021 年完成，第二个百年目标在 2021 年开启。从第一个百年目标向第二个百年目标奋进的过程中，更高目标的到来必然要求更好、更强的工作能力，其核心逻辑实际上是干部队伍建设、干部队伍能力建设的问题。习近平总书记说：“我们党要更好领导人民进行伟大斗争，建设伟大工程，推进伟大事业，实现伟大梦想，就必须加快推进国家治理体系和治理能力现代化，努力形成更加成熟、更加定型的中国特色社会主义制度。”[①] 推进国家治理体系和治理能力现代化和更好进行“四个伟大”一起提出来，这里的整体逻辑就是，更高

① 《习近平谈治国理政》（第三卷），外文出版社 2020 年版，第 111 页。

目标的工作需要，就要有更强能力的政治结构。所以国家治理体系和治理能力现代化的问题自然而然地就提出来了。

2. 推进改革开放的需要

加强国家治理体系和治理能力现代化建设，包括干部的能力建设、本领建设是把新时代改革开放推向前进的根本要求。改革开放40多年，是一个发展进步的立体过程，不是一个扁平化的躺平过程。走到今天，国家治理已经进入了一个比较高的历史阶段，政治上的需要和过去相比较，有了比较大的变化调整。习近平总书记在党的十九届四中全会上讲，“同时，也要看到，这些改革举措有的尚未完成，有的甚至需要相当长的时间去落实，我们已经啃下了不少硬骨头但还有许多硬骨头要啃，我们攻克了不少难关但还有许多难关要攻克，我们决不能停下脚步，决不能有松口气、歇歇脚的想法”[①]。习近平总书记在庆祝改革开放40周年大会上同样强调，“坚持方向不变、道路不偏、力度不减，推动新时代改革开放走得更稳、走得更远”[②]。这些论断无不清楚地表明，改革开放的发展进程不断推进，同时也不断对中国共产党提出新的要求，可以说党的领导能力和领导水平在和改革开放赛跑，改革开放越往前跑越进入“无人区”，党的领导能力建设、执政水平建设越要加强，越要跟得上改革开放的局面和进程。正是从这个角度，习近平总书记才说这是新时代改革开放推向前进的根本需要。

从现实的问题来讲，新时代改革开放的过程当中面临的问题是很多的。越往前走，解决问题的难度越会发生比较大的变化。比方说，经济领域比较典型的结构性的问题，要达到经济结构的优化，就要进行一场实在的经济革命，其背后就是利益调整。如果要对一些在利益上占据优势的行业和人群作出重大的调整，这些行业与人群可能就会从占有优势到不占优势，从占有利益到不占利益，他们当然不会愿意。

① 《习近平谈治国理政》（第三卷），外文出版社2020年版，第112页。

② 习近平：《在庆祝改革开放40周年大会上的讲话》，人民出版社2018年版，第37页。

这样，经济结构调整的阻力就很大。

过去煤化工项目大家都在搞，尤其是很多煤炭型的资源枯竭型城市在转型过程中，国务院三令五申要求转型过程中不要一窝蜂地上煤化工项目，但对很多地方政府来讲，上煤化工项目就地取材方便，门槛低，所以不自觉地就去扎堆上煤化工项目。结果项目上得太多，搞成产能过剩和重复建设，最后就演变成国家统一的经济宏观调控和地方经济利益、经济冲动之间的博弈。甚至有的地方认为煤化工项目在国家层面上过剩了，在地方层面上还有短缺，应该上。三大攻坚战“防范化解重大风险、精准脱贫、污染防治”，一方面要发展脱贫，另一方面要防治污染，也就是既想要经济发展又想要好环境，这本身就是一对矛盾。想解决脱贫问题，还要兼顾经济发展的效率，这本身也是公平和效率之间的矛盾。

在环保领域，环境保护和发展也是一对显著矛盾。搞开发是促进增长的一种有效办法，但是开发过程当中，必然就要以破坏牺牲环境为代价，所以就会出现发展和环境保护之间的紧张关系。今后，在环保问题上层层加码，包括在整个国家发展总体平衡方面，南方和北方怎么平衡，东部和西部怎么平衡，这些都是大问题。现在，全国经济增长潜力比较大的城市，大部分都集中在长江以南，长江以北城市的发展后劲和潜力明显不足。在这种情况下，京津冀一体化建设就是塑造北方的经济发展能力，带动北方的经济发展，这也是解决区域平衡的必然选择。雄安新区建设之所以上升为千年大计，就是服从服务于这种经济发展的内在逻辑，也是进一步扩大改革开放的需要。

3. 应对风险挑战的需要

提升治理能力和治理体系现代化是应对风险挑战，赢得主动的有力保证。现今，我国内政外交国防、治党治国治军、改革发展稳定等各方面任务之繁重前所未有，面临的风险挑战前所未有。这些风险挑战有的来自国内，有的来自国际，有的来自经济社会领域，甚至有的来自自然界。要揽下化解重大风险这个“瓷器活”，就要有能力和本领优势的“金刚钻”，也就是推进国家治理体系和治理能力现代化，其中，国家治理能力体系中干部能力建设、干部本领建设占了非常大的权重。从这个角度来讲，要想安全，要想主动，就得在能力上有增量和显著优势，否则这种安全和主动是出不来的。

以上三个方面的原因，既是我们推进国家治理体系和治理能力现代化建设的主要原因，也是加强干部能力建设、本领建设的主要逻辑，干部的能力建设、本领建设构成了国家治理能力建设结构中非常重要的组成部分。

中国的事情关键在党，党的事情关键在干部。干部是决定性的因素，干部的能力水平、精神风貌、建设状况直接决定着我们事业的发展水平。毛泽东讲，“政治路线确定之后，干部就是决定的因素”[①]。干部在整个国家的政治路线的实现里起着决定性的作用，国家有什么样的干部队伍，就有什么样的管理水平、治理水平和发展水平。所以干部队伍的建设水平决定着国家的发展水平，干部本领建设的状况决定着国家发展的状况。从这个角度讲，要加强干部队伍建设、干部本领建设。用干部本领建设的优势、能动性和自觉性去主动覆盖我们党治党治国治军各领域的不足，有意识地覆盖改革发展稳定领域的一系列的风险。没有干部能力结构的优化，没有干部能力总体的提升，就是能力配不上“野心”，这个“野心”就变成空想，变成幻想，所以领导干部个人能力要满足岗位角色的需要。

党的十八大以来，围绕领导干部的能力建设下了很大的功夫，从各个方面创造环境来解决这个问题。党的十九大以来，对新时期党的建设总要求又作了明显的优化和调整，为建设高素质专业化干部队伍创造了良好的政治基础。

---

① 《毛泽东选集》(第二卷)，人民出版社 1991 年版，第 526 页。

二、领导干部本领建设的基本内容

在新时期党的建设的总要求中，对党的建设的总体布局、目标及几个基本问题都作了全方位的梳理，让新时代的党的建设结构更加清晰、科学。其中，有一条和干部的本领建设、能力建设直接相关，那就是党的十九大第一次明确提出加强党的长期执政能力建设。

执政能力建设和长期执政能力建设差别很大，一个是短期能力的问题，一个是长期能力的问题；一个是短期执政的策略问题，一个是长期执政的战略问题。和长期执政能力建设相关的，必然是干部队伍建设和党的组织建设问题，在组织能力和干部能力上，我们要有所作为。

党的十九大提出"以加强党的长期执政能力建设、先进性和纯洁性建设为主线"①。本身是在强调两个最基本的问题，一个是能力合法性问题，另一个是道德合法性问题。也就是中国共产党首先要能干，其次要形象好。这种形象、本领要求是一个执政党必须具备的软硬实力两方面优势，也就是软实力和硬实力要同时兼备。能力合法性，解决的是硬实力的问题；道德合法性，也就是先进性、纯洁性对应的是政治伦理、政治道德的问题，是关乎软实力的问题。我们党要想长期执政，就要在组织硬实力和道德软实力两个方面具备相应条件。

所以，党的十九大在全面从严治党，加强党的全面领导的总体框架下，对新时代党的建设总体工作部署中专门围绕全党的本领建设问题，作了八个方面的具体要求。在党的十九大八个方面工作要求基础上，党的十九届四中全会又着重强调提高斗争本领，加强斗争能力建设。从十九大到十九届四中全会，中国共产党关于党的本领建设整体安排，就围绕这九个方面展开。

---

① 习近平：《决胜全面建成小康社会 夺取新时代中国特色社会主义伟大胜利——在中国共产党第十九次全国代表大会上的报告》，人民出版社 2017 年版，第 62 页。

（一）学习本领

中国共产党的成立与建设在中华民族历史上是第一次，是没有经验的，所以必须要学习。我们党现在就是进入“无人区”了。中国共产党应该怎么继续，过去2000多年的封建历史没有告诉我们，今天全靠我们自己在理论和实践中摸索。领导中国特色社会主义伟大事业的发展也是第一次。中国特色社会主义伟大事业是中国在改革开放过程中提出来的，过去在中国历史、世界历史上都没有过。第7次全国人口普查显示现在全国人口超过14亿，14亿多人口的社会主义现代化，这在人类历史上是第一次。在西强东弱的情况下，我们要搞中华民族的伟大复兴，这在中华民族历史上也是第一次。这么多的第一次表明，我们党面临的很多问题都是过去没有碰到过的。

面对新形势、新环境、新问题、新任务，我们只有通过学习提升自己。习近平总书记指出：“领导干部学习不学习不仅仅是自己的事情，本领大小也不仅仅是自己的事情，而是关乎党和国家事业发展的大事情。这也就是古人所说的‘学者非必为仕，而仕者必为学’。只有加强学习，才能增强工作的科学性、预见性、主动性，才能使领导和决策体现时代性、把握规律性、富于创造性，避免陷入少知而迷、不知而盲、无知而乱的困境，才能克服本领不足、本领恐慌、本领落后的问题。”[①] 可见，近代鸦片战争以来，在中华民族的历史进程中，驱动中华民族历史发展进步的最根本原因、最根本支撑，就是持续不断的学习能力。洋务运动是“师夷长技以制夷”，向西方学习科技；戊戌变法是学习西方的政治制度；辛亥革命是学习资产阶级的政治革命；五四新文化运动是学习西方的现代文化批判，这些都是学习的结果。马克思主义前前后后在中国经历了三个方向的发展，一个是日本的马克思主义，一个是苏联的马克思主义，一个是中国本土的马克思主义。在日本、苏联的马克思主义和中国本土的马克思主义竞争的过

① 《习近平谈治国理政》（第一卷），外文出版社2018年版，第404页。

程中，以毛泽东为代表的中国本土的马克思主义，带有中国脾气、中国特点的马克思主义最终胜出了。为什么？因为以王明为代表的苏联的马克思主义是教条主义，以李大钊、李达、陈望道为代表的日本的马克思主义是缺乏社会革命成功经验的马克思主义。只有毛泽东把马克思主义的基本原理和中国实际结合起来，形成了中国的马克思主义，真正解决了中国的问题，这是一个创造和学习的过程。在学习过程当中形成不同特点的马克思主义，给国家带来的影响和作用是不一样的。以毛泽东为代表的中国本土的马克思主义，才是真正的解决中国问题的马克思主义，既取得了政治上的成功，也取得了社会上和经济上的成功。

毛泽东在《论联合政府》中指出："向人民负责和向党的领导机关负责的一致性；这些就是我们的出发点。共产党人必须随时准备坚持真理，因为任何真理都是符合于人民利益的；共产党人必须随时准备修正错误，因为任何错误都是不符合于人民利益的。"①说到底这是一个真理和错误的关系问题，只有通过学习才能够明辨是非，才能够增强辨识能力，作出鉴别。

（二）政治领导本领

党的十九大报告提出，我们党要增强政治领导本领，坚持战略思维、创新思维、辩证思维、法治思维、底线思维，科学制定和坚决执行党的路线、方针、政策，把党总揽全局、协调各方落到实处。因而，党的干部要注重提高政治能力，牢固树立政治理想，正确把握政治方向，坚定政治立场，严格遵守政治纪律，加强政治历练，积累政治经验，自觉把讲政治贯穿党性锻炼全过程，使自己的政治能力与担任的领导职责相匹配。一个政治官员，其身份要和自身的条件、能力一致，身在高位，自身的修养修炼不够显然是不行的。

① 《毛泽东选集》（第三卷），人民出版社 1991 年版，第 1095 页。

1937 年，王明从苏联共产国际回国，在回国后第一次召开的中央政治局会议上就发生了重大政治变动，王明到了最核心的位置，毛泽东被边缘化。所以，毛泽东后来讲，这个时期他在政治上是很孤立的，他的命令是出不了窑洞的。从政治能力的角度看，毛泽东在党内军内的领导地位是历史形成的，是在中国革命的实践当中检验形成的。王明凭着共产国际背景并不能够把中国政治这种现实结构、现实状况改变。短时间内在组织上可以搞投机、搞机会主义，但中国社会发展的现实逻辑、实践逻辑是谁也改变不了的。所以，中国的革命需要毛泽东，这不是王明通过共产国际的组织手段和组织优势就能够把中国革命的实际需要、客观需要给否定掉的。从这个角度来讲，政治能力很重要，如果政治能力与地位不匹配，即便是坐在核心的位子上，也是坐不住的，不能堪以大用。

很多领导干部、很多“大老虎”在反腐败的过程当中让自己出丑。一个领导干部为什么不爱体面、不爱惜自己？说到底还是个人的政治觉悟不够，也就是个人的政治判断力、政治领悟力、政治执行力的问题。这也是个人的政治能力问题，个人在现实政治生活、政治生存当中没搞明白，没拿捏准确，也就是我们讲的政治能力不够。

（三）改革创新本领

在中国改革开放 40 多年的发展主线里面，改革开放获得了如此重要的历史地位，发挥了如此重大的历史作用，改革创新的本领应该是驱动中国发展的最核心动力之一。在工作中怎么样做到吃准情况、把准问题，做到改革的举措措施和所要解决的问题之间保持一致，这对领导干部的改革创新能力是一种巨大的考验。

尤其在互联网和信息化的时代，我们的工作方式、工作体制机制，包括工作理念都发生了比较大的变化。现在大家常常讲互联网思维，互联网思维是现代工作思维里面很重要的一个方面。如果没有改革创新的本领，如何把互联网中的虚拟和现实结合好？我们的体制机制、管理和这些虚拟技术之间怎样无缝衔接？这都是需要考量的。

比如，现在中国男足的发展环境和境外市场化运作基本上都一样，教练高工资、广告代言等都有了，但是足球水平还是上不去，为什么？很大程度上跟现阶段的体育体制和机制有关系。在今天这个时代，怎样通过改革创新来解决经济社会发展问题，这是一个现实的刚需问题，没有现成的答案。所以，需要不断地创新。

党的十九届四中全会谈到社会治理创新的时候，和过去相比较加了一条。过去讲的是“党委领导、政府负责、民主协商、社会协同、公众参与、法治保障”，这一次增加了“科技支撑”。社会治理是一个系统复杂的管理体系和运作体系，之所以增加“科技支撑”这种硬实力，就是因为假如现在没有摄像头、物联网、5G、新能源等解决方案和技术，很多社会治理的过程和手段是实现不了的。所以，科技支撑在整个社会治理当中扮演了重要角色。由过去的软治理变成现在的硬治理，这是整个社会治理的重大改革和创新变革。包括在社会治安的防控体系上，明确提出立体化、法治化、专业化、智能化，都是对整个社会治安体系的一种重大调整和改革。这种与时俱进的改变调整是和整个社会现实发展保持同步的结果。所以说，创新的能力也好，改革的能力也好，都是有效社会治理、有效开展工作的一个前提。

（四）科学发展本领

在党的十八大之前，党的十六大、十七大报告里谈的最多的就是科学发展问题，核心就是解决国家发展的速度、质量、结构和效益之间的平衡问题，解决可持续发展、包容性发展的问题。只有科学发展才是可持续的，真正能够做到以人为本。畸形的发展，造成的严重后果是内卷化或严重扭曲，一部分人的飞速发展甚至是以很大一部分人的不发展为代价的。这样的发展具有个体的局部意义，不具有社会意义和民族意义。从国家发展的角度来讲，我们追求的是整体、公平和有效率的发展。我们要兼顾公平和效率、公平和正义，既要保持繁荣增长的能力，也要保持公平公正的能力，所以，科学发展在今天显得至关重要。

我们在社会治理领域面临的很多问题，严格来讲都是社会治理的科学化的问题。比如，关于小区的规范管理的问题，整个小区管理技术、方案，管理硬件装备，现代的社区管理都要保持接轨。现在大数据、云计算、人工智能等技术都进入社区管理，现代社区和过去相比较，更加安全。人增多了，城市人口、社区居民增加了，但是社区的违法犯罪减少了，因为随着社会治理科学化水平提升，犯罪的成本很高，但成功的概率很低。

（五）依法执政本领

党的十九届四中全会强调依法治国，建设社会主义法治国家、法治政府、法治社会。如果说中国共产党作为执政党，作为领导核心，自身不懂法、不守法、不执法，那能指望谁来懂法守法执法呢？所以，党的十二大提出要在宪法和法律范围内活动，到了党的十九大的时候，明确提出“增强依法执政本领”，就是要善于通过完善加强制度、法律的办法来解决问题，要善于在制度和法律的框架里解决问题，不能动不动破格“开绿灯”，不能动不动特事特办。要增强社会治理的稳定性和安全性，不要觉得依法执政本领好像是一个无关紧要的问题，实际上很多领导干部出问题恰好在这一点上。

王立军就是典型，作为司法队伍的重要成员，知法懂法犯法，最后就受到法律的制裁。很多领导干部贪污腐败进入监狱，也是知法犯法。明明知道伸手就被抓，但还存在侥幸心理，直至身陷囹圄，这就是最简单的道理。所以，在领导干部心里，一定要在权力和法律中间做一个平衡，千万不要抱有侥幸心理。法律面前人人平等，党纪国法面前没有特殊人物，没有特殊组织，没有特权人物。大家都要遵守党的纪律。党的十八大以来，我们党在党纪领域作了重大的供给、调整与改革，出台的党内法规不论是体系的完善程度，还是总量增加、结构优化，都有了很大提升。正是通过这种全方位的改革，最后达到党内治理的有效改善。

（六）群众工作本领

今天的群众工作和过去相比，工作的环境、方式方法、内容和要求都变了。习近平总书记指出："各级党政机关和领导干部要学会通过网络走群众路线，经常上网看看，了解群众所思所愿，收集好想法好建议，积极回应网民关切、解疑释惑。"[①]要求网上走群众路线，这是时代发展的现实要求。线上线下两个空间的治理都包含着群众工作，线上的群众工作和线下的群众工作怎么结合？怎样让线上的群众工作更加规范化、制度化、有效化，能够和整个社会的数字化变革、网络化变革结合起来？尤其在流动人口大量增加的情况下，社会的流动性大大增加，做社会工作就需要在数字化、信息技术方面有充分的手段。此次新冠肺炎疫情的治理就是很好的体现，国家采用了大数据的手段和办法，在整个新冠肺炎疫情的防治过程中，中国做的是很成功的，新冠肺炎疫情防控有效的背后很重要的一个方面是有强大的技术支撑，充分把数字技术应用在社会治理领域，真正做到了精准治理和高效治理。

（七）狠抓落实本领

这是一个历史上的"老大难"问题。在中央和地方的关系中，相当一部分问题是来自执行力的问题。上面说得很好、想得很好、提得很好，但是下面做得不行。所以，中央和地方的矛盾中相当一部分是有令不行、有禁不止。为什么有令不行、有禁不止？一部分是不愿意

---

① 习近平：《在网络安全和信息化工作座谈会上的讲话》，人民出版社 2016 年版，第 7 页。

执行，一部分是不能够执行。不愿意是态度问题，不能够是能力问题。对一个党员领导干部来讲，对一个组织来讲，抓落实的本领是很关键的能力。习近平总书记强调增强狠抓落实本领，坚持说实话、谋实事、出实招、求实效，把雷厉风行和久久为功有机结合起来，勇于攻坚克难，以钉钉子精神做实做细做好各项工作。

在抓落实中，一方面中央要求做的必须做到，另一方面在落实的过程中，要讲求执行的质量、效果、成本。如果为了落实 2 毛钱的事儿，结果花了 4 毛钱的成本，从长期来看是盈亏不平衡的。狠抓落实的本领，很大程度上对各级组织和党员领导干部的工作能力是一个巨大的考验。办差事就要把差事办漂亮办好，办好的标准绝对不是教条主义，上面说东就是东，上面说西就是西，一点都不结合实际，不考虑具体的场合和条件。要把工作的原则性和灵活性结合起来，因地制宜，既要对上面负责，也要对下面负责，既不能搞教条主义，也不能搞官僚主义，更不能搞形式主义。比如，前两年猪肉很贵，这与整个行政管理的方式有关系。在行政管理的过程中，我们要在短时间之内迅速地做选择题，要环境好还是要吃猪肉，于是优先选择环境好，选环境好带来的结果是把很多小型的养殖场全部关了，关了之后猪肉的供给总量下降，所以价格就上升，供求关系就不平衡了。最后三部委联合发布通知，养猪用地新规的发布实际上就是为养猪进行适度的激励和松绑，在土地使用的条件上，和过去相比降低了。这说明我们在整个落实环保政策和民生政策方面的兼顾不够、平衡不够。

（八）驾驭风险本领

习近平总书记讲，“我们必须积极主动、未雨绸缪，见微知著、防微杜渐，下好先手棋，打好主动仗，做好应对任何形式的矛盾风险挑战的准备，做好经济上、政治上、文化上、社会上、外交上、军事上各种斗争的准备，层层负责、人人担当”[1]。今天，我们处于特定的历史阶段，面临世界百年未有之大变局、中华民族的伟大复兴，这些都是对传统世界平衡和中国平衡的一种巨大突破。那么，在旧的平衡被打破，新的平衡尚未建立起来的情况下，中间面临着巨大的风险空间。习近平总书记强调：“面对波谲云诡的国际形势、复杂敏感的周边环境、艰巨繁重的改革发展稳定任务，我们必须始终保持高度警惕，既要高度警惕‘黑天鹅’事件，也要防范‘灰犀牛’事件；既要有防范风险的先手，也要有应对和化解风险挑战的高招；既要打好防范和抵御风险的有准备之战，也要打好化险为夷、转危为机的战略主动战。”[2]这说明，中国特色社会主义伟大事业发展到今天，就到了风险和收益平衡的一个阶段。比如风险回报比的问题，愿意承受巨大的系统性风险，也意味着愿意接受意外的回报率和惊喜。但是，今天的中国有14亿多人口，2021年，我国GDP总量已经超过100万亿了。俗话说“船大不好调头”，这么大的船安全平稳驾驶比什么都重要。所以，这个阶段的措施、策略就不可太冒进，要把防范风险、维护安全作为重中之重。党的十九届五中全会上，《中华人民共和国国民经济和社会发展第十四个五年规划和二〇三五年远景目标纲要》明确提出统筹发展和安全，已经把安全放到和发展同等重要的位置，可见我国经济发展是有安全前提的发展，安全是发展过程中的安全，发展中的安全和安全中的发展，两者缺一不可。

（九）斗争本领

习近平总书记在党的十九届四中全会上提出增强斗争本领。“我们一些干部最缺的是实践经验，特别是缺少在重大斗争中经风雨、见世面的经历。不少干部工作很勤奋，对自己要求也严格，但一到大风大

① 习近平：《在省部级主要领导干部学习贯彻党的十八届五中全会精神专题研讨班上的讲话》，人民出版社2016年版，第39－40页。

② 《习近平谈治国理政》（第三卷），外文出版社2020年版，第219－220页。

浪来了就没主见了，总希望一切都太太平平的，工作思路也就是这个思路，求稳的心态有余，斗争精神不足。”[①]好日子安稳日子过的时间长了，人可能就变懒了、变散了，甚至变得懦弱了。一定要有斗争的意识、斗争的本领。斗争本领不是说要争做好战分子，要无原则地喜欢斗争。而是在目前时点和环境下，中国的发展越来越进入无人区的时候，碰到的来自国际国内两方面的陌生环境、陌生问题越来越多。在这些重大的风险挑战考验面前，尤其是在中美关系、中欧关系、中俄等周边地缘政治关系敏感性增加的情况下，如果没有斗争的定力、能力，没有斗争的本领、意识，就可能会拿国家的核心利益做交换。所以，习近平总书记对当前和今后一个时期的斗争工作作了四个方面的精辟概括。

第一，当前和今后一个时期，我国发展进入各种风险挑战不断积累，甚至集中显露的时期，面临的重大斗争不会少，经济、政治、文化、社会、生态文明建设和国防军队建设、港澳台工作、外交工作、党的建设方面都有，而且越来越复杂。第二，斗争对象非常多。我们既要同一切危害政权、资源、货币市场、领土信息安全的行为作斗争，又要同各种文化渗透、错误思潮、民族分裂主义、黑恶势力作斗争；既要同外在的困难考验、危险挑战和重大风险作斗争，又要同党自身存在的作风积弊和腐败顽疾作斗争。第三，斗争表现形式非常复杂。有军事斗争，也有其他更多的没有硝烟的斗争；有有形的斗争，也有无形的斗争；有公开斗争，也有隐蔽斗争。第四，对斗争能力的要求非常高，所以要提高斗争本领，如果没有斗争的意识、没有斗争的本领，在意识形态工作领域、党的建设领域、国防领域、安全领域、发展领域，可能就缺乏底线意识，缺乏边界意识，缺乏法治意识，就很容易不知不觉地中圈套，不知不觉地形成对国家利益的冒犯和触犯。对现代国家利益的理解，是一个庞大的复杂系统，这里面需要我们保

① 习近平：《努力造就一支忠诚干净担当的高素质干部队伍》,《求是》2019年第2期。

持政治的敏感性和政治的斗争意识，时刻把党和国家的核心利益，作为评价一切工作的尺度和标准。

三、加强本领建设需要从政治引领走向实践自觉

领导干部要加强自身的能力建设，就要在工作上、行为上有意识地去进行实践和历练。

第一，要从政治引领走向实践自觉。党的十九届四中全会明确提出要提高本领建设。从党员领导干部个人的角度来讲，这不单纯是组织对个人的需要，事业对个人的需要，也是领导干部个人生存的需要。党员领导干部作为一个政治人物、专业人士，其政治生存和职业生涯的发展，依靠的是个人在职业上、政治上获得优势。党员领导干部要有职业贡献值，领导干部对社会的贡献包含了能力、价值和安全等维度。在整个社会领域，作为党员领导干部，通过自身的工作，能够为社会创造价值、提供安全，能够为社会发展作出贡献，这是党员领导干部政治生存和安身立命的根基所在。就好像避免党员干部的工资收入赤字化一样，如果一个党员干部每个月实际创造的价值连个人的工资都填补不了，那显然就没有明显的竞争优势。

从党员领导干部生存角度讲，新时代的干部要自觉进行五大变革。一是新时代环境下的社会变革，二是职业变革，三是认识变革，四是能力变革，五是生存变革。党员领导干部在这些方面都要有意识地去琢磨，把今天这个时代和过去自觉区分开来，把今天岗位工作对自己的需要、要求和过去工作需要、要求区分开来。党的十七大和党的十八大的政治环境是有巨大差别的。

第二，从存量结构上优化，从增量结构上提高。从领导干部个体角度来说，要提高自身的专业化能力，强化自身的专业化道德，筑牢自身的专业化安全，优化自身的专业化基础，让自己在职业领域表现

出明显的优势。这种优势一方面是对既有能力的一种提高，另一方面也是对不具备的能力的一种填补和完善。领导干部在能力建设上，既要在存量上优化，又要在增量上不断做加法。这样才能够跟上形势，跟上社会发展的需要。

第三，完善担当作为的激励机制。从为官不为，从不愿意担当作为，到千方百计地激励领导干部主动作为，积极主动作为的关键是能够作为，不敢为的背后有相当一部分原因是不能为，是能力不济，本事达不到，当然就不敢为不作为。因此，党员领导干部一定要提升自身的能力水平。

党的十八大以来，强化全面从严治党，加强党的领导能力，就是要解决党的力量结构优化和激励的问题，千方百计让我们党表现出力量优势。要让我们党更有力量，就要在党的精神力量和物质力量两个方面做优化，做改善和提高。以全面从严治党为代表的党的自我革命力度很大，这带来的是党的制度和精神面貌、党的力量结构的优化和改善，最终提高了党的执政能力，提高了党执政的水平。在领导干部普遍有顾虑的情况下，在个别干部为官不为的情况下，中央还专门出台激励广大干部担当作为的意见。从干部的教育管理，到干部的选拔任用，到干部的考核评价，到干部的监督检查，都下了很大功夫。通过这些方面的工作和措施，正在积极有效地改变为官不为的消极局面，从而更好地激励广大干部奋发有为。

在新时代，要有新担当、新作为，从党员干部自身来讲，核心就是要解决自身的本领恐慌、能力短缺的问题，把自己的不能为不敢为变成积极作为。要在政治上获得优势，取得明显进步，就要在自己的本领上、能力上下功夫，努力提高自己。所以，一定要有本领建设的自觉意识，要有自我提高的急迫意识，要不断形成让自己在政治上处在积极有利位置的个人成长良性环境。

第五部分　民族复兴与未来之路

一百年来，中国共产党团结带领中国人民进行的一切奋斗、一切牺牲、一切创造，归结起来就是一个主题：实现中华民族伟大复兴。

——习近平

第九章 | 推动中华民族伟大复兴

习近平总书记在建党100周年庆祝大会上发表的重要讲话谈到中国未来行动纲领和行动路线，总共包括九个方面必须做好的重大工作。这些重大工作的逻辑有两个，一个是历史逻辑，另一个是未来逻辑。历史逻辑就是习近平总书记强调的“以史为鉴”，未来逻辑就是总书记强调的“开创未来”。“一切向前走，都不能忘记走过的路；走得再远、走到再光辉的未来，也不能忘记走过的过去，不能忘记为什么出发。面向未来，面对挑战，全党同志一定要不忘初心、继续前进。”[①]

一、坚持和发展中国特色社会主义

中国特色社会主义是党和人民历经千辛万苦、付出巨大代价取得的根本成就，是实现中华民族伟大复兴的正确道路。从人类文明的视角审视中国特色社会主义，最重要的价值在于发现和扩充中国特色社会主义的张力，确保其持续可靠的发展与增长能力

中国特色社会主义的强大生命力，主要体现在内涵与外延的时空

① 习近平：《在庆祝中国共产党成立95周年大会上的讲话》，人民出版社2016年版，第8页。

拓展上，以及动力与能力的现实更替上。就中国特色社会主义的实践维度而言，其生命力主要表现在强大的现实观照上。一方面在思想、理论、道德、价值等维度上能展现出更强大的精神力量，另一方面在推动内部经济社会发展与治理上能表现出更高的效率和能力。中国特色社会主义之所以承载着这种制度使命，与其产生的特定历史环境有关。一方面中国特色社会主义需要实现对传统社会主义理论和实践的超越，另一方面还要面对当代世界治理结构和发展模式的现实困境。正是这种特定的成长逻辑与现实环境要求，中国特色社会主义必须保持足够的批判精神和变革能力，通过不断地自我超越与批判，从而表现出更为明显的制度优势和制度能力。

中国特色社会主义不是教条，它需要跟随时代环境变化而优化发展，不断获得新的时代内涵与生机，正是这种自洽于时代的开放与实践逻辑，成为理解和思考中国特色社会主义制度特性的关键所在。这就决定了任何关于中国特色社会主义的现实叙事和考量，都只能是特定时间和空间的局部理解，中国特色社会主义的本质特性不是停滞而是发展，不是保守而是进步，这种发展是通过对既有社会结构的时空超越来实现的。预言社会发展趋势和路径，常常是很危险的事情，社会往往不会按少数“天才”的想法去演变，尤其对党的领导和驾驭中国特色社会主义的实践而言，预言更不能作为党进行决策和施政的依据。

（一）从竞争力的角度看，中国特色社会主义作为新型国家制度具有明显的竞争优势

中国特色社会主义的诞生与中国面临的实际问题紧密相关，中国特色社会主义是当时中国的现实解决方案。正如邓小平所说：“贫穷不是社会主义，社会主义要消灭贫穷。不发展生产力，不提高人民的

生活水平，不能说是符合社会主义要求的。”[①]中国特色社会主义就是要消灭贫穷，就是要发展生产力。解决人民群众的吃饭问题，理应成为中国特色社会主义的最高价值。无论时代选择什么主义，这个主义它必须具有经济增长能力，首先能够解决人们更好地生存这个首要问题。正是由于中国特色社会主义在经济与社会维度上摆脱了极端政治意识形态，获得了一般社会制度不可或缺的科学性，这种科学性的根源在于它广泛的人民性，正是基于这种人民性的前提它才具备立足社会需求的能力，成为中国特色社会主义不懈的稳定动力。有动力就会有发展，有发展就会有民众生活的改善和提高，有了实实在在的增长能力，就有了维持民众长期支持的基础，只要中国特色社会主义拥有长期增长的能力，就会长期获得民众的支持，民众的支持就是制度的生命力，就是制度延续的合法性基础。正如习近平总书记所说："一个国家实行什么样的主义，关键要看这个主义能否解决这个国家面临的历史性课题。”[②]

中国特色社会主义从其发生学的逻辑来讲，本身就是马克思主义和中国实际相结合的产物，这种理论与实践的互动逻辑是中国特色社会主义发展逻辑的基础，这种理论与实践的不断激发与强化，必然导致中国特色社会主义结构的内在变化，这种以总量扩张和价值统一为特征的变化就是发展。一般而言，社会的变动性可以是积极的也可以是消极的，或者按人们的价值偏好有好的变化和坏的变化。中国特色社会主义不但拥有强大的变革能力，而且能够对变革实施有效的体制性规划和管理，使其在规律性和目的性上获得科学统一，能够通过解决社会问题实现社会发展。过去 40 多年中国快速发展，经济增长惊人，社会开放、活力与治理富有成效，政治领域依法治国与依规治党

① 《邓小平文选》(第三卷)，人民出版社 1993 年版，第 116 页。

② 习近平:《关于坚持和发展中国特色社会主义的几个问题》,《求是》2019 年第 7 期。

向前推进，网络时代文化转型也基本成功，中国特色社会主义的全面成就，只能从中国特色社会主义体制和制度能力上得到说明。正是这种制度有效激活和释放了社会活力和积极性，中国社会才爆发出高效率创造巨大财富的能力，依托财富与价值的快速增长，中国经济结构、社会结构、观念结构和政治结构得以快速优化调整，开始呈现鲜明的现代特征和机能。一旦这种全新的现代社会结构形成，又会再次为中国发展赋能，从知识、能力、智力、制度和管理等方面提供增量，中华民族伟大复兴的中国梦就是对这种发展机制和发展能力的历史自觉，这种良性自我强化逻辑是维持中国特色社会主义发展能力的基础，唯有立足这种增量和价值一致性逻辑，中国特色社会主义才会保持成长性，才会维系发展意义上的增长与繁荣。

中国特色社会主义之所以能在实践上获得成功，根本还是在于其自身强大的制度能力，唯有制度才能实现对社会资源和要素的有效配置与激励，顺利完成对社会效率与公平的双重改进，进而确保中国社会具备优化增长与良性循环的能力，真正实现增量意义上的成长与扩张。任何社会制度，其终极价值都体现在推动社会发展上，发展的过程就是人财物等生产要素得到有效驱动和激励的过程，生产要素积极性与活力的释放过程就是生产力发展的过程，促进生产力发展就是扩大生产要素的自由流动与活动空间。生产要素自由空间的释放过程，就是以权力和制度等为代表的约束性力量得到抑制，改革和开放的力量得到有效扩张，通过权力抑制和制度激励扩大生产要素的活动空间，减少生产要素的活动阻力，为要素流动创造条件和提供便利。生产要素的自由流动和配置，就意味着激发社会活力和提升社会效率，意味着社会价值重构和扩张，意味着社会财富扩张和增加。中国特色社会主义的出现就是要依靠财富增长解决吃饭问题，而创造价值发展经济是解决吃饭问题的根本手段，因此中国特色社会主义必须具备改革开放的能力，必须通过改革开放实现对生产要素的解放。唯有通过对内对外开放，对内改造高度集中的计划经济体制，对外吸收和借鉴一切人类文明的先进成果，成功利用内外两种积极性和两种资源优势，发展和壮大中国特色社会主义。实践证明，改革开放的基本国策是完全正确的，在现实中取得了巨大成功，这种成功的背后是开放的力量，在这个意义上，开放性就是中国特色社会主义的成长性。

中国特色社会主义的显著优势在于，它能够在特定历史条件下创造性地解决中国社会的现实问题，实现对社会成员的有效动员，推动中国经济社会的可持续发展。这种制度效能就是特定环境条件下的制度有效性，就是具体制度对特定环境有能力做到精准响应。创造性实现对社会成员的有效动员，并对这种动员起来的社会力量进行有效组织和管理，就是中国特色社会主义的制度能力，就是制度的创造性和实效性，就是常规意义上的制度效能和价值。一旦制度具备了这种内生力量，它就可以成功代表社会的众意和公意，就会赢得社会民众的认同和拥护。中国特色社会主义不仅已经在实践中检验了它强大的环境适应能力，而且也充分展示了其创造性解决中国问题的能力。创新能力对制度现实而言是一种稀缺资源，很多制度的消亡究其实质都是创造力的枯竭。历史环境和条件的不断变化，对制度的创造性适应和响应能力提出要求，创造力最终转变为制度生命力，创造性因此就转变为制度合法性。中国特色社会主义道路、制度、理论和文化结构的调整，最终都要服从和服务于制度创造力的内在需要，始终保持改革和调整的能力，以此维系制度的创新和创造活力。全面深化改革的过程，就是制度创造力的保鲜过程，改革的意义就在于减少制度运行阻力，降低制度运行成本，提高制度运行效率，维持制度对社会力量的低成本动员和组织优势，保证社会的正常运转和良性改善。

（二）从信用和风险结构来看，中国特色社会主义是高信用、低风险偏好的体系

中国特色社会主义优势，需要在社会实践中去实现，而任何社会

实践都是在具体历史情景中展开的，会受到历史条件、活动和事件等因素的影响。中国特色社会主义的主要优势，本质上表现在处理历史与现实、中国与世界、党与国家、环境与发展、人口与增长等社会议题的能力。从中国特色社会主义当前所处的历史方位而言，新时代正如历史上任何时期一样，同样面临着正反两方面的因素影响。从有利的因素来看，经过改革开放伟大实践，中国特色社会主义在财富、经验、制度和文化等方面有了大量积累，发展的基础和条件都有了很大程度的改善，制度的物质力量和精神力量都大大增强，制度潜力和制度弹性都明显提升。从当前不利因素看，反全球化、贸易保护和贸易战、传统文化和民族性、常见的一般性体制失灵与衰退等因素同样存在，不可否认的是，这些不利因素会引起干扰和波动，这些扰动会给中国发展带来不确定性，如果管控不当还可能引发系统性风险。

以常见的一般性体制失灵与衰退为例，这是所有社会制度都会面临的常见问题。中国特色社会主义已经有了40多年的成功实践，为中国社会带来了巨大的制度红利与好处，正如任何制度收益都存在效益规律一样，中国特色社会主义的制度红利也存在收益下降周期，这就需要通过全面深化改革来重新释放制度空间，优化制度能力。这种制度理性和逻辑能否成为制度现实，往往会受多种社会现实因素的影响。中国特色社会主义体制的意愿和能力，决定着中国特色社会主义的前途和命运，而体制意愿和能力又不是单方面的存在，国际政治经济环境、国内经济与社会条件、国家权力运行与变化、政党与社会治理、政治决策与政策、政党领导力与执行力等，都可能是影响体制意志和能力的因素。从历史与现实来看，任何政治体制的意愿和能力释放都不会是均衡状态，常常表现为在某一政治区间的震荡与波动。党的历史上，曾经出现“极左”“极右”等政治现象，都是体制能力的现实表现，这种政治区间的剧烈震荡往往被贴上体制“失灵”或“紊乱”的标签，人们之所以厌恶体制的“极化”状态，是体制“极化”会伤害和损坏体制的声誉，弱化体制的认同，破坏体制的功能，动摇体制的合法性，体制“极化”的钝化，就意味着体制自我修复能力的丧失，也就意味着体制失灵或失败。

任何政治体制都在具体的时代环境里运行，时代环境往往大于政治体制活动空间，所以适应环境的制度弹性无疑是保持体制的运行、效能、成本和信用稳定的关键，毫无疑问也是体制能力的重要组成部分。体制消亡往往意味着体制能力覆盖不了体制衰退，最后出现体制意愿扭曲和功能变形，进而出现体制逻辑和初衷背离，体制合法性丧失。中国特色社会主义体制的意愿和能力是内因，是决定中国特色社会主义前途的关键所在。只有在保持增长、动态、开放和创新等重要特性前提下，通过卓有成效的持续改革，为中国特色社会主义不断注入新鲜活力、有机动力和强大能力，才能从根本上解决中国特色社会主义的道路自信、理论自信、制度自信及文化自信问题。当中国特色社会主义的发展日益走向全球化，全球化力量对中国特色社会主义的影响就会不断加深，中国特色社会主义发展的外部性就会日益凸显。

以中美贸易摩擦为例，当中国在崛起过程中从国际战略的低信用国家成为高信用国家时，必然会带来国际战略主导国的强力打压，这种失去国际平等与民主精神的霸权行为自然会导致主导国信用流失，从高信用国家变成低信用国家。当中国作为崛起大国为了全球化红利和机会，不得不保持必要的高信用时，这种高信用一方面增加了制度运行的短期成本，另一方面扩大了外部因素在制度调整中的权重和比重，最终使得国内政策越来越受到国际环境变量的影响。美国主动挑起贸易战，就是想要中国在财政、货币、贸易、技术、知识产权和法律等领域作出让步，其实质是强迫中国在事关国家主权问题上作出让步。对中国特色社会主义来说，这种有损自身利益的外部传导，一方面会损害和削弱本国的制度自信，另一方面会引发制度理念与制度行为的背离。但是如果主动采取激进保守措施进行自我保护，自然会引起自身迫切需求的信用受损，引发不必要的外部风险。因此，信用资本相对急需的崛起国，普遍而言都是风险厌恶型的国家，主要是因为崛起国的制度力量和自信优势还未完全形成，还在体制性验证过程之中，任何非体制性力量都会触发体制风险和增加成本，最终都会影响体制竞争力和体制声誉，这就需要新型体制必须具备防范和化解重大风险的能力。正如习近平总书记在 2019 年省部级主要领导干部坚持底线思维着力防范化解重大风险专题研讨班开班式上讲话指出的："面对波谲云诡的国际形势、复杂敏感的周边环境、艰巨繁重的改革发展稳定任务，我们必须始终保持高度警惕，既要高度警惕'黑天鹅'事件，也要防范'灰犀牛'事件；既要有防范风险的先手，也要有应对和化解风险挑战的高招；既要打好防范和抵御风险的有准备之战，也要打好化险为夷、转危为机的战略主动战。"①

（三）从制度供给的角度来看，中国特色社会主义作为超越传统意识形态和制度的成功典范，具有制度供给的后发优势

苏联模式曾经在中国革命和建设中扮演了非常重要的制度资源供给角色，不仅向中国成功输出了无产阶级革命，而且在社会主义建设经验与模式上对中国产生了重要影响。这种革命与建设资源对当时中国社会重构来说非常重要，对中国现代社会发展曾经起到了非常积极的作用。但随着苏联社会主义的倒退和解体，苏联社会主义制度资源的输出能力不复存在，而中国社会主义的发展越来越呈现出民族性和本土性要求，任何的外部资源和理论都已经无法直接或间接解决中国问题，中国必须进行独立自主的本土性思考，寻找适合自身发展阶段和发展实际的正确道路。

1982 年 9 月，中国共产党第十二次全国代表大会召开，邓小平在大会开幕词中第一次明确提出："把马克思主义的普遍真理同我国的具

① 《提高防控能力着力防范化解重大风险 保持经济持续健康发展社会大局稳定》，《人民日报》2019 年 1 月 22 日。

体实际结合起来，走自己的道路，建设有中国特色的社会主义。”正是源于这种特定的历史情景，中国特色社会主义作为历史与现实反思的成果，既有对传统社会主义的重新思考，也有对当代资本主义的批判，是在社会主义和资本主义、历史和现实、理论和实践、国内和国际等多个维度上，对当今时代进行的最有成效和价值、最有深度和广度、最有批判性和建设性的思考与行动。总览当代世界的所有国家和主义，没有哪个国家和社会能对当前时代作出如此全面和深刻的反思，这种反思的深度和广度早已超出了民族国家的范畴，包含着对当代世界现状和问题的全面反思，是以中国思想的面目对当代世界向何处去的最有价值的探索。如果说冷战以来的社会主义和资本主义把当代世界割裂，那么中国特色社会主义则再次把世界弥合起来，同时赋予市场和国家两种现代主流治理手段以平等地位和相同价值。从这一制度所覆盖的范围来说，它不光是对社会主义理论和实践的突破，也是对资本主义制度和意识形态的有效补充，为当代世界治理实践提供了不同于传统理论和思维的全新资源与视角，这种制度创新不仅拓展了当代中国治理实践和空间，而且为现代国家与现代国际关系问题的处理提供了增量意义上的理论与实践资源。

在中美贸易摩擦的背景下，中国特色社会主义发展能力和发展优势可以迅速体现为贸易能力和贸易优势，尽管美国在金融、技术、知识产权、军事等领域优势明显，但依然出现双方贸易的长期失衡。美国资本主义制度在抑制自身生产力发展的同时，也在抑制国际政治与经济格局的积极调整。当主导国家开始出现信用衰退、国际价值贡献萎缩、政策日趋保守与混乱时，其国际影响力和领导力必然开始同步下降，传统主导国家的优势地位也势必会受到削弱。

如此明显的损害国家利益、信誉、影响力的事情之所以发生，根本说来跟资本主义制度本身运行到当前的困境有关。一方面这种制度失去维系高速增长的能力，另一方面又缺乏相应的自我修复和道德反思，进而出现坏的方向的体制自我强化，民主体制的框架不但不能自我纠正，甚至捍卫和怂恿这种体制强化的惯性，从而导致制度失灵和道德失灵。与此相比较，中国特色社会主义不仅保有强大的规划和增长能力，而且具有良好的连续性和稳定性，正是这种良性的自我强化，使得中国逐渐走向高信用国家，国家信用收益和信用成本都开始进入良性自我驱动阶段，倒逼制度体系不得不长期保持充足的自我修复和道德增长能力。一旦中国特色社会主义具备了突破资本主义制度瓶颈和技术障碍的能力，就可以作为一种新型的制度理论与实践资源，为中国和其他国家的现代化进程提供经验支持和方案借鉴。正如党的十九大报告所说："中国特色社会主义进入新时代……意味着中国特色社会主义道路、理论、制度、文化不断发展，拓展了发展中国家走向现代化的途径，给世界上那些既希望加快发展又希望保持自身独立性的国家和民族提供了全新选择，为解决人类问题贡献了中国智慧和中国方案。"①

中国特色社会主义不仅具有一般的制度供给能力，而且提供的是增量意义上的普遍价值，对世界上其他国家和民族都具有广泛的现实意义。这种制度供给的历史地理坐标不仅是立足于中国自身的发展进程，而且从全球资本主义和社会主义的整体进程与阶段来讲，都具有广泛的适用性和借鉴价值。换句话说，中国特色社会主义从其产生的历史条件和环境来讲，具有双重的历史使命，既要挽救逐渐失去高光时刻的传统社会主义，又要突破现有的资本主义瓶颈和障碍，这种理论和实践意义上的增量制度供给，一方面能够满足当代中国社会的发展需要，另一方面也能够为当代资本主义的改良提供有益支持。这种制度的普遍性价值和能力，是对传统地方"意识形态和政治"的超越，是基于"人类命运共同体"的道德追问和整体思考，是当代中国为世界发展提供的优质公共产品，代表了当代世界发展的趋势和潮流，是

① 《中国共产党第十九次全国代表大会文件汇编》，人民出版社2017年版，第8—9页。

当代世界发展的最新理论和最高成就。制度供给的重要价值，就在于它可以摆脱历史的局限，再次打开历史发展的科学空间，推动历史在器物和精神两个维度上实现自我超越。中国特色社会主义正是在历史意义上为当代世界发展贡献了新的智慧和力量，切实推动当今时代由“地域历史”向“世界历史”转变，正式开启制度创造和制度创新的世界历史时代。中国特色社会主义在思考和拓展自身的发展空间时，自觉肩负起对人类命运共同体的整体观照，并且通过策略供给主动顺应世界历史发展潮流，推动世界历史发展进程。当前，中国极力反对贸易保护主义和霸凌主义，反对单边制裁和所谓“长臂管辖”，主张投资和贸易便利化、自由化，积极捍卫全球化和多边主义，主动履行国际责任和参与国际治理，身体力行提出并推动“共建‘一带一路’，构建人类命运共同体”等全球公共产品落地，为中国和世界各国共同进行全球治理提供条件和支持。中国特色社会主义所代表的制度供给实践，已经超出了单一民族和国家的范畴，客观上已经成为推动当代世界治理的重要资源，为人类历史发展提供具体的解决方案，具有深刻的实践价值、普遍的世界价值和长远的历史意义。

二、团结带领中国人民不断为美好生活而奋斗

在未来行动指南和重大工作中，团结带领中国人民不断为美好生活而奋斗，是我们党始终要坚持的长期工作目的，是党的初心和使命长期坚持的最终皈依。中国共产党的全部理论和实践，归结起来就一句话，那就是始终如一地为人民美好生活而奋斗，其他一切工作都是围绕这一光荣任务而展开。

（一）不断为美好生活而奋斗的理论、历史和实践基础

我们从理论基础、历史基础、实践基础三个角度看中国共产党团结带领中国人民不断为美好生活而奋斗的价值追求。

1. 理论基础

辩证唯物主义历史观充分肯定了人民群众的历史地位与作用，认为只有人民群众才是社会实践的真正主体，才是物质财富和精神财富的真正创造者，是社会变革社会发展的决定性力量。人民群众的哲学地位、历史地位与政治地位，决定了中国共产党的理论自觉、政治自觉、行动自觉。这种自觉体现在党的政治逻辑上，就是人民的政治逻辑。我们党的理论是辩证唯物主义，党的宗旨是为人民服务，党的工作路线是群众路线，党的立场是人民立场，党的观点是群众观点，这种人民逻辑在党的政治行为中彻底工作化、实践化、路线化和实体化，决定了中国共产党的根本政治走向。党要得到群众的拥护，就要拿出能够为群众解决问题的办法。就像毛泽东所讲："解决群众的穿衣问题，吃饭问题，住房问题，柴米油盐问题，疾病卫生问题，婚姻问题。总之，一切群众的实际生活问题，都是我们应当注意的问题。假如我们对这些问题注意了，解决了，满足了群众的需要，我们就真正成了群众生活的组织者，群众就会真正围绕在我们的周围，热烈地拥护我们。"①

2. 历史基础

中国共产党一经诞生，就把为中国人民谋幸福、为中华民族谋复兴确立为自己的初心和使命。100 多年来，中国共产党团结带领中国人民进行的一切奋斗、一切牺牲、一切创造，归结起来就是一个主题——实现中华民族伟大复兴。正是党的这种为中国人民谋幸福的初心使命及历史传统决定了当代中国共产党的根本立场和观点方法，决定了当代中国共产党的思想路线、政治路线和工作路线。今天，我们坚持什么反对什么，很大程度上是由我们党历史上的政治认同、理论认同、精神认同和价值认同所决定的。中国共产党要想成为推动历史

---

① 《毛泽东军事文集》(第一卷)，军事科学出版社、中央文献出版社 1993 年版，第 345－346 页。

发展的先进力量，就必须在历史前进的逻辑中前进，在时代发展的潮流中发展，党的理论、组织和行为等全部本体特征都必须以实现中华民族伟大复兴为主题，以坚持民族历史运动的一致逻辑为前提。

习近平总书记对党在百年历史进程中的作用从四个方面来阐述，通过新民主主义革命的伟大实践，为实现中华民族伟大复兴创造了根本社会条件；通过社会主义革命和建设的伟大实践，为实现中华民族伟大复兴奠定了根本政治前提和制度基础；通过改革开放和社会主义现代化建设的伟大实践，为实现中华民族伟大复兴提供了充满新的活力的体制保证和快速发展的物质条件；通过新时代中国特色社会主义的伟大实践，为实现中华民族伟大复兴提供了更为完善的制度保证、更为坚实的物质基础、更为主动的精神力量。立足中国共产党和中国人民英勇顽强的奋斗实践和历史成就，中华民族迎来了从站起来、富起来到强起来的伟大飞跃。中华民族伟大复兴进入了不可逆转的历史进程。党的百年历史在民族复兴的普遍逻辑当中，获得了自身应有的高度和升华。

“从群众中来到群众中去”“全心全意为人民服务”“以人民为中心”，这是中国共产党获得历史地位、政治地位，获得老百姓心目中深刻认同的心理地位的关键所在。党的工作路线、党的宗旨在践行的过程中，在不同的时代有不同的实践方式。今天，为人民美好生活而奋斗，就是新时代坚持党的群众路线、坚持党的性质和宗旨的基本方式。

3. 实践基础

习近平总书记讲，“这个新时代，是承前启后、继往开来、在新的历史条件下继续夺取中国特色社会主义伟大胜利的时代，是决胜全面建成小康社会、进而全面建设社会主义现代化强国的时代，是全国各族人民团结奋斗、不断创造美好生活、逐步实现全体人民共同富裕的时代”[①]。中国共产党引领中国社会进入新时代，新时代的内在含义自然

① 《习近平谈治国理政》（第三卷），外文出版社 2020 年版，第 9 页。

包含着团结奋斗，不断创造美好新生活，逐步实现全体人民共同富裕。

党的十九大报告指出，“中国特色社会主义进入了新时代，中国社会主要矛盾已经转化为人民日益增长的美好生活需要和不平衡不充分的发展之间的矛盾”。[①]社会主要矛盾的变化是关系全局的历史性变化，要求我们在继续推动发展的基础上，大力提升发展质量和效益，更好地满足人民日益增长的美好生活需要。党的十九大立足中国社会发展的实际，对中国实践中的主要矛盾主要问题作了全新的概括。党的十九届五中全会更是主动把党的十九大总结的实践逻辑变成工作部署。党的十九届五中全会提出，“人民生活更加美好，人的全面发展、全体人民共同富裕取得更为明显的实质性进展”。[②]并进一步指出，“以推动高质量发展为主题，以深化供给侧结构性改革为主线，以改革创新为根本动力，以满足人民日益增长的美好生活需要为根本目的，统筹发展和安全，加快建设现代化经济体系”。[③]十九届五中全会后，2021 年 6 月 10 日，国家发改委公布了《中共中央国务院关于支持浙江高质量发展建设共同富裕示范区的意见》。发改委就这个意见答记者问时讲，为什么要出台以浙江为试点的共同富裕的示范区的建设意见，这是我们在实践层面上已经把为人民美好生活而奋斗，实现共同富裕变成我们党的重点工作。正如习近平总书记指出，“江山就是人民、人民就是江山，打江山、守江山守的就是人民的心”。[④]中国共产党根基在人民，血脉在人民，力量在人民。中国共产党始终代表最广大人民根本利益，与人民休戚与共，生死相依，没有任何自己特殊的利益，从来不代表任何利益集团、权势团体、特权阶层。中国共产党始终强调自己的人

---

① 《习近平谈治国理政》(第三卷)，外文出版社 2020 年版，第 133 页。

② 《中国共产党第十九届中央委员会第五次全体会议文件汇编》，人民出版社 2020 年版，第 23 页。

③ 同上书，第 24 页。

④ 习近平:《在庆祝中国共产党成立 100 周年大会上的讲话》，人民出版社 2021 年版，第 11 页。

民性，严正声明与各种利益集团、权势团体、特权阶层划清界限、澄清立场。

蚂蚁金服上市计划被取消，四部门联合约谈蚂蚁集团有关负责人，最后达成“稳妥创新，拥抱监管，服务实体，开放共赢”的16字方针，这就是我们党在今天的政治立场。阿里巴巴集团被开了182.28亿元的罚单，美团涉嫌垄断行为被立案调查，滴滴出行被网络安全审查，等等，这些都是党在国家层面上强调、维护、捍卫人民立场，捍卫以人民为中心的发展局面，捍卫团结带领人民为美好生活而奋斗的基本价值追求。

习近平总书记讲领导干部要严格自律，要注重防范被利益集团“围猎”，要完善构建“亲清”政商关系的政策体系，政治和资本、权力和财富的关系要建立规矩，而不是一味地官商勾结。

（二）团结带领中国人民不断为美好生活而奋斗的实践

在实践中，以史为鉴、开创未来，就是要团结带领中国人民不断为美好生活而奋斗。“新的征程上，我们必须紧紧依靠人民创造历史。”①怎样紧紧地依靠人民创造历史，团结带领中国人民不断为美好生活而奋斗？习近平总书记既讲了政治要求，也讲了工作计划及政策安排。

一是坚持全心全为人民服务的根本宗旨。中国共产党一百年前坚持这个宗旨，一百年后的今天还要继续坚持。宗旨始终不能丢，坚持意味着党的性质不变色、不变性、不变味，这是习近平总书记在建党100周年大会上公开强调的重大政治立场。新时代中国特色社会主义是社会主义历史发展运动的最新成果，一脉相承的历史逻辑，必然要坚持全心全意为人民服务的一贯宗旨，坚持党的宗旨是党的政治生命。

二是在实践层面上、工作层面上、政治活动层面上要站稳人

① 习近平：《在庆祝中国共产党成立100周年大会上的讲话》，人民出版社2021年版，第12页。

民立场。和人民立场相对的是资本立场、权贵立场、权势立场。习近平总书记强调三个不代表，不代表任何利益集团、不代表任何权势团体、不代表任何特权阶层，自觉代表人民，自觉践行为人民服务的立场。

三是贯彻党的群众路线。工作层面上就必须讲党的工作路线，在党的所有工作中，不管是经济工作、社会工作、军事工作还是理论工作，都要贯彻党的群众路线。中国共产党不能孤芳自赏，不能脱离群众，不能嫌贫爱富。贯彻党的群众路线，在新时代的环境条件和任务要求下，就要自觉创造适合新时代具体情况的工作机制和实践形式。贯彻党的群众路线既是一个立场问题，也是一个时代性的实现机制和实现能力问题。

四是尊重人民的首创精神。中国共产党不能代替人民当家作主。应该以人民的方向为方向，以人民的需要为需要，以人民的获得为获得，以人民的感受为感受。人民知道自己最需要什么，人民知道自己的利益在哪里，人民知道自己的好处是什么，所以要尊重人民群众的首创精神，尊重人民群众的利益、需要和尊严，就是坚持全心全意为人民服务的根本宗旨。

五是践行以人民为中心的发展思想。在发展的过程中，我们要牢牢站稳发展的立场，坚持发展价值、发展过程、发展目标和我们发展的根本立场保持一致，真正做到以人民为中心的科学发展。任何一个地方的招商引资、立项招标以及重大项目上马，不只是考虑它的商业价值，还要考虑它的社会价值、社会效益以及政治效益、群众效益。不能仅仅聚焦地方的税收贡献和财政支撑，还必须要有政治效益、社会效益和经济效益相统一的要求。必须在所有重大决策、重大项目、重大行动当中，把人民放在中心位置，不能以少数人的利益和需要代替多数老百姓的利益和想法。

六是发展全过程人民民主。习近平总书记提出发展全过程人民民主，是中国特色社会主义民主政治理论和实践的极大丰富与完善。坚持人民民主，不单纯是选举环节一选了之、一票了之、一竞了之，这只是万里长征的第一步。要把选举民主、过程民主、决策民主、执行民主、监督民主全部结合起来，让人民群众在整个事前、事中、事后，选前、选中、选后的政治全过程，整个政治组织、政治行动的全流程、全领域当中都发挥作用，这种全过程的人民民主才是真正的人民民主。选举民主在很大程度上是官僚技术民主，是解决官员怎么出来的问题，不直接解决老百姓的问题。全过程人民民主注重解决老百姓的问题，不只是解决权力的产生问题，关键还解决权力的使用、运用、监督、监管问题，这是更根本的问题。

七是维护社会公平正义。我们搞共同富裕的示范区，坚持共同富裕的价值取向、政策取向，就是要解决社会公平正义问题。解决人民日益增长的美好生活需要和不平衡不充分的发展之间的矛盾，就是解决社会公平正义问题。“着力解决发展不平衡不充分问题和人民群众急难愁盼问题。”[①]发展不平衡不充分的问题，是整体性的全局问题，人民群众急难愁盼是具体性的实际问题。我们要把整体性的全局问题和具体性的阶段问题结合起来，既要仰望星空，也要脚踏实地；既要解决人民群众的长远问题、全局问题，也要解决人民群众的实际问题、具体问题。

八是推动人的全面发展。使全体人民共同富裕取得更为明显的实质性进展，这是坚持以人民为中心，团结带领中国人民不断为美好生活而奋斗的最关键、最重要的阶段性历史任务。“白猫黑猫抓住老鼠都是好猫”，允许和鼓励一部分人先富起来，到了今天产生贫富两极分化，形成了区域性、结构性、群体性的差距过大的问题。一个分化的社会，一个贫富分化加剧的社会，不会是一个安全和谐稳定的社会。

① 习近平：《在庆祝中国共产党成立100周年大会上的讲话》，人民出版社2021年版，第12页。

人民群众的美好生活一定是包含着公平正义，包含着平等自由的基本价值需要。要平等首先是经济平等，没有经济上的平等，就没有在政治上、社会上的平等，所以实现全体人民的共同富裕，必须取得更为明显的实质性进展，这是关乎建设美好生活的全局性问题。在共同富裕上取得重大进展，美好生活建设就有了实质性保证和根本性进展。共同富裕问题解决好了，绝大多数老百姓的美好生活就能够顺利实现，在财富增长和财富分配两个方面体现效率和公平，将繁荣增长和公平正义有机结合起来，夯实美好生活的坚实基础。

三、进行具有许多新的历史特点的伟大斗争

以史为鉴、开创未来，必须进行具有许多新的历史特点的伟大斗争，这是习近平总书记关于实现中华民族伟大复兴部署中的重要内容。在中华民族伟大复兴的征程上，我们需要干什么、怎么干，习近平总书记讲了九个方面的任务和工作，这“九个必须”是中国共产党在新征程上的行动纲领，概括起来就是要把党的历史经验和新鲜经验结合起来，同时关照历史和未来两个方面。比如坚持中国共产党坚强领导，坚持和发展中国特色社会主义，不断推进党的建设新的伟大工程，这些都是党的历史经验。同时也结合新情况、新形势、新问题，必须总结党的新鲜经验和做法，必须不断推动构建人类命运共同体，必须团结带领中国人民不断为美好生活而奋斗，必须进行具有许多新的历史特点的伟大斗争，必须加强中华儿女大团结，等等，这些新的经验和要求，更契合我们今天的时代和环境，更具有现实的针对性和实效性。

（一）伟大斗争的提出及其历史性变化

伟大斗争的提法由来已久，并不是今天才有的明确指向。第一个时间点是建党后，首次提出“伟大的斗争”是在1939年《〈共产党人〉

发刊词》当中，毛泽东说："我们党的历史，从一九二一年第一次全国代表大会那个时候起，到现在，已经整整十八年了。十八年中，党经历了许多伟大的斗争。"[①]北伐战争、土地革命战争、抗日战争都是属于这类伟大的斗争。那么关于斗争的对象，毛泽东在《新民主主义论》中讲得很清楚。在中国向何处去，我们要建立一个什么样的新中国这个问题的回答上，毛泽东讲，从中国半殖民地半封建社会性质这一基本国情出发，在新民主主义革命时期，中国社会的主要矛盾是人民大众与帝国主义、封建主义和官僚资本主义之间的矛盾。那么我们斗争的对象就是帝国主义、封建主义和官僚资本主义，所以我们要开展反帝反封建的斗争。第二个时间点是新中国成立以后，首次在1962年提出伟大斗争问题。毛泽东在扩大的中央工作会议上讲话指出，"从现在起，五十年内外到一百年内外，是世界上社会制度彻底变化的伟大时代，是一个翻天覆地的时代，是过去任何一个历史时代都不能比拟的。处在这样一个时代，我们必须准备进行同过去时代的斗争形式有着许多不同特点的伟大的斗争"。这里讲得特别清晰准确，特别提到我们必须准备进行同过去时代的斗争形式有着许多不同特点的伟大斗争。

党的十八大指出，发展中国特色社会主义是一项长期的艰巨的历史任务，必须准备进行具有许多新的历史特点的伟大斗争。这应该说是对新时代、对改革开放以来，自觉地积极地主动地开展斗争的正式描述。习近平总书记在7·26讲话中强调，在新的时代条件下，我们要进行伟大斗争、建设伟大工程、推进伟大事业、实现伟大梦想。党的十九大再次强调，我们党要团结带领人民有效应对重大挑战、抵御重大风险、克服重大阻力、解决重大矛盾，必须进行具有许多新的历史特点的伟大斗争。从斗争对象上来讲，我们今天的斗争对象已经发生了积极的变化。中国特色社会主义进入新时代，我国社会主要矛盾已经转化为人民日益增长的美好生活需要和不平衡不充分的发展之间

① 毛泽东：《〈共产党人〉发刊词》，人民出版社1952年版，第4页。

的矛盾。谁反对和阻碍中国人民过上美好生活，谁就是斗争对象。坚决反对一切削弱、歪曲、否定党的领导和中国社会主义制度的言行；坚决反对一切损害人民利益、脱离群众的行为；坚决破除一切顽瘴痼疾，坚决反对一切分裂祖国、破坏民族团结和社会和谐稳定的行为，坚决战胜一切在政治、经济、文化、社会等领域和自然界出现的困难和挑战。

（二）如何赢得新的历史特点的伟大斗争的胜利

如何赢得新的历史特点的伟大斗争的胜利？这既是一个重大的政治问题，又是一个极具现实性和时代性的实践问题。赢得新的历史特点的伟大斗争胜利，一方面意味着中华民族的伟大复兴，另一方面意味着斗争精神、斗争本领、斗争方法、斗争艺术的不断提升与改进。

1. 以党性修养支撑伟大斗争

科学的党性修养结构，既包含信仰、信念、信心意义上的政治忠诚，也包含科学规律意义上的政治自觉，同时还包含思想理论意义上的政治理性，社会实践意义上的政治能力，也就是说信念结构、科学结构、思想结构和实践结构都是党性修养的内在结构，政治忠诚、政治自觉、政治理性和政治能力都是党性修养的内在要求。

党性是一个历史过程和实践过程，不是空穴来风，不是神秘主义，更不是历史虚无主义，把没有的东西硬生生说成有，把不存在的东西说成存在。中国共产党的党性由来跟中国共产党所代表的历史实践、历史活动、历史过程有关，党的历史中的历史人物和历史事件是真实的，历史人物和历史事件背后所彰显的精神特质是真实的。所以，具体党性培养要和社会实践结构、现实结构一致起来，只有这样才能和今天开展的伟大斗争匹配起来。习近平总书记指出，今天衡量一名共产党员、一名领导干部是否具有共产主义远大理想，是具有客观标准的。第一是能否坚持全心全意为人民服务的根本宗旨；第二是能否吃苦在前，享受在后；第三是能否勤奋工作，廉洁奉公；第四是能否为理想而奋不顾身去拼搏、去奋斗，去献出自己全部精力乃至生命。这个标准是很实在很真实的。所以，我们要有远大的理想和坚定的信念。

2. 以科学方法开展伟大斗争

要以辩证的科学方法展开伟大斗争。兼顾全面和突出重点相统一，坚持斗争灵活性与秉持法治一致性相统一，不能出圈不能出框。中国共产党呈现什么样的精神风貌，具备什么样的能力结构，坚持什么样的工作方法，不完全由党自己说了算，还要由时代来定义，由中国特色社会主义事业来定义。事业发展到什么地步，党的建设就要跟进到什么地步，党的本领建设和工作方法就要跟进到什么地步，这是党的建设规律。到什么山唱什么歌，时代走到哪一步，政治供给方式、内容、效能就要同步。发达的社会现实匹配落后的政治工作体系，在实践中肯定行不通。党的工作方法就是党的斗争策略，以辩证科学方法开展伟大斗争，就是遵循社会与政治规律。

3. 以政治定力推进伟大斗争

以坚毅的政治定力推进伟大斗争，就要有习近平总书记所讲的"任尔东西南北风""咬定青山不放松"的政治定力。我们强调道路自信、理论自信、制度自信、文化自信，就是在侧重共产党人坚定的、稳定的内在精神结构和内在意志品质。不能略有风吹草动，就开始摇摆。我国内政外交国防、治党治国治军、改革发展稳定，各方面任务之繁重前所未有，面临的风险挑战前所未有。这些风险挑战有的来自国内，有的来自国际，有的来自经济社会领域，有的来自自然界。要打化解重大风险攻坚战，就要有足够的政治定力和毅力，要有不服输的劲头和精神。

针对社会主义与资本主义的斗争，要坚决抵制抛弃社会主义的各种错误主张，自觉纠正各种错误观念。针对纷繁复杂和众说纷纭的改革形势，改革要保持政治坚定性，明确政治定位，始终强调以我为主。我们之所以强调加强政治建设，就是要站在政治高度看问题，就是要讲政治。不能用个人主义代替集体主义，不能用私人偏好代替政治立场、政治观点和政治原则。

4. 以统战力量支持伟大斗争

要以宏大的包容胸怀开展伟大斗争。要把全体社会主义的劳动者、中国特色社会主义的建设者、拥护社会主义的爱国者、拥护祖国统一的爱国者这些力量全部通过习近平总书记七一讲话当中讲的中华儿女的大团结所实现的统战的力量、大联盟的力量团结动员起来。人多力量大，集中力量办大事。最大限度地团结一切可以团结的力量、调动一切可以调动的积极因素、吸纳一切可以吸纳的有益的文明成果，真正地为中华民族的伟大复兴奠定实实在在的、扎扎实实的、真真实实的社会力量基础、政治力量基础、民族力量基础、经济力量基础、国际力量基础，要广泛动员一切力量参与到这个伟大的进程当中去。

5. 以底线思维保障伟大斗争

在开展伟大斗争的过程中，我们要坚持法治思维、底线思维、纪律思维，不恪守底线，不恪守原则，我们的斗争就有可能变性、变味。增强政治领导本领，坚持战略思维、创新思维、辩证思维、法治思维、底线思维，科学制定和坚决执行党的路线方针政策，把党总揽全局、协调各方落到实处。从干部角度来讲，要注重提高自身政治能力，正确把握政治方向，严格遵守政治纪律，加强政治历练，积累政治经验，自觉把讲政治贯穿党性锻炼全过程，自觉坚持“两个维护”，自觉拥护“两个确立”，自觉优化政治能力与领导职责的匹配关系。

不光要有坚强的领导核心，还要有强健的政权体系。这种以人民民主专政为本质内核的国家制度，推进国家治理体系和治理能力现代化，优化国家的政权体系和治理体系。要有底线思维，在这些关键问题、核心问题上，在重要的根本力量塑造上，要有坚定的政治态度，不能对这些问题采取模棱两可甚至是似是而非的态度。要有强大的武装力量，按照党的新形势下的强军目标，全面推进国防建设，锻造既无限忠诚又无比强大的军队。没有坚强的领导核心，没有强健的政权体系，没有强大的武装力量，靠什么去开展斗争？我们要把这种领导力量、政权力量、武装力量守住、建好、建强，开展伟大斗争才有保障。在这些基本力量、重要力量、关键力量上，我们一定要有根本的立场原则方法，要清楚、清醒，不能让问题在工作中被随意处置，切实站稳工作立场。

第十章　人类文明新形态的创造与中国式现代化新道路

在今天这个时间点上，正式提出人类文明新形态和中国式现代化新道路，对于拓展党的话语能力和表达空间，增强新时代中国特色社会主义理论逻辑和实践逻辑，提升党的政治建构水平和顶层设计能力，都将产生积极的深远影响。人类文明新形态的提出是从中国国家发展的核心利益出发，是基于中国社会发展现实而进行的重大理论和政治叙事调整。习近平总书记在庆祝中国共产党成立100周年大会上正式提出这个命题，并不意味着这种命题的相应政治逻辑、历史逻辑及实践逻辑是在今天才突然出现的，人类文明新形态的政治表达隶属于政治实践活动范畴，存在着时机或意愿的影响，但未经政治表达的现实逻辑不会自动消失，依然会存在于社会发展的现实过程之中，并且会以各种途径和方式自我彰显，在理论和实践层面反复出场。

一、人类文明新形态与现代化新道路探索

立足中国特色社会主义思想理论资源和实践经验，借鉴人类文明发展道路的一般规律和普遍逻辑，结合新时代中国特色社会主义所面临的环境、条件和现实，重新建构新时代中国发展的叙事结构与实践

形态，为当前中国发展创新更具价值的话语空间和逻辑，无疑是当下中国叙事和中国故事中最紧迫、最复杂、最艰巨的任务。

人类文明新形态的政治叙事展开，就是这种逻辑与现实的成功突破。作为一种有前景的叙事范式，人类文明新形态不仅要承担起架构和选择新时代中国特色社会主义的发展路径和价值选择、承担起创新和优化新时代中国特色社会主义发展路径与价值选择的实践责任，而且要积极开创新时代中国特色社会主义的全新认知逻辑、理解结构和叙事体系，力求拓展新时代中国特色社会主义科学新颖的意义结构和读写空间，为人类文明发展贡献智慧和力量。增强新时代中国特色社会主义的公共性和普遍性，把中国力量的增长转变为全球治理的改善，把中国发展进步转换成推动全球治理的公共产品，有效弥合中国发展与全球治理的真空地带，切实推动人类命运共同体的建构与成长，无疑成为人类文明新形态开展叙事的主要逻辑，也是丰富和发展新时代中国特色社会主义叙事结构的主要话语范式。

从人类文明发展道路的整体结构和普遍逻辑来看，社会发展既有形态也有逻辑，完全可以从普适性的角度去寻求理解和对话。既认识自我，也理解他者，在自我与他者间形成公共的话语空间，新时代中国特色社会主义才有可能建立起人类文明发展进程中的有效语境，生成具有普遍性的意义空间。人类文明新形态的叙事结构必须既着眼新时代中国特色社会主义的现实语境，又能从中国与世界相互作用的双重逻辑中去寻求建设性视角和力量，这无疑是讲好当代中国故事的关键所在。

尽管话语体系的逻辑和视角是无限开放的，但就理解过程的现实性和时空性而言，我们必须在有限的逻辑和方向上取得一些实质性进展，而且这些进展必须是在现实政治可接受的意义上发生的。从民主与组织两种不同视角理解权力，从市场与国家两种不同力量理解经济，从资本与权力两种逻辑理解社会，从治体与政体两种模式分析社会主义与资本主义，从后发国家到赶超国家的身份转换中深入把握新时代中国特色社会主义的历史功能、实践超越和时代责任，这些都是人类文明新形态话语体系构建中必须面对的叙事任务，唯有在这种新型叙事逻辑中，才能准确厘清和把握新时代中国特色社会主义所肩负的全球治理与民族复兴双重责任。

（一）人类文明新形态的提出及其意义

习近平总书记在庆祝中国共产党成立100周年大会上指出："我们坚持和发展中国特色社会主义，推动物质文明、政治文明、精神文明、社会文明、生态文明协调发展，创造了中国式现代化新道路，创造了人类文明新形态。"在这样一个重要时间点上，习近平总书记首次提出人类文明新形态这一重要论断，为理解和剖析当代中国发展提供了一种全新的政治和理论视角。"中国式现代化是一场文明延续、迭代与创新的巨变，它不仅集中刻画了中华五千年文明赓续的特殊规律，更在多个维度上探寻着人类文明特别是发展中国家、后起国家文明复兴的普遍规律，以及不同文明在同一时空环境下交融互鉴的普遍格局。"[①]

当代中国已经发展成为世界第二大经济体，并且依然保持着强劲的发展势头，自觉提出人类文明新形态这一创新性概念，既是当代中国政治理性和政治能力积极发展的自然结果，也是中国现阶段关于自身与世界发展潮流的整体构想与认知。中国发展作为当今世界发展最显著的增量部分，其实践与理论更加具有普遍的世界历史意义。习近平总书记在庆祝中国共产党成立100周年大会上提出这个论断，但该问题所依据的政治逻辑、历史逻辑和实践逻辑并不是今天突然发生的。虽然人类文明新形态的政治表达在实践上需要恰当的政治契机，但该问题背后的现实逻辑却是客观存在的，并不会因为政治的需要而被随意虚构出来，逻辑的自洽性早已衍生于中国社会发展的过程之中，

① 董志勇：《中国式现代化开创人类文明新形态》，《光明日报》2021年8月9日。

并且会在思想上和实践中不断得到表达和强化。中国社会发展的内在逻辑是在以往历史实践的不断生成中自然形成的，党的领导和执政也必须以遵循这种历史实践逻辑为前提，只有把这种历史自然逻辑成功变成政治化的自觉逻辑，才能够真正实现党的领导和执政的实际价值。

今天，在政治层面正式提出人类文明新形态，从政治逻辑的角度来辨识，主要是当代中国发展的历史逻辑、理论逻辑与实践逻辑自身演变的结果。

回顾党的百年奋斗历程，可以说成就巨大，彪炳史册。毛泽东在《论人民民主专政》一文中写道："十月革命一声炮响，给我们送来了马克思列宁主义。十月革命帮助了全世界的也帮助了中国的先进分子，用无产阶级的宇宙观作为观察国家命运的工具，重新考虑自己的问题。走俄国人的路——这就是结论。"这一论断表明，在当时的历史条件下，中国共产党用无产阶级宇宙观作为工具观察国家命运，以全新的思想资源理解和认识民族自身问题，走俄国人的道路，建立无产阶级新型政党组织，依托新思想和新组织资源探索国家现实出路，寻求国家前途和未来。

中国共产党成立100多年来，马克思主义在中国大地放射出灿烂光芒，结出丰硕果实。在马克思主义指导下，中国共产党带领中国人民艰苦奋斗，创造了经济快速发展和社会长期稳定两大奇迹，中华民族迎来了从站起来、富起来到强起来的伟大飞跃。马克思主义的伟大旗帜是民族发展进步的旗帜，是实现民族繁荣发展的旗帜，中华民族的一切发展与进步、繁荣与增长，都是在马克思主义旗帜下实现的。在马克思主义指导下，中国在政治、经济、思想文化、科学技术、军事等领域都获得了巨大成就，中国日益走近世界舞台的中央，不但要完成民族复兴的历史重任，还要为当代世界发展与治理作出全新贡献。把制度优势转变成治理效能，促进社会进步和人民生活改善，这既是决定当代中国发展进程、关涉中华民族伟大复兴征程的重大民族问题，也是关乎二十一世纪马克思主义发展、构建人类命运共同体的重大国际问题。自觉提出和构建人类文明新形态的叙事逻辑与话语体系，无疑是弥合当代中国实践与当代全球治理现实两种场域之间缝隙的最好选择。

统筹推进“五位一体”总体布局，协调推进“四个全面”战略布局，代表的是当代中国保持现实增长能力的一种结构与形态，这种总体性增长势必要经历一个由量变到质变自然演进的发展过程。正如党的十九大报告所指出的，“我国经济已由高速增长阶段转向高质量发展阶段”。由数量型经济向质量型经济转变，不只是经济发展内容的重大变革，经济基础发生由量到质的性质变化，必然意味着上层建筑领域也要同步进行重大调整。理论上怎么认识，政治上怎么定位，这不仅是关乎中国发展能否走向更高层次的根本性问题，也是从根本上影响和决定世界发展走势的重大国际热点问题。中国作为当代世界经济最有活力、增长势头最好、增长环境和能力最优的地区，不仅构成当代世界经济的重要组成部分，而且是推动世界发展格局走向公平正义的最重要力量，对于重塑和引领世界未来发展潮流与价值发挥着尤为重要的作用。中国发展需要世界，世界发展也需要中国，在中国和世界日益深刻的共生结构中确立更具未来性和建设性的正确方向，无疑是当代中国发展与当代世界创建的共同需要。由中国现代化实践走向构建人类文明新形态的政治自觉，是当代中国发展现实内在兼具民族性与全球性的必然要求，中国道路不仅是在解决民族自身问题，也是在解决当代全球治理难题。中国脱贫攻坚实践取得的伟大成就，就是对人类反贫困事业作出的杰出贡献。转变经济发展方式，调整经济结构，推进供给侧结构性改革，贯彻新发展理念，构建新发展格局，所有这些重大举措都是中国为人类社会发展作出的积极有益探索。

当代中国马克思主义、二十一世纪马克思主义、中华文化和中国精神、中国特色社会主义制度和中国现代化实践、当代人类文明的一切先进成果，等等，所有这些现实元素无疑都是创建人类文明新形态的重要参与力量。中国现代化要想表现出更为强劲的生命活力，就必须为人类文明发展作出有价值的独特贡献，为人类文明走出西方霸权主义垄断局面、实现更好发展开拓一条新道路，这既是当代世界发展中国家走向现代化的急迫需要，也是彻底打破西方中心主义国际秩序的必然途径。新价值和新路径所代表的增长能力和竞争能力，才是真正改变传统国际政治经济秩序的有力武器。中国式现代化新道路开创的人类文明新形态表现出来的卓越增长能力，就是其不容置疑的核心竞争能力。以美国为首的西方国家对中国发展的各种制裁与围堵，恰好印证了这种新型竞争力在西方社会普遍引起的焦虑和隐忧。正如习近平总书记在党的十九大报告中指出："中国特色社会主义进入新时代，意味着近代以来久经磨难的中华民族迎来了从站起来、富起来到强起来的伟大飞跃，迎来了实现中华民族伟大复兴的光明前景；意味着科学社会主义在二十一世纪的中国焕发出强大生机活力，在世界上高高举起了中国特色社会主义伟大旗帜；意味着中国特色社会主义道路、理论、制度、文化不断发展，拓展了发展中国家走向现代化的途径，给世界上那些既希望加快发展又希望保持自身独立性的国家和民族提供了全新选择，为解决人类问题贡献了中国智慧和中国方案。"

（二）中国式现代化新道路的发展

在博鳌亚洲论坛2018年年会开幕式上，习近平主席发表了题为《开放共创繁荣 创新引领未来》的主旨演讲，他谈道："40年来，中国人民始终上下求索、锐意进取，开辟了中国特色社会主义道路。中国人民坚持立足国情、放眼世界，既强调独立自主、自力更生又注重对外开放、合作共赢，既坚持社会主义制度又坚持社会主义市场经济改革方向，既'摸着石头过河'又加强顶层设计，不断研究新情况、解决新问题、总结新经验，成功开辟出一条中国特色社会主义道路。”①

这段话本质上是在论述中国特色社会主义道路的来源，阐明中国特色社会主义道路成功的代表性含义。中国特色社会主义道路是通过改革开放、独立自主、“摸着石头过河”及加强顶层设计而开辟的。中国特色社会主义道路成功的历史性、世界性、政治性含义，证明了当今世界的现代化模式以及通向现代化的道路不止一条，现代化道路是多元的，不是一元的。

当今世界，西方现代化的成就和价值不容忽视，但是把西方的现代化模式和现代化道路当作人类唯一的解救之道、唯一的出路，这种立场和意识形态是不正确的。坚持将西方现代化的一元论和西方在世界范围内的领导权、优越性捆绑在一起，承认西方现代化的唯一性，等于确认西方现代化道路的普遍性。这样，所有国家都要跟在西方国家后面跑，这个秩序逻辑最后就变成了西方意识形态的霸权主义，这对世界其他国家的发展而言，是一种抑制性的统治力量。

抑制性的统治力量只要存在，世界上其他国家的发展就难以推进，只能模仿、跟随西方现代化国家。发达国家在前面跑，发展中国家在后面追，西方现代化国家将永远是带头“大哥”，发展中国家将永远是“小弟”。这种意识形态立场本质上是一种西方霸权主义，是为西方国家的利益和权力服务的。和这种意识形态以及现代化立场相对应的是西方主导权力，只要西方主导权力存在，其他国家在这种权力格局中就永远不能实现超越，而这既不符合后发国家的普遍利益，也不符合中国发展的特殊利益，更不符合中国发展能力的塑造。

中国要想获得自主性发展，就要拥有独立自主的发展能力。所谓独立自主的发展，就是要从西方现代化主导的一元论立场上独立出来，从西方现代化模式的霸权主义逻辑里独立出来，另辟蹊径，弯道超车，

① 习近平：《开放共创繁荣 创新引领未来——在博鳌亚洲论坛2018年年会开幕式上的主旨演讲》，人民出版社2018年版，第4页。

寻找适合自身发展的独立自主的道路。只有坚持独立自主的道路，才可能获得自主性的真正发展；只有实现独立自主的发展，才能够彻底摆脱西方体系的抑制，获得独立发展的能力。所有的依附型发展、殖民主义发展，都是不能从根本上发展起来的。

中国在现代文明和现代化立场上主张多元论，主张兼容并包，用多元的现代化去对抗一元的现代化，用世界的民主主义去对待、对抗世界的霸权主义。这种民主主义的观念和行动，是从根本上为中国的发展塑造环境、创造空间、形成力量。

提倡中国式现代化新道路就是培育中国国家发展能力，塑造国家现代化能力。习近平主席在第七十六届联合国大会一般性辩论上的讲话中指出："一个和平发展的世界应该承载不同形态的文明，必须兼容走向现代化的多样道路。"[①]

中国主张的多元主义，是现代化的民主局面、多元局面。每个国家自主探索符合本国国情的现代化道路的努力都应该受到尊重。中国共产党愿同各国政党交流现代化建设经验，共同丰富走向现代化的路径，更好地为本国人民和世界各国人民谋幸福。

这本质上是世界的、全球的民主治理和全球的霸权主义之间的差异性，是世界上所有国家都有发展自己的权利和发展的垄断性之间的差异性。中国主张拥有独立自主的发展能力、主张走独立的现代化道路，因为只有坚持走独立的现代化道路才能真正地发展起来，摆脱依附性、殖民主义、霸权主义，打破全球权力的不平衡，走向多元化、民主化。只有多元化的世界权力格局才能实现多元化的共同发展，否则就变成一家独大的发展。

（三）从人类文明高度审视中国现代化道路

从人类文明的高度审视中国式现代化的道路和模式问题，是在更

① 习近平：《坚定信心共克时艰共建更加美好的世界》，人民出版社 2021 年版，第 5 页。

高价值维度上理解和分析中国现代化实践的价值内涵，是对中国式现代化道路所具有的世界历史意义的极大拓展。今天，我们站在全人类历史发展的文明高度来审视自己，看待中国国家的发展，这代表着中国国家发展的一种科学性视角和科学意识形态。我们要把自己国家的发展放置到人类文明进化的总趋势、总潮流中去，我们要保持对人类历史和人类文明的自觉，从历史发展和文明的潮流和趋势规律的层面上去理解、架构国家的发展。这样的发展才是有生命力的，才是符合历史规律和文明演变规律的发展。

人类文明新形态是现代国家发展意识的一种高度觉醒，代表的是一种规律性、自觉性、自主性的力量，是一种有前途、有未来的力量。这种意识里既包含主观认识和客观规律的统一，也包含主观认识对客观规律的尊重。从文明的角度来审视中国，这是一种进步。

一个 14 亿多人口的国家，全世界第一大政党领导的国家，全世界第二大经济体的国家，在民族的发展进程中，应该具备历史和文明的意识和自觉性。我们的这种担当意识、作为意识，这种大历史视角和文明意识，是和我们国家发展的阶段、身份、地位及自身情况相匹配的，这种发展就是好的发展。

1. 文明的内涵

文明分为个体层面和社会层面两个层面。个体层面更多地停留在道德礼仪层面，代表的是个体文明状态，如果个体以本能的自然的面目出现，缺乏教化，就是一种原始的自然的状态。个体意义上的文明的价值和意义也只是停留在个体层面上。

但是人不仅有自然属性，还有社会属性。人在社会领域生存的时候，还是靠社会属性和其他人打交道，人应该是站在万物之灵的维度，而不是站在野蛮凶残的维度上彼此相处，这是社会得以形成的基础。广义的文明则是从社会层面上来看，是人类社会发展过程中所创造的物质、精神、文化、制度等的所有成果的总和，我们称其为文明，不同于我们所讲的自然状态。

比如，自然的山水没有进入人的视野和精神世界，没有进入人和人的关系中，而是处在一种自发、自在的状态，它不是自为、自觉的状态，就和我们没关系。一旦让自然的山水进入了我们的生活和精神世界，它就从自在变成自为了，就有了意义和含义。“高山仰止”“会当凌绝顶，一览众山小”，这些不单纯是说山，而是说社会，是说人的意义世界、精神世界，所以，这样的“山”已经不是自然意义上的山，而是精神意义上的山了。

社会文明和个体文明相比较，社会文明带有普遍性、永恒性、规律性。社会文明不以张三为标准，也不以李四为标准，它表达的是一种主体坚性。张三死掉了，李四死掉了，但文明不死，因为文明不是张三、李四所展现出来的个体的碎片式模样，文明带有整体性、普遍性。这种整体性、普遍性是对个体生死的一种超越，所以文明可以传承、延续、积累，具有普遍的意义。

从人类文明发展的实践历程、认识历程和理论历程来看，我们经过很多文明形态，可以从各个维度和角度对人类文明进行描述、认识和理解。比如，古典文明、近代文明、现代文明，这是按照时间的轴线对文明作出的划分。古典文明，包括中华文明、古希腊文明、古罗马文明、古印度文明，这些古典文明形态，实实在在在客观上、历史上存在过；近代文明我们更多讲的是近代的民族解放运动政治文明、近代的工业文明、蒸汽机文明；现代文明我们讲的是从工业文明到了信息文明、数字化时代。可以看到，在这个过程中，整个文明范式和形态也发生了根本的变化。

不仅有时间意义上的文明，还有空间意义上的文明。从地域意义上讲，中华文明、西方文明、阿拉伯文明、古印度文明都带有地域的特点。

从人类社会发展的内在逻辑和基本序列看，社会文明在不同的历史阶段有它不同的表现形态。原始社会、奴隶社会、封建社会、资本主义社会、社会主义社会五个社会发展阶段分别代表着五种不同的社会发展形态。

社会形态是文明的一种表现方式。从生产资料的角度讲，马克思恩格斯把人类社会发展依次分为石器时代、铜器时代、铁器时代、机器时代，是对文明一种分类方法。从世界史的角度讲，有原始文明、农业文明、工业文明来表征文明的不同发展阶段。我们今天讲的现代化、后现代主义本身也是对文明的一种时间维度上的描述。人类文明的形态划分的依据不同，文明的分类是不一样的。人类文明的发展经历的形态、类型很多，有助于我们从多个角度，多个象限增强对文明的认识和理解。

2. 人类文明新形态的内涵

党的十九届六中全会明确指出："党领导人民成功走出中国式现代化道路，创造了人类文明新形态，拓展了发展中国家走向现代化的途径，给世界上那些既希望加快发展又希望保持自身独立性的国家和民族提供了全新选择。"①党领导人民创造了人类文明新形态，打破了现代化就意味着打破了西方化的虚假想象，在现代化意义上实现了路径超越。理解人类文明新形态的内涵，就应该从这种文明实践的过程及其价值角度进行说明。从空间维度来看，人类文明新形态饱含丰富的中国地域元素，是中国特色社会主义实践所代表的文明类型；从时间维度来看，人类文明新形态是相对过去的文明类型而言的，尤其是相对于当代资本主义主流文明形态而言的；从政治维度来看，领导人类文明新形态创造过程的权力结构和组织类型不同于现代资本主义政治现实，它有自身独特的组织力量与权力运作方式。

中国特色社会主义道路走出来的人类文明新形态，具有极强的丰

① 《中共中央关于党的百年奋斗重大成就和历史经验的决议》，人民出版社 2021 年版，第 64 页。

富性和实践性，在认识和把握其内涵上应该具备宽广的视角和多元的角度。

人类文明新形态新在“理念”上，显然不同于资本主义的单一资本逻辑，其核心价值理念明确倡导“以人民为中心”，强调尊重人民主体地位和首创精神。“以人民为中心”与“以资本为中心”，完全是人类历史在不同发展阶段的不同选择，中国共产党明确主张“没有任何自己特殊的利益”，把人民利益放在最高位置，公开表明“从来不代表任何利益集团、任何权势团体、任何特权阶层的利益”，[①]只代表中国最广大人民的根本利益，永远把人民对美好生活的向往作为奋斗目标，坚持共建共治共享，坚持国家利益和个人利益有机结合，以促进人的全面发展和实现全体人民共同富裕。

人类文明新形态新在“道路”上，主要体现为物质文明、政治文明、精神文明、社会文明、生态文明协调发展的新型实践方式，这种发展方式强调内部实践结构的健全与平衡，突出全面、协调与可持续性的科学统一。

人类文明新形态新在“制度”上，党带领人民在社会主义现代化建设实践中形成了更加成熟和更加定型的中国特色社会主义制度。中国共产党领导是中国特色社会主义最本质的特征，是中国特色社会主义制度的最大优势。坚持中国共产党的领导、人民当家作主、依法治国三者有机统一，是这一文明形态的独特结构。它的制度特征、制度结构、制度价值和西方三权分立的制度文明是不同的，人类文明新形态不是权力的分立，而是主体力量的平衡，是坚持以马克思主义为指导，传统文明与现代文明相统一，民族精神与时代精神相结合，中华文明与外来优秀文明成果相融合的一种文明形态。在抗击新冠肺炎疫情等全球重大公共危机中，这一文明实践展现出了极强的制度竞争力，

① 《中共中央关于党的百年奋斗重大成就和历史经验的决议》，人民出版社2021年版，第66页。

在全社会展现出来的现实领导力、组织力和执行力都是无与伦比的。

就内部结构而言，党领导人民在社会主义现代化建设实践中开创的人类文明新形态，不仅代表着光明的前景，而且代表着先进的现实活动能力。

从物质文明的角度讲，人类文明新形态和以往物质文明的创造方式、创造结果都不同。它是“坚持解放生产力和发展生产力相统一、坚持以公有制为主体与多种所有制共同发展相统一、坚持按劳分配为主与多种分配方式相统一、坚持社会主义市场经济与发挥政府作用相统一、坚持部分先富与共同富裕相统一的文明新形态”[①]。从中我们可以看到，中国发展道路在实践中的生产方式、生产过程走出了自身特点，走出了自身的差异化。

从社会文明的角度讲，“人类文明新形态是以保障和改善民生为导向、不断推进国家治理体系和治理能力现代化，坚持总体国家安全观，确保社会持续稳定、发展、安全的文明新形态”[②]。

从生态文明的角度讲，“人类文明新形态是坚持人与自然和谐共生、节约资源与保护环境有机结合，坚定走生产发展、生活富裕、生态良好的文明发展道路的文明新形态”[③]。

从国际文明的角度讲，“人类文明新形态是高举和平、发展、合作、共赢旗帜，奉行独立自主和平外交政策，坚持走和平发展道路，推动建设新型国际关系，致力构建人类命运共同体的文明新形态”[④]。

人类文明新形态主张人类命运是休戚相关、普遍联系的，不是零和博弈，不是你死我活。这种国际观和西方霸权主义美国优先的国际立场是截然不同的。

---

① 韩振锋:《正确认识和把握人类文明新形态》,《河北日报》2021 年 9 月 10 日。

② 同上

③ 同上

④ 同上

3. 人类文明新形态与现代化新道路是历史的选择

人类文明新形态是怎样形成的？为什么说人类文明新形态是在中国式现代化新道路实践中开创的？胡锦涛在党的十七大上讲道：“决不走封闭僵化的老路，也决不走改旗易帜的邪路。”[①]党的十九届六中全会通过的《决议》指出：“只要我们既不走封闭僵化的老路，也不走改旗易帜的邪路，坚定不移走中国特色社会主义道路，就一定能够把我国建设成为富强民主文明和谐美丽的社会主义现代化强国。”[②]这里的不走老路、不走邪路代表中国走的是现代化道路，人类文明新形态既是我们慎重的、自觉的选择，也是我们历史的、实践的选择，还是我们理性的选择。

《决议》还强调：“党的十九大对实现第二个百年奋斗目标作出分两个阶段推进的战略安排。从二〇二〇年到二〇三五年基本实现社会主义现代化，从二〇三五年到本世纪中叶把我国建成社会主义现代化强国。到那时，我国物质文明、政治文明、精神文明、社会文明、生态文明将全面提升，实现国家治理体系和治理能力现代化，成为综合国力和国际影响力领先的国家，全体人民共同富裕基本实现，我国人民将享有更加幸福安康的生活，中华民族将以更加昂扬的姿态屹立于世界民族之林。”[③]这里指出的中国式现代化新道路的前景极其光明，美好生活意味着民族和国家具有充满希望的未来。

面对中国式现代化新道路的发展前景，现在就要明确发展方向，我们应该坚定“四个自信”，应该坚定基本的现代化的立场，应该坚定关于中国社会发展的文明价值和自我评价。可以说，到 21 世纪中叶，人类文明新形态所要实现的社会发展高度、美好生活程度，在人类历史上都是独一无二的。

---

① 《胡锦涛文选》（第三卷），人民出版社 2016 年版，第 159 页。

② 《中共中央关于党的百年奋斗重大成就和历史经验的决议》，人民出版社 2021 年版，第 68 页。

③ 同上书，第 71－72 页。

当今世界，没有哪一个国家、哪一个政党自觉主动地提出这个问题，中国明确提出到本世纪中叶的国家发展愿景和目标，这个规划和愿景目标是有意义的。中国的体制既能说“大话”，还能说“小话”。说“大话”是指我们可以说两个一百年的远景规划，2035 年的远景规划，21 世纪中叶的现代化强国目标规划；说“小话”是指我们可以立足当下，立足当前正在做的事情，说我们现在要干什么、应该怎么干。所以，我们把说“大话”和说“小话”、把说管长远的话和说管眼前的话结合起来，既有方向，又有目标，还有立足于脚下的实际行动。有梦想、有目标、有愿景，这样的国家一定是有未来、有前途、有希望的国家。人类文明新形态，所代表的就是中华民族独立自主的繁荣增长之路，就是中华民族欣欣向荣的发展之路，就是中华民族不断地从成功走向成功，从胜利走向胜利的典型成功之路。

人类文明新形态是中国共产党领导中国人民在尊重客观规律的前提下，立足中国革命建设改革实践，把马克思主义基本原理同中国实际、中国文化相结合的伟大创造，既有别于西方的资本主义文明形态，也不同于苏联模式的社会主义文明形态，是在中国本土的实践基础之上、理论基础之上、政治基础之上的一种理论创新、实践创新、制度创新、政治创新。这种创新里面既包含中国实践元素，也包含马克思主义理论元素；既包含中国的历史元素，也包含中国现代最先进的元素。这种人类文明新形态包含四个基本元素：发展了的马克思主义、激活了的中华文明、发展中的中国实践、借鉴吸收了人类文明的一切先进成果。四个基本元素包括内部因素和外部因素两个方面：内部因素——激活了的中华文明、发展中的中国实践；外部因素——发展了的马克思主义、借鉴吸收了人类文明的一切先进成果。这四个基本元素构成了人类文明新形态的基本结构。

综合来讲，中国所创造的人类文明新形态就是理论和实践的统一，既有深厚的理论基础，也有广阔的实践场景，把实践场景和理论基础两个方面有机地自觉地统一起来。

要想把握中国实践所形成的人类文明新形态，主要从以下几个方面认识：第一，它是在中国特色社会主义与中华文明相结合的过程中，呈现的社会主义文明新形态。第二，它是在社会主义先进文化、革命文化、中华优秀传统文化三者有机融合和创新发展基础之上，呈现的文明新形态。第三，它是在推动中国特色社会主义物质文明、政治文明、精神文明、社会文明、生态文明协调发展的过程中，呈现出的文明新形态。第四，它是在吸收人类优秀文明成果的基础上，呈现的中华文明新形态。

通过对中国创造的人类文明新形态形成过程的梳理，可以看出其有四个方面的基本特性：是对中华民族传统文化的现代继承和创新发展，是中国共产党不懈推进马克思主义中国化时代化的产物，是中国共产党团结带领中国人民在英勇顽强的奋斗实践中创造的文明奇迹，是物质文明、政治文明、精神文明、社会文明、生态文明整体推进全面发展的文明。

4. 人类文明新形态与中国式现代化新道路的重大价值

人类文明新形态与中国式现代化新道路彰显着人民至上的鲜明立场和价值追求，体现了开放包容、命运与共的天下情怀。这种中国式现代化新道路、人类文明新形态，其实践效果、成就、作用、价值是巨大的。

习近平总书记在庆祝中国共产党成立100周年大会上的讲话中指出："中国共产党和中国人民以英勇顽强的奋斗向世界庄严宣告，改革开放是决定当代中国前途命运的关键一招，中国大踏步赶上了时代！"这表明中国式现代化新道路、中国所创造的人类文明新形态是富有效率的，是能够解决问题的，是能够弥补我们和西方社会发展的差距的，是能够帮助我们赶上时代潮流和时代发展的。这种人类文明新形态可以帮助我们解决国家发展曾经的欠账，能够实现后发国家迅速赶超的现代化道路，表现出卓越的效率优势，展现出强大的赶超功能，让我们大踏步地赶上了时代。它是一种能够实现国家发展的积极尝试和探索，是一条能够帮助发展中国家逐步摆脱贫困、走向成功的道路，是一条能够帮助我们完成从站起来到富起来再到强起来的巨大历史蜕变的道路。

对于人类文明新形态要觉悟和珍惜，要给予它应有的理论地位、政治地位和历史地位。习近平总书记指出："可以说，在人类文明发展史上，除了中国特色社会主义制度和国家治理体系外，没有任何一种国家制度和国家治理体系能够在这样短的历史时期内创造出我国取得的经济快速发展、社会长期稳定这样的奇迹。"①

所以，中国式现代化新道路和人类文明新形态，从内容上讲是相互贯通、辩证统一的。中国式现代化新道路是创造奇迹的一条路、是实现奇迹的一条路，不是寻常路、不是一般路，是带有巨大历史进步特征和巨大实践优越性的一条路。中国式现代化和人类文明新形态，本质上是合二为一的。中国式现代化是路，人类文明新形态是道，路是我们的实践，道是我们对实践的一种理论、制度与政治的总结。中国式现代化新道路的实践与人类文明新形态的先进理念价值，共同形成了独具创新的中国模式，开创了中国独立自主的发展道路。

中国式现代化新道路和人类文明新形态，体现了中国发展和世界发展之间的关系，以及中国当代发展和世界历史进程之间的关系。

二、人类文明新形态的现代化政治逻辑

人类文明新形态与中国式现代化新道路是关乎中国发展的整体性问题，是中国现代化过程中必须要面对的现实重大逻辑，并不是政治上或者理论上的无中生有，或者出于政治宣传需要而产生的。这个问

① 《习近平谈治国理政》(第三卷)，外文出版社 2020 年版，第 124 页。

题所关照的中国社会发展的内在逻辑是实实在在的，所牵扯到的中国发展的整体性、中国总体发展的策略和战略是实实在在的。中国式现代化新道路问题、人类文明新形态问题，既关乎中国的总体性长期性问题，又关乎中国和世界的关系问题，还关系到中国当下的发展问题，是一个在理论与实践上非常凸显的问题。它是政治层面上的实在问题，也是超越政治换届选举周期的底层政治逻辑和政治结构问题。如果这种政治的底层理论结构、认知结构和制度结构不明确或不科学，那么奠基于其上的政治形势、政治过程、政治活动的价值意义就非常有限。如果政治方向不对，就算再努力，活动效能、活动效率及活动价值都是极其有限的。

（一）人类文明新形态与现代化新道路的生成

人类文明新形态、中国式现代化新道路是关乎社会发展文明的方向问题，是关乎长远性和整体性的民族发展价值问题。正是因为这种总体性和根本性特征，所以它比政治权力的运作方式和运作过程要重要得多。政治的活动方式、活动过程、活动效果是政治底层发展结构的一种自我逻辑实现，是政治底层发展逻辑、发展战略、发展策略的一种外化和物化形式，无论这种底层政治结构与逻辑如何发展，都不能代替其推动人类文明新形态与中国式现代化新道路发展的功能与价值。

1. 党的百年奋斗历程探索人类文明新形态与现代化新道路

从政治层面看，人类文明新形态这一重要论断是一步步走进国家和民族视野，走进理论和意识形态层面，成为政治上、理论上的一种认识和共识的。毛泽东在《人的正确思想是从哪里来的？》一文中指出："人的正确思想，只能从社会实践中来。"[①] 从中国实践到中国理论，从中国实践到中国意识再到中国思想，一定是遵循了客观实践的

① 《毛泽东文集》（第八卷），人民出版社 1999 年版，第 320 页。

历史过程。从过程上讲，党的十九届六中全会通过的《决议》，对中华民族一百年来的历史进程作了一个历史性、整体性、结论性的描述。

按照党的十九届六中全会的基本精神，党的百年奋斗历程可以分成以下四个历史时期。

第一个时期是新民主主义革命时期。这一时期“实现了中国从几千年封建专制政治向人民民主的伟大飞跃”。[①] 其历史功能价值在于推动民族历史进程从封建专制的政治进程走向人民民主。

第二个时期是社会主义革命和建设时期。其历史功能有两个方面：一个是思想理论功能；另一个是实践功能。思想理论功能是实现了“马克思主义中国化的第一次历史性飞跃”[②]，实践功能是“实现了一穷二白、人口众多的东方大国大步迈进社会主义社会的伟大飞跃”[③]。这一时期实现了在理论上和实践上的飞跃，使我国社会发生了社会性质、社会形态的根本改变。

第三个时期是改革开放和社会主义现代化建设时期。这一时期也实现了两个方面的飞跃：一个是理论飞跃；另一个是实践飞跃。理论的飞跃是“形成中国特色社会主义理论体系，实现了马克思主义中国化新的飞跃”[④]，即第二次历史性飞跃；实践的飞跃是“实现了人民生活从温饱不足到总体小康、奔向全面小康的历史性跨越，推进了中华民族从站起来到富起来的伟大飞跃”[⑤]。

第四个时期是党的十八大以来，中国特色社会主义进入新时代。这一时期也实现了两个方面的飞跃。理论的飞跃体现为：“习近平新时代中国特色社会主义思想是当代中国马克思主义、二十一世纪马克思

---

① 《中国共产党第十九届中央委员会第六次全体会议文件汇编》，人民出版社2021年版，第28页。

② 同上书，第33页。

③ 同上书，第34页。

④ 同上书，第39页。

⑤ 同上书，第44页。

主义，是中华文化和中国精神的时代精华，实现了马克思主义中国化新的飞跃。”[①]这是马克思主义中国化的第三次历史性飞跃。实践的飞跃体现为：“中华民族迎来了从站起来、富起来到强起来的伟大飞跃。”[②]

从新民主主义革命时期到中国特色社会主义进入新时代，构成了中国共产党百年历史的基本结构，这四个历史时期，分别承担了四个方面的历史功能、历史作用，实现了理论和实践的多次飞跃，构成了整个中华民族历史进步的总节奏、总基调，构成了人类文明新形态形成的基本过程、基本步骤，使我国从一个一穷二白、人口众多的东方大国，飞跃成当今世界第二大经济体，创造了独特的中国式现代化新道路，创造了拥有独特精神与实践结构的现代文明国家。我们创造了人类文明新的理论形态、政治形态、实践形态、制度形态，和历史上所有文明的现代化道路都不一样，走出了一条独特的、更先进的现代化道路。

中国式现代化新道路代表我们的实践和作为，人类文明新形态代表其实现的价值和意义。一个是行为，一个是价值，共同构成了当代中国文明的基本形态和结构。当代的中国文明包含物质文明、政治文明、精神文明、社会文明和生态文明。在具体展开的过程中有它的历史过程、历史展开形态，分别在经济建设、政治建设、文化建设、社会建设、生态文明建设上，有其实践性的做法和基础，再加上时间变量的长期积累、长期结构化、长期整体化，最后上升为人类文明的新形态和新高度。这是中国距今100年以来的历史进程所具有的历史含义、政治含义和理论含义。这是一步步由初级到高级，不断地发展，不断地在理论上、实践上完善的过程，也是自我不断结构化的过程。

① 《中国共产党第十九届中央委员会第六次全体会议文件汇编》，人民出版社2021年版，第48页。

② 同上书，第90页。

2. 中国社会主要矛盾变化决定人类文明新形态与中国式现代化新道路

在对这个问题的把握上，离不开中国社会发展的内在逻辑、主导逻辑。中国社会的发展是围绕着解决中国社会问题的发展，不是一开始就给自己贴着人类文明新形态标签的，而是先有中国的发展，再有中国发展基础之上的文明。

在中国发展过程中，社会的主要矛盾就是社会的主要问题，就是社会发展的核心问题。人类文明新形态的形成，是伴随着中国社会不断解决自身问题的过程形成的。中国社会的主要矛盾经历的不同历史时期的变化，也代表了中国社会在现代化探索的过程中，不同的历史阶段和不同的发展阶段，由矛盾的初级阶段到矛盾的高级阶段、由简单的矛盾到复杂的矛盾变化的过程，代表着中国社会的发展和进步。这个发展进步是在矛盾的迭代上，以复杂矛盾代替简单矛盾，以高阶矛盾代替低阶矛盾，这是对整个社会发展进步的一种逻辑的、哲学的表达。

第一次提出中国社会主要矛盾是在新中国成立之后党的八大上。1956 年，党的八大第一次正式对中国社会当时面临的主要矛盾作出了政治层面上的概括，分为两个方面：一是人民对于建立先进的工业国的要求同落后的农业国的现实之间的矛盾；二是“人民对于经济文化迅速发展的需要同当前经济文化不能满足人民需要的状况之间的矛盾”，[①]实际上是经济文化的供给和需求之间的矛盾，这里说的是需要和不能满足需要之间的矛盾。当时，中国作为一个革命后的国家，一个经济、文化、社会建设基础都比较薄弱、千疮百孔的国家，一个百废待兴的国家，必然表现为经济上、政治上、精神上的落后与贫困。这些带来的核心问题是短缺，即庞大的社会需求和社会供给能力不足之

① 《中共中央关于党的百年奋斗重大成就和历史经验的决议》，人民出版社 2021 年版，第 11 页。

间的矛盾。

1956 年，三大改造彻底完成，社会主义的过渡时期总路线基本完成，但过渡时期完成的只是社会的基本经济结构、基本社会形态的改造。关于社会的领导理论、政策理论，当时的认识和看法还不够理性、自觉和成熟。当时的主要矛盾，即“人民对于建立先进的工业国的要求同落后的农业国的现实的矛盾，已经是人民对于经济文化迅速发展的需要同当前经济不能满足人民需要的状况之间的矛盾”，[①]是一种简单的初级矛盾，主导了中国社会主义建设 20 多年的艰辛探索。

在这种主要矛盾的认识基础上，我们形成了自身的根本经济制度，发展了自身的经济能力，提升了自身的经济实力，逐步满足了人民群众的基本需要。矛盾的理论形态的简单化不代表矛盾在整个政治决策和政治实践中不起作用，这个基本判断所表达的含义是准确真实的。

第二次提出主要矛盾是在党的十一届六中全会上。1978 年改革开放之后，我们的思想、理论、实践、政治观念都取得了巨大进步。用这种进步了与变化了的观念和眼光来审视中国社会，能够把中国社会看得更全面、更准确。因此，党的十一届六中全会对中国社会主要矛盾的概括表述在逻辑上及表达的理论形态上更加科学，即“人民日益增长的物质文化需要同落后的社会生产之间的矛盾”[②]。这一主要矛盾的表述，基本上主导了中国社会改革开放 30 多年的时间。正是在这样的主要矛盾判断的前提下，开启了改革开放、经济体制改革，实现了从站起来到富起来的巨大转变。随着对中国社会矛盾认识的一步步深化，我国的政策供给、国家的基本国策和基本战略越来越科学、越来越准确。

第三次提出主要矛盾是在党的十九大上。党的十八大以来，根据

① 中共中央文献研究室编：《建国以来重要文献选编》（第九册），中央文献出版社 1994 年版，第 341 页。

② 《中共中央关于党的百年奋斗重大成就和历史经验的决议》，人民出版社 2021 年版，第 17 页。

新发展的中国实际，习近平总书记在党的十九大上对我国社会的主要矛盾作出了全新的概括，即“人民日益增长的美好生活需要和不平衡不充分的发展之间的矛盾”。这一表述比党的十一届六中全会的表述要更加科学精确。

如果说党的十一届六中全会提出的人民日益增长的物质文化需要同落后的社会生产之间的矛盾，着重表达的是一个量化概念，那么党的十九大关于中国社会主要矛盾的表述，从侧重量化的表述逐渐向侧重质量内涵的表述转变。从侧重量到侧重质的转变，本身就表明了中国社会的发展是由数量型发展转变为质量型发展，体现了社会发展内涵、发展要求的根本性变化。

如果说数量型发展是个总量的问题，那么质量型发展既有总量的问题，又有结构的问题。不平衡不充分的发展，本质上表达的是结构性和总量性双重不足的矛盾。

这种结构性和总量性双重不足制约的不是人民群众的基本需要，而是美好生活需要。第三次关于中国社会主要矛盾的表述和前两次相比，表达了中国社会发展的更高级的历史阶段、更先进的发展阶段。这个发展阶段的内容更加健全、更加深刻、更加丰富，这种内涵性的发展代替了过去的外延性发展，标志着中国社会的发展方式、发展阶段、发展理念发生了巨大转变。

因此，党的十九届五中全会提出的新发展阶段、新发展理念、新发展格局就是根据新的主要矛盾变化而来的。

这三个不同的历史时期中国社会主要矛盾的变化，本身表达的就是中国式现代化新道路不断探索和形成的一个过程，是人类文明新形态一步步在实践探索和理论探索中由初级形态走向高级形态、完整形态的政治认识。它的形成有其历史进程，从新民主主义革命时期到中国特色社会主义进入新时代的客观历史过程是不容忽视的，其在政治上是关于中国式现代化的理论认识、政治认识、实践认识逐步深化的一个过程。这种深化伴随着对中国社会主要矛盾的判断、认识的深化而展开，也就是人类文明新形态政治形成的过程。

（二）人类文明新形态与现代化新道路的关系

在政治逻辑上讲，人类文明新形态是对中国式现代化发展方向和目标的科学概括，也是中华民族伟大复兴进程中的具体实践形态，是中国特色社会主义现代化的“道”与“路”的关系问题。中国式的现代化代表着实践，人类文明新形态代表着实践基础之上形成的精神果实，一个是“路”，一个是“道”。“道”带有普遍性，是人类文明的范畴；“路”带有形而下的特点，是实践的过程。从中国共产党在新中国成立之后的历史使命来看，在新中国成立前与新中国成立后承担了两个使命，一个是民族独立的使命，另一个是繁荣富强的使命。民族独立解决的是身份问题，繁荣富强解决的是发展问题。中国共产党在 1949 年之前着重解决的是民族独立和人民解放的问题，在 1949 年之后重心转移到经济上来，着重解决繁荣富强和人民共同富裕的问题。整个中国式的现代化道路就是伴随着求得民族独立和人民解放，伴随着实现国家繁荣富强和人民共同富裕，这两大历史主题、两大历史任务展开的。

1. 中国式现代化道路的历史任务

关于这个问题的政治自觉、理论自觉不言而喻，在中国共产党的政治进程中，现代化道路的政治逻辑很清晰。1954 年 9 月 15 日，在中华人民共和国成立之后，召开了具有政治标志性意义的第一届全国人民代表大会，毛泽东在第一届全国人大会议上的开幕词中提出，“准备在几个五年计划之内，将我们现在这样一个经济上文化上落后的国家，建设成为一个工业化的具有高度现代文化程度的伟大的国家”[①]。这是以毛泽东同志为核心的党的第一代中央领导集体对国家发展目标问

① 《毛泽东年谱（一九四九——一九七六）》（第二卷），中央文献出版社 2013 年版，第 283 页。

题集体进行的正式思考，并在这种思考中逐渐形成了关于国家发展方向、国家发展目标的清晰认识。

如果我们不建设起强大的现代化工业、现代化农业、现代化交通运输业和现代化国防，我们就不能摆脱落后和贫困，革命就不能达到目的。实现民族独立和人民解放只是第一步，把人民从旧体制下独立解放出来，这是“破”的任务，“破”的任务完成之后关键还是“立”的任务，人民的解放不是单纯的政治解放，还包含着经济解放、社会解放、思想解放，没有经济建设、思想建设、社会建设、精神文明建设，人民就不能解放，革命就不能达到目的。民族独立、人民解放是政治解放，这是第一位的，接下来就是经济解放、思想解放、文化解放、社会解放。所以，关于中国国家的建设问题，关于中国国家的现代化发展问题，周恩来讲了四个方面，即现代化的工业、农业、运输业和国防。

1957 年，毛泽东在《关于正确处理人民内部矛盾的问题》中，进一步明确将我国建设成为一个具有现代工业、现代农业、现代科学文化的社会主义国家的重要思想。这时候，关于国家发展的构想认识越来越清晰明确。1975 年召开的中华人民共和国第四届全国人民代表大会第一次会议上提出“全面实现农业、工业、国防和科学技术的现代化，使我国国民经济走在世界的前列”。[①]1975 年正式提出四个现代化，到 1978 年十一届三中全会时，明确作出把党和国家工作重点转移到社会主义现代化建设上来的决定。如果说前期是关于现代化的政治认识、理论认识的探索期，以十一届三中全会为标志的改革开放就进入了中国现代化的加速期。

1979 年 3 月，邓小平提出中国式的现代化的新说法：“我们当前以及今后相当长一个历史时期的主要任务是什么？一句话，就是搞现代化建设。能否实现四个现代化，决定着我们国家的命运、民族的命

① 《周恩来选集》(下卷)，人民出版社 1984 年版，第 479 页。

运。”[①]“社会主义现代化建设是我们当前最大的政治，因为它代表着人民的最大的利益、最根本的利益。”[②]“现在搞建设，也要适合中国情况，走出一条中国式的现代化道路。”[③]

从党的第一代中央领导集体开启现代化的奋斗目标，到自觉主动地走一条中国式的现代化道路，标志着中国共产党由幼稚逐渐走向成熟，标志着中国现代化进程的巨大发展，代表着中国人民在现代化这条道路上独立自主的思考和探索。

中国式的现代化进入加速发展之前，整个世界处在冷战时期。世界范围内的两种意识形态、两种社会制度的较量进入了一个如火如荼的年代。在冷战的背景下，中国要保持政治上、思想上、理论上、道路上的独立，要独立自主地探索自身的发展道路。这种独立自主探索的价值和意义是非常重大的，正是因为中国式现代化道路的独立自主探索，让冷战时期的国际政治格局发生了天翻地覆的变化。世界并没有出现福山所讲的历史的终结，“历史的终结”没有终结，也没有出现冷战结束时期所谓社会主义的彻底失败。以中国特色社会主义为代表的中国式现代化道路，给世界社会主义500年的历史创造了一种全新的发展前景和发展方向。社会主义失败论、历史终结论，这些带有极强冷战意识形态色彩的言论，在中国特色社会主义的繁荣增长面前不堪一击，中国的发展说明了一切，实践是检验真理的唯一标准。我们经受住了冷战的考验，经受住了颜色革命、和平演变的考验，经受住了社会主义低潮考验，创造了政治、经济、社会、文化、生态上的繁荣增长，展示出了中国式现代化、中国特色社会主义的生机活力。

到了今天，党和国家的事业取得历史性成就，发生历史性变革，中国式现代化的发展、中国式现代化新道路代表的现代国家发展能力

---

① 《邓小平文选》（第二卷），人民出版社1994年版，第162页。

② 同上书，第163页。

③ 同上。

和增长能力远没有结束，还在继续发挥着更大的作用，继续引领着中国社会的发展进步。中国的发展成就、成功与奇迹很显然打破了西方历史终结论和西方现代化独断论的神话，开启了一条不同于西方现代化道路的全新道路。这条全新道路既带有社会主义色彩，又带有现代文明的色彩；既带有历史元素，又带有现代元素；既有传统文化的成分，又有现代文明的成分，它是理论和实践、历史和现实、古今和中外的集大成者。中国式现代化所创造的高度，所实现的价值，在社会主义运动史和现代世界发展史上都带有举世瞩目的标杆意义。

党的十八大以来，现代化实践、现代化理论、现代化思考有了新发展，进一步完善了现代化的实践结构和过程，进一步提升了现代化的境界和水平。正如习近平总书记所说："独特的文化传统，独特的历史命运，独特的基本国情，注定了我们必然要走适合自己特点的发展道路。"①

2. 人类文明新形态的理论逻辑

人类文明新形态是在中国式现代化道路实践中形成的，中国找到了适合自己特点的发展道路，形成了建立富强民主文明和谐美丽的社会主义现代化强国的新目标；在总体发展上提出了国家治理体系和治理能力现代化的新课题；在坚持和发展中国特色社会主义道路上，倡导推动物质文明、政治文明、精神文明、社会文明、生态文明五大文明全面协调发展，把中国式的独特发展道路升华为中国式现代化新道路，升华为人类文明新形态这样一种全新的思想和理论逻辑。这种思想和理论逻辑又会进一步驱动中国发展、塑造中国发展、引领中国发展，让中国的发展更加具有自主性和自觉性，让中国的发展更加具有普遍性和方向感，屏蔽一切杂音，能够真正在自己的道路上一心一意地向前、稳扎稳打地发展，这是整个国家发展智慧和发展能力的凝结和升华。

① 《习近平谈治国理政》（第一卷），外文出版社2018年版，第156页。

中国式现代化的特点，习近平总书记概括了五个方面："我国现代化是人口规模巨大的现代化，是全体人民共同富裕的现代化，是物质文明和精神文明相协调的现代化，是人与自然和谐共生的现代化，是走和平发展道路的现代化。"①把握新发展阶段、贯彻新发展理念、构建新发展格局，主动形成中国发展的新阶段及发展中国的新能力，确保中国式现代化道路在新时代走得更加自觉和主动，真正展现出中国现代化与时俱进的气质和能力。按照人类文明新形态的构想和要求，重塑中国的发展能力和发展面貌，从而提升中国的发展、驱动中国的发展，让中国的发展实现迭代和转型升级。与此同时，用更好的发展、更高质量的发展来推动人类文明新形态的形成，为人类文明新形态作出实践中的杰出贡献。

中国式现代化的政治节奏是非常清晰的。2021 年 1 月 11 日，习近平总书记在省部级主要领导干部学习贯彻党的十九届五中全会精神专题研讨班上的讲话中指出："特别是全面建成小康社会取得伟大历史成果，解决困扰中华民族几千年的绝对贫困问题取得历史性成就。这在我国社会主义现代化建设进程中具有里程碑意义，为我国进入新发展阶段、朝着第二个百年奋斗目标进军奠定了坚实基础。"我国解决了绝对贫困，这是独一无二的。几千年的人类历史中，有哪一个国家像中国这样彻底全面地解决了绝对贫困？中国式现代化新道路所取得的独一无二的成就与价值，本身就表明了它的优越性，以及它的历史价值和世界价值。关于现代化的思考是逐渐走向深入的，这个问题还需要在理论上、实践上进行不断的论证。

习近平总书记强调："社会主义初级阶段不是一个静态、一成不变、停滞不前的阶段，也不是一个自发、被动、不用费多大气力自然而然就可以跨过的阶段，而是一个动态、积极有为、始终洋溢着蓬勃

① 习近平：《把握新发展阶段，贯彻新发展理念，构建新发展格局》，《求是》2021 年第 9 期。

生机活力的过程，是一个阶梯式递进、不断发展进步、日益接近质的飞跃的量的积累和发展变化的过程。”① 从理论到实践，从量变到质变，从形式到内容，正是人类文明新形态内在逻辑的展开和形成过程。

（三）人类文明新形态与中国式现代化道路的未来构想

全面建设社会主义现代化国家，基本实现社会主义现代化，既是社会主义初级阶段我国发展的要求，也是我国社会主义从初级阶段向更高阶段迈进的要求。这是中国共产党的精神能力、理论能力不断地对中国社会的发展进程作出的自觉性思考。在这种自觉性意识面前，我们清晰地追求更高阶段的发展。在这种自觉的更高阶段的发展过程中，我们的目标、方向、总体要求、构想是什么？人类文明新形态、中国式现代化新道路就是对这种更高阶段发展的一种总体描述。

在时间上，我们的路线图很清晰。新发展阶段用三个五年规划的时间，到 2035 年基本实现社会主义现代化；再用三个五年规划的时间，到 21 世纪中叶，把我国建设成为富强民主文明和谐美丽的社会主义现代化强国。富强民主文明和谐美丽相对应的就是物质文明、政治文明、精神文明、社会文明、生态文明五大文明共同发展、齐头并进。当五大文明达到一个前所未有的全新的发展高度时，就是社会主义现代化强国的阶段，其具体实践就是从经济建设、政治建设、文化建设、社会建设、生态文明建设几个方面强起来。

从这个角度讲，我们对人类文明新形态、对中国式现代化新道路，一定要保持足够的理论自觉、政治自觉和实践自觉，对此要正面、积极地看待，要用带有建设性的眼光去看待，它代表着国家一种强烈的发展意愿，一种更高发展阶段的构想。在这个构想中不仅是谋国内的事、谋自己的事，也有关于世界发展的构想。2017 年 1 月 18 日，习近平主席在联合国日内瓦总部发表了《共同构建人类命运

① 习近平：《把握新发展阶段，贯彻新发展理念，构建新发展格局》，《求是》2021 年第 9 期。

共同体》主旨演讲，指出："国际社会要从伙伴关系、安全格局、经济发展、文明交流、生态建设等方面作出努力。"[①]2018 年 5 月 4 日，习近平总书记在纪念马克思诞辰 200 周年纪念大会上的讲话中指出："我们要站在世界历史的高度审视当今世界发展趋势和面临的重大问题，坚持和平发展道路，坚持独立自主的和平外交政策，坚持互利共赢的开放战略，不断拓展同世界各国的合作，积极参与全球治理，在更多领域、更高层面上实现合作共赢、共同发展，不依附别人、更不掠夺别人，同各国人民一道努力构建人类命运共同体，把世界建设得更加美好。"[②] 这是中国对世界的贡献和奉献。中国贡献的不是单纯的 GDP，而是一种更高的价值追求、一种更全面发展的文明形态。

在中国发展道路的总体构想、人类命运共同体、"一带一路"建设、人类文明新形态中，我们既有关于全球的思考，也有关于中国和世界关系的思考，我们要对世界发展、全球公共治理作出贡献，要提供相应的优质公共产品。中国式现代化新道路，是中国向全球治理所作出的杰出贡献，为世界贡献了中国智慧、中国方案、中国力量。它是一个积极正向的、先进的过程，是国际治理结构、国际治理格局、国际治理力量、国际治理理念的一种重大调整。

我们对中国式现代化所创造的人类文明新形态要有清醒的认识，它植根于文明的传承与创造，吸收了人类创造的一切优秀文明成果，包含古今中外的先进文明成果。这里的古今指的是时间，中外指的是空间。从目标上看，在形成人类文明新形态这个过程中，我们提到的小康社会来自中国传统文化；从发展方式上看，人类文明新形态延续了中华民族的集体主义、集中力量办大事的优势，有民族的文化基因、精神基因；从社会共识上看，我们强调义利并重、推己及人的道德观

① 习近平：《习近平主席在出席世界经济论坛 2017 年年会和访问联合国日内瓦总部时的演讲》，人民出版社 2017 年版，第 24 页。

② 习近平：《在纪念马克思诞辰 200 周年大会上的讲话》，人民出版社 2018 年版，第 22—23 页。

念，这种价值观的精神特点，为中国式现代化新道路提供了深厚的历史资源和精神资源。

我们还“坚持把马克思主义基本原理同中国具体实际相结合、同中华优秀传统文化相结合”。[①] 因此，以习近平新时代中国特色社会主义思想为主要内容的人类文明新形态是中华文化和中国精神的时代精华，包含着强烈的中国基因，同时也有马克思主义基因，是中国基因和马克思主义基因的迭代和更先进的组合，形成了一种当代先进的中国思想。

人类文明新形态的形成离不开中国式现代化进程中“引进来”“走出去”的中国改革开放的大背景，离不开以改革开放为代表的中国和世界频繁的全领域合作与互动的大背景。正是在全球高频率的流动性中，中国积极地融入世界，参与全球化。在参与全球化的进程中，我们兼容并包，形成了自身发展的智慧和道路，取得了自身发展的成果。人类文明新形态不仅面向过去、面向现在，还面向未来，它代表着人类社会发展的一种趋势、一种方向，代表着社会主义发展的一种趋势、一种方向，代表着现代化发展的一种趋势、一种方向。我们讲公有制和非公有制、个人主义和集体主义、增量的改革和存量的调整，要尽可能地把这些在数量型发展和质量型发展维度上的思考，整合到中国式现代化道路创造的人类文明新形态实践当中去。

三、人类文明新形态的未来实践之路

从理论维度、政治维度和实践维度上来讲，中国式现代化所代表的人类文明新形态在今天究竟该怎么走？这个问题在实践语境层面上就转换成当前历史阶段和现实条件下的两个具体问题：第一，为什么要走中国式现代化？第二，怎么走中国式现代化？第一个是关于坚持

---

① 《中国共产党第十九届中央委员会第六次全体会议文件汇编》，人民出版社 2021 年版，第 96 页。

中国式现代化的认识问题，第二个是关于坚持中国式现代化的实践问题，本质上是中国式现代化在今天的知行合一结构问题。怎么知？怎么行？既是历史传统和逻辑的一致性问题，也是现实和创新的自我超越问题。

（一）为什么一定要走中国式现代化新道路

从制度层面上讲，为什么要继续坚持走中国式现代化新道路？对于这个问题可以“打开天窗说亮话”，从历史逻辑、理论逻辑和实践逻辑几个方面进行说明。

1. 为了摆脱西方市场与意识形态殖民，获得独立发展能力

不独立则不发展，没有道路独立就没有发展能力，所有的发展从根本上来讲都是自我的扬弃与超越。所以要想获得实质性的发展能力，就得从理论和实践上获得独立。民族国家只有在经济、政治和精神上真正独立起来，才能谋求经济、政治、精神和文化等各方面的发展。意识形态和政治独立必然带来全球治理体系和治理权力的分化。中国人一定要有清醒的时代意识和全球意识，中国的独立发展就是推动全球治理体系变革的中坚性力量，中国的发展崛起就是全球治理新体系和新秩序的形成过程，所以必然会遭遇以美国为首的美西方传统政治优势力量的打压和围堵。全球治理格局的变革，既是中国发展的结果，也是中国继续保持发展的条件。中国要想获得进一步发展，实现进一步增长，就必须推动和完成这种精神、政治和权力上的独立，尽管这种独立是以全球治理体系变革的面目出现，把中国本土治理有意混淆为全球治理话语体系，充分体现了“西强东弱”现实下中华民族伟大复兴的强大阻力和重大意义。

2. 摆脱苏联发展模式影响，获得自主发展能力

在社会主义意识形态上要解放，不能用苏联社会主义的条条框框来约束我们自己，不能把苏联模式变成教条主义道路，要解放思想、实事求是，把思想和理论从旧体制旧观念里解放出来。实事求是就是

以正在做的事情、正在发生的现实为依据，不搞主观主义，不搞唯心主义，不搞脱离实际的理想主义。邓小平讲反“左”防“右”，主要是反“左”，表达的就是一种意识形态政治风险，不是越“左”越革命，而是要把社会主义变成中国发展富强和繁荣增长的能力，不能把社会主义变成束缚我们手脚和意识的枷锁，而是要把社会主义变成解放和发展生产力与生产关系的有力武器。我们要从社会主义的教条逻辑中，从社会主义的“本本主义”中解放出来，不拘泥于理论形式，不拘泥于苏联经验，不拘泥于意识形态正确，坚持实践是检验真理的唯一标准，在社会发展进步中创造科学社会主义理论与实践的新境界。

3. 实现发展的唯一选择

在发展能力和发展成就中塑造自我、增强自我、确立“四个自信”，这样才能创造更有竞争优势的发展环境和条件。用中国模式去参与世界，用中国发展去贡献世界，用中国成就去竞争世界，获得中国自身立足世界的发展权利和发展空间。把自我发展变成全球发展，把本土发展变成内外循环发展，拓展外部发展空间和发展能力，从世界其他民族、其他国家的现实生产力发展中寻找属于中国的发展机会和发展条件，把独立自主的能力和外部资源优势有效结合起来，争取发展空间和发展价值最大化的复合增长能力。天下资源皆为中国发展所用，皆为中国发展空间和发展能力拓展的资源基础。只有这样，才能获得全球范围内的发展优势，用全球发展置换本土发展，以全球发展能力置换区域发展能力，获得全球发展巨大红利与增长能力。这种来自全球的几何数增长能力，既是中国现代化发展的稀缺资源，也是中国现代化实现迭代和升级的最有效路径。

走中国式现代化新道路，是实现中国长期可持续发展、包容性发展、绿色发展的最佳选择。跟随西方现代化的贴身战术，崇拜型发展与模仿型发展路径都不可取，关键是要立足自身实际，找到属于自己的发展道路与发展模式，以自身发展经验和智慧为人类进步创造价值。

在人类价值创造中形成自身的全球地位，以此获得中国发展的国际话语权和国际制度性红利。在全球发展进程中，增加中国权重，凸显中国发展地位，扩大中国发展份额，塑造中国国家影响力，这是国家发展能力和发展环境塑造的根本要求。

（二）人类文明新形态背景下的新发展转变

从社会发展阶段和形态层面讲，中国式现代化新道路从根本上改变了中国社会的基本形态和功能，从农业社会到工业社会、信息社会的转变，不只是社会形态面貌的变化，社会面貌背后的形态结构改变，意味着社会的功能和作用会发生性质上的变化。结构决定功能，新的社会形态结构决定新的社会功能和作用。全面认识人类文明新形态的开创，必须回到中国当前社会新发展的结构改变当中，以“新发展理念、新发展阶段、新发展格局”为标志的新发展形态，无疑成为当代中国发展的显著特征，以此为基础对中国社会功能变化进行审视，在社会功能变迁与迭代中理解人类文明新形态的真实价值与作用。

1. 新发展阶段的转变——由本土到全球

改革开放的基本国策，在于通过改革实现对内、对外开放，通过开放内外空间实现经济社会的增长和发展。改革是激发动力，开放是拓展空间，增强动力和扩张空间的过程就是培育和壮大发展能力的过程，就是经济和社会获得增长的过程。中国要想获得国际增长的空间优势和力量，就必须充分发挥和交换自身的比较优势。在经济发展的初级阶段，技术、资本、管理和人才等要素的短缺都是制约经济增长的明显短板，所以中国改革开放的优势注定不是经济能力优势和中高级要素优势，只能是初级形态的要素优势。资本化、市场化的程度低，意味着自然要素的价格和开发增值空间大，也意味着利润获得和利润空间巨大，所以初始开放的过程就是市场和要素交换技术、资本、管理和人才的过程。低廉的要素价格对国际市场和国际资本展现出巨大的吸引力，海量的国际资本、项目和技术迅速流入中国，使中国的改革开放取得了第一步的成功。以“来料加工、来样加工、来件装配和补偿贸易”为代表的“三来一补”国际贸易就是这个阶段扩大改革开放的典型路径。

2001年11月20日，世贸组织（WTO）总干事迈克尔·穆尔致函世贸组织成员，宣布中国政府已于2001年11月11日接受《中国加入世贸组织议定书》，这个议定书将于12月11日生效，中国于12月11日正式成为世贸组织第143个成员，意味着中国的改革开放由初级阶段发展到中高级阶段，真正开始在全球空间内进行更大范围和更高层次的开放与发展。“三来一补”的初级贸易形态逐渐被以各级政府为主导的“招商引资”项目所取代，通过自觉的政策优化和配套，积极主动地争取国际贸易和经济交往的主动权。以中国加入世贸组织为契机，中国改革开放发生了巨大变化，由局部空间转变到全球空间、由完全被动转变到逐步主动、由单纯要素输出转变到“市场换技术”，改革开放的进程取得了历史性增长。世界经济一体化、全球化是当今世界经济发展的主流趋势，中国加入这个主流，可以充分分享国际分工利益，与世界先进经济技术同步前进。加入世贸组织可以帮助中国经济更好地融入国际经济社会，更好地利用国际资源和国际市场的优化资源配置功能，发展我国的社会主义市场经济。加入世贸组织，使我国在国际经济舞台上拥有更大的发言权，建立公平合理的国际经济新秩序，维护包括我国在内的发展中国家的利益，推进我国市场经济的健全和完善。通过积极主动扩大出口贸易、引进外资，有利于激发中国企业的竞争意识和技术进步，有利于扩大就业和促进GDP增长。

如果说加入世贸组织，促进和增强国家发展能力，获得以西方为主导的全球贸易空间优势，是我国改革开放到了一定程度的阶段性策略，那么随着世贸组织红利的逐步兑现，中国发展势必要从战略、策略到政策上继续调整，从数量、质量到空间上继续提升，从速度、质量、结构到效益上继续优化，实现从被动型增长到主动型增长转变，从数量型增长到质量型增长转变，从外延式增长到内涵式增长转变，这些都是中国发展到了一定历史阶段和特定水平必须要面对的新课题。转变经济发展方式，拓宽经济发展空间，实现共建共治共享的转变，是新时代中国继续发展的必然选择。2013 年 9 月，国家主席习近平在出访中亚期间，首次提出共建“丝绸之路经济带”，同年 10 月，又提出共同建设“21 世纪海上丝绸之路”，这二者共同构成了“一带一路”倡议。2014 年 11 月 4 日，习近平总书记主持召开中央财经领导小组第八次会议，指出“丝绸之路经济带”和“21 世纪海上丝绸之路”规划顺应了时代要求和各国加快发展的愿望，提供了一个包容性巨大的发展平台，具有深厚历史渊源和人文基础，能够把快速发展的中国经济同沿线国家的利益结合起来。要集中力量办好这件大事，秉持亲、诚、惠、容的周边外交理念，近睦远交，使沿线国家对我国更认同、更亲近、更支持。“一带一路”倡议，有利于扩大和深化对外开放。在改革开放的进程中自觉提出“一带一路”倡议，在扩大和提升改革开放的意愿中丰富和完善“一带一路”倡议的内涵和价值，在新时代中国特色社会主义的政治创造中完成“一带一路”倡议的内外认同和支持，在国际政治经济治理的新格局中塑造“一带一路”倡议的国际话语权和生存空间，是新时代改革开放的重大历史任务和先进形态。正如习近平总书记所说：“从历史维度看，人类社会正处在一个大发展大变革大调整时代。世界多极化、经济全球化、社会信息化、文化多样化深入发展，和平发展的大势日益强劲，变革创新的步伐持续向前。各国之间的联系从来没有像今天这样紧密，世界人民对美好生活的向往从来没有像今天这样强烈，人类战胜困难的手段从来没有像今天这样丰富。从现实维度看，我们正处在一个挑战频发的世界。世界经济增长需要新动力，发展需要更加普惠平衡，贫富差距鸿沟有待弥合。地区热点持续动荡，恐怖主义蔓延肆虐。和平赤字、发展赤字、治理赤字，是摆在全人类面前的严峻挑战。这是我一直思考的问题。”①

2. 新发展理念的转变——“引进来”和“走出去”相结合

党的十六大报告指出，坚持“引进来”和“走出去”相结合，全面提高对外开放水平。适应经济全球化和加入世贸组织的新形势，在更大范围、更广领域和更高层次上参与国际经济技术合作和竞争，充分利用国际国内两个市场，优化资源配置，拓宽发展空间，以开放促改革促发展。实施“走出去”战略是对外开放新阶段的重大举措。鼓励和支持有比较优势的各种所有制企业对外投资，带动商品和劳务出口，形成一批有实力的跨国企业和著名品牌。积极参与区域经济交流和合作。自觉把“引进来”和“走出去”战略并重，积极拓宽发展空间，以扩大开放谋求继续发展，充分展现出党领导和执政经济社会发展的良好能力，既是中国共产党对中国社会发展规律和节奏的自觉把握，也是中国经济社会发展实现转型升级、自我超越的必然选择。经过 40 多年的改革开放，我国经济正在实现从“引进来”到“引进来”和“走出去”并重的重大转变，已经出现了市场、资源能源、投资“三头”对外深度融合的新局面。只有坚持对外开放，深度融入世界经济，才能实现可持续发展。由“引进来”到“走出去”的转变，是中国改革开放转型升级的需要，也是中国发展到了新的阶段的实践需要，是中国发展空间、发展能力、发展方式发生积极成长的内在需要——首先是为了实现中国自身又好又快发展的需要，其次是中国发展推动全球增长、履行大国责任的需要。从自我发展走向共同发展、从输入型发展到输出型发展、从被动跟随到主动引领，中国改革开放进入下半场，中国将实现由客场向主场的积极转变。“走出去”是中国发展和世界发展的双重需要，“走出去”是改革开放取得伟大成就的现实体现。以改革开放为基本国策的中国经验和中国智慧，已经被

① 习近平：《携手推进“一带一路”建设——在“一带一路”国际合作高峰论坛开幕式上的演讲》，人民出版社 2017 年版，第 4 页。

中国发展的成就所证明，“走出去”不仅是中国的资本、技术、管理和项目的对外转移，同时也是中国经验、中国智慧、中国模式、中国道路、中国理论走向全球，为全球问题和全球增长提供解决方案。正如习近平总书记所说：“‘一带一路’建设植根于丝绸之路的历史土壤，重点面向亚欧非大陆，同时向所有朋友开放。不论来自亚洲、欧洲，还是非洲、美洲，都是‘一带一路’建设国际合作的伙伴。‘一带一路’建设将由大家共同商量，‘一带一路’建设成果将由大家共同分享。”[①]我们要将“一带一路”建设成和平之路、繁荣之路、开放之路、创新之路、文明之路。要构建以合作共赢为核心的新型国际关系，打造对话不对抗、结伴不结盟的伙伴关系。聚焦发展这个根本性问题，扎扎实实推进经济走廊建设，深化互联互通和产业合作，完善金融保障体系。打造开放合作平台，建设开放、包容、普惠、平衡、共赢的经济全球化。“一带一路”倡议作为全球公共产品，当然遵守国际规则，“共商共建共享”是推进“一带一路”倡议的黄金法则，这六个字决定了“一带一路”倡议合作具有鲜明的平等性、开放性和普惠性。“一带一路”倡议既是中国实现“走出去”战略，赢得西方资本主义体系为主导的国际空间的有效途径，也是中国发展为全球治理提供的中国方案、作出的中国贡献。

3. 新发展格局的转变——本土中国到离岸中国

随着中国改革开放下半场的启动，中国社会的发展结构必将会发生实质性的变化。以日本为例，按照有关方面的统计，截至 2018 年年初，日本拥有的海外资产已经超过其 GDP 的 2 倍，总资产达到 15 万亿美元。也就是说，日本实际拥有的海外资产已经有了很大规模，本国海外经济增长不仅带来主权国财富数量的增加，而且为主权国的经济发展寻找到了新的发展空间、发展力量和发展动力，把主权国的

① 习近平：《携手推进“一带一路”建设——在“一带一路”国际合作高峰论坛开幕式上的演讲》，人民出版社 2017 年版，第 14 页。

内部性增长优化为内部性和外部性的共同增长，以外部增长的空间、活力和要素来弥补内部增长的不足或者不平衡，以跨国投资或者项目来平衡主权国家发展遭遇的复杂国际环境和壁垒。正像中美贸易战引发的贸易保护主义一样，美国提高关税，势必会影响中国商品的出口，这种国家间的政治博弈远非企业的力量所能够把握的。正常贸易条件下的企业行为在特定国际政治背景下可能就上升为风险，为了企业的经营安全和市场安全，很多企业都自觉选择分散投资，把部分项目和业务搬到海外市场，一方面可以规避沉重的关税负担，另一方面可以降低生产和物流成本，使企业和产品更富有竞争优势。这种自下而上的市场逻辑在行业和企业发展中会发生作用，会实际影响企业的战略和行为。

从中国社会发展的整体阶段来讲，总需求的管理已经开始逐步让位于总供给的管理。“当前和今后一个时期，我国经济发展面临的问题，供给和需求两侧都有，但矛盾的主要方面在供给侧。比如，我国一些行业和产业产能严重过剩，同时大量关键装备、核心技术、高端产品还依赖进口，国内庞大的市场没有掌握在我们自己手中。再比如，我国农业发展形势很好，但一些供给没有很好适应需求变化，牛奶就难以满足消费者对质量、信誉保障的要求，大豆生产缺口很大而玉米增产则超过了需求增长，农产品库存也过大了。还比如，我国一些有大量购买力支撑的消费需求在国内得不到有效供给，消费者将大把钞票花费在出境购物、‘海淘’购物上，购买的商品已从珠宝首饰、名包名表、名牌服饰、化妆品等奢侈品向电饭煲、马桶盖、奶粉、奶瓶等普通日用品延伸。据测算，2014 年我国居民出境旅行支出超过 1 万亿元人民币……推进供给侧结构性改革，要从生产端入手，重点是促进产能过剩有效化解，促进产业优化重组，降低企业成本，发展战略性新兴产业和现代服务业，增加公共产品和服务供给，提高供给结构对需求变化的适应性和灵活性。简言之，就是去产能、去库存、去杠杆、降成本、补短板。”[①]中国经济发展出现结构性问题，一旦结构性问题叠加周期性问题，中国经济面临的压力就会骤然上升。要缓解中国经济的结构性问题，就要化解产能过剩的问题，产能过剩一方面要通过关停并转缩小总量，另一方面要通过“走出去”的战略实现产能转移。中国经济结构性问题的背后，根源还是投资和资本过剩，大量的资本进入传统领域和行业，迅速形成很多无效或低效的重复投资，进一步加剧产能过剩。过剩产能不等于劣质产能，大量优质和高效产能因规模过于庞大，造成短期供需失衡，而供大于求的局面必然造成价格和盈利形势不好，过剩产能不得不实际退出生产领域闲置起来，生产越多亏损越多，减少生产就是减少亏损，市场逆向反馈必然会抑制产能的投放。应对这种局面，一方面，要对已有产能进行规模和结构调整，既要通过做减法去除低效和无效产能，又要通过战略转移对部分优质和高效产能实施国家和地区转移，通过国内市场溢出填补国际市场洼地和空白；另一方面，要加大资金和项目的对外投资，把富余资金和技术有效投资到海外市场，真正形成项目和效益，通过投资和资本的全球化配置，缓解国内市场投资和资本过热，以及市场拥挤和效益不好的压力。企业、资本、项目、技术的全球迁移过程，就是本土中国到离岸中国发展壮大的过程，从区域市场到全球市场，从民族经济到全球经济，从局部空间到全球空间，既有利于中国经济发展重塑、解决结构性问题，也有利于中国经济转型升级、实现更高层次更高水平的发展。依托本土的资本、技术和管理优势，逐步扩大海外市场的规模、占比和总量，把地方经济转变成全球经济，充分利用全球资源、资金、技术和人才优势进行优化配置和优势互补，增强国家发展能力，增强中国全球竞争能力和提高市场份额，这是中国改革开放在积累内部优势和局部优势之后继续做大做强的必然选择。中国要想成为全球化的参与者、实践者和贡献者，就必须积极融入全球化的进程，利用

① 《习近平谈治国理政》（第二卷），外文出版社 2018 年版，第 253－254 页。

自身的优势换取全球范围的更大优势，利用自身的能力获得全球发展的更大能力，利用自身的发展换取全球更高水平的发展。这应该是中国改革开放下半场的重要使命，这个使命既是对中国改革开放上半场成色的考验，也是对中国改革开放下半场能力的考验。改革开放要想在更高层次更高水平取得成就，就必须在高质量高效益的“走出去”战略上有所作为，“走出去”战略应该是继续深化改革开放、继续坚持和完善新时代中国特色社会主义的关键一招。通过离岸中国的发展壮大，中国可以培育承担更大的国际责任和义务的条件手段，为国际社会的有效治理提供强有力的支持，贡献中国智慧、中国经验和中国力量。

（三）中国式现代化新道路怎么走

中国式现代化新道路怎么走，根本在于做到知行合一。中国式现代化新道路有知有行，知行合一，方为良知。人类文明新形态与中国式现代化新道路是历史的、实践的，任何时候我们都只是处在文明的特定阶段，处在文明的局部状态。现阶段的能力、条件和意愿决定了现阶段文明道路的实践形态和实践方向。中国式现代化新道路的实践形态只能是当下的、具体的、有限的和特殊的。

坚持辩证唯物主义和历史唯物主义观点，要把中国式现代化新道路的拓展与我国国情、环境结合起来，与当前的问题和条件结合起来，既不犯冒进主义的错误，也不搞保守主义的退步，从中国式现代化新道路的实际出发，创造和构建人类文明新形态的实践样本。

习近平总书记说每一代人有一代人的使命。现阶段的中国人要承担起自身的使命，做我们这个阶段可以做、应该做的事情，探索当前环境和条件允许的一切尝试。党的十九届六中全会的召开，有效统一了中国共产党在当前阶段的思想和行动，政治意识和政治认识的统一，为我们确立人类文明新形态的实践范围提供支持，既不是大而全什么都要在现阶段铺开，也不是好而快全部都在现阶段完结，工作策略的阶段性和策略性的阶段工作，应该成为我们党领导人民群众共同创建人类文明新形态必须处理好的重大实践关系，必须坚持做到时间性和实践性逻辑的有机统一。

1. 保持清醒认知

首先是精神状态，精神准备层面上的规划。我们在现阶段不能飘飘然，不能盲目乐观，不能盲目自信，不能自我感觉良好，坚持一切从实际出发，理论联系实际，实事求是，在实践中检验真理和发展真理。党的十九届六中全会《决议》中讲到“两个清醒”，“全党必须清醒认识到，中华民族伟大复兴绝不是轻轻松松、敲锣打鼓就能够实现的，前进道路上仍然存在可以预料和难以预料的各种风险挑战；必须清醒认识到，我国仍处于并将长期处于社会主义初级阶段，我国仍然是世界上最大的发展中国家，社会主要矛盾是人民日益增长的美好生活需要和不平衡不充分的发展之间的矛盾”①。“两个清醒”既对应着当前的实际国情，也对应着党一贯的工作路线和工作作风。第一个清醒是要求我们对困难和挑战保持清醒；第二个清醒是要求我们对党和国家当前所处的历史方位、历史阶段保持清醒。

和中国的发展实际相比较，和人类文明新形态未来的增长空间相比较，和未来发展面临的挑战相比较，和中国共产党现有的政治资源、政治条件和政治能力相比较，人类文明新形态的丰富和完善，还会面临着巨大的挑战和困难。

党的十九届六中全会提到的“两个清醒”和毛泽东 1949 年 3 月在西柏坡七届二中全会上讲的“两个务必”有异曲同工之妙。越是面对具有重大意义的政治构想与政治变革，我们越要做足做好充分的思想准备和精神准备。“两个清醒”就是我们坚持中国式现代化道路，坚

① 《中国共产党第十九届中央委员会第六次全体会议文件汇编》，人民出版社 2021 年版，第 102－103 页。

持走人类文明发展新形态所必须具备的精神状态和精神境界，任何时候都不能“翘尾巴”，犯主观主义和官僚主义的严重错误。

要牢记中国共产党“是什么、要干什么”这一根本问题，确保党在中国社会发展进程中始终不越位、不缺位和不错位。用习近平总书记的话讲，从胜利中激发力量，从挫折中吸取教训，不为任何风险所惧，不为任何干扰所惑，绝不在根本性问题上出现颠覆性错误。

要牢记使命，不忘初心，牢记中国共产党的根本，让我们在政治上在理论上成熟起来，让我们在作风上在实践上强大起来，不犯冒进主义的错误，不犯幼稚主义的错误。党的历史上犯的路线错误、方向错误很多，政治上的清醒是最宝贵的清醒，政治上的坚定是最难能可贵的坚定，我们一定要保持政治上的清醒和坚定，共产党不能脱离实际，不能犯迷糊，尤其不能犯颠覆性的错误。在指导思想上，我们要要坚定不移坚持马列主义、毛泽东思想、邓小平理论、“三个代表”重要思想、科学发展观，全面贯彻习近平新时代中国特色社会主义思想，用马克思主义的立场观点方法观察时代、把握时代和引领时代，继续深化对“三大规律”的认识，坚持党的基本理论、基本路线、基本方略，增强“四个意识”，坚定“四个自信”，做到“两个维护”，等等，所有这些政治思想上的建设和准备，思想上的能力、思想上的觉悟、思想上的成熟，都是我们党坚持走中国式现代化新道路所必备的思想条件和精神条件。没有思想上的充分准备，这条道路是坚持不下去的。没有思想上的清醒和坚定，这条道路在实践上也不会自觉和坚定。

2. 坚持人民立场

要站稳人民立场，不管是人类文明新形态还是中国式现代化发展模式，都只能有一个根本立场，只能有一个核心立场，那就是人民立场。站稳人民立场，坚持人民主体地位，尊重人民首创精神，践行以人民为中心的新发展思想，实现好、维护好、发展好最广大人民的根本利益，才是这条道路和这个文明形态最强大的基础、最可靠的支持，以及最具有力量感的决定因素。得罪了人民，就等于失去了一切。所有文明的创造，所有道路的探索，无不是在人民立场和人民价值维度上的杰出作为与贡献，唯有此才能够德位相配、有为有位。如果背离了人民立场，那么所有的文明、所有的道路都会失去其存在的根本价值，也就不会有真正的历史地位、政治地位和思想地位。

3. 推进新时代党的建设新的伟大工程

从保障力量上讲，要继续推进新时代党的建设新的伟大工程。“全党必须铭记生于忧患，死于安乐，常怀远虑，居安思危，继续推进新时代党的建设新的伟大工程，坚持全面从严治党，坚定不移推进党风廉政建设和反腐败斗争，勇敢面对党面临的长期执政考验、改革开放考验、市场经济考验、外部环境考验，坚决战胜精神懈怠的危险、能力不足的危险、脱离群众的危险、消极腐败的危险。必须保持越是艰险越向前的英雄气概，敢于斗争、善于斗争，逢山开道、遇水架桥，做到难不住、压不垮，推动中国特色社会主义事业航船劈波斩浪、一往无前。”①毛泽东在解放战争时期跟粟裕讲，须知真理是用实力捍卫的。人类文明新形态、中国式现代化新道路不仅取决于自身的道德立场、价值立场及实践立场的选择，还取决于坚持这条道路、捍卫这条道路、实践这条道路、证明这条道路的力量与实力。中国共产党要成为这种力量，就要为这条道路、为这个新型文明形态提供政治保证和组织保证，离开了这种政治力量和组织力量的实力捍卫，人类文明新形态和现代化新道路即便再正确，也坚持不下去，也会在历史的徘徊中和偶然性中式微。

要坚持道路自觉，坚持文明自觉，必须优先坚持政治自觉和组织自觉，要把政治力量和组织力量优先塑造起来。只有有了强大的政治力量、政治能力，有了强大的组织力量、组织能力，才能够确保这条

① 《中国共产党第十九届中央委员会第六次全体会议文件汇编》，人民出版社2021年版，第104－105页。

道路、这种文明实践得以发展壮大，否则它只具有审美意义，不具有现实意义。

4. 抓好后继有人的根本大计

习近平总书记强调，必须抓好后继有人的根本大计。这个问题至关重要，从道路的意义上讲，什么叫作路？天下本来没有路，走的人多了就变成路了。中国式现代化新道路要作势成形，必须先成其“人”，要实现多人共走，就必须解决道路的队伍建设问题。先辈认准的正确道路，后辈要坚持继续走。命运本质上是坚持的结果，正确的坚持就是正确的命运，错误的坚持就是错误的命运。道路本质上也是坚持的结果，道路坚持的根本要求在于代际接续，一代又一代地坚持。只有代际之间意志不移、方向不变、努力不懈地坚持，才能走出一条以坚持为根基的罕见之路，才能真正解决连续性和积累性的核心问题。要抓好后继有人的问题，就要在干部队伍建设，尤其是年轻后备干部队伍建设上下功夫，在人才建设和梯队建设上下功夫。

一方面，把真正有本事的人选拔出来，这个有本事的人既可以是体制内的干部，也可以是体制外的人才。无论体制内还是体制外，只有坚持能力本位原则，给有本事的人确定正确的精神方向和政治方向，把能力才干和道德品质培养结合起来，才能真正解决后继有人的问题。德才兼备，德是方向，才是实干，只有方向和实干同时具备的人才是继承和发展党的事业的人。

另一方面，抓好后备队伍建设，抓好年轻干部队伍建设，从整个干部选拔、任用、管理、激励和监督等环节加强干部工作，形成好的干部生长机制、选拔任用机制和监督机制，形成好的干部新陈代谢环境，能上能下，能高能低。加大对人才的培养，完善党的人才工作体制和机制改革，加强党的人才工作能力，努力做到聚天下英才而用之。把天下英才聚在党的周围，围绕着中国式现代化新道路、人类文明发展新形态做大文章，万众一心，把天下英才的磅礴力量凝聚到一个方向、一件事情上来，坚持这个方向，坚持这件事情，就一定能够修成真身、取得真经，一定能够在人类文明进程中获得重要位置，一定能够体现我们党存在的价值和中华民族在人类历史上应有的地位和影响。这是我们党抓好后继有人这个根本大计的关键所在，没有队伍的传承，没有观念的传承、没有事业的传承、没有能力的传承，中国式现代化新道路、人类文明新形态是缺乏长期坚持下去的现实基础的。

习近平总书记讲的这几个方面，都是和中国式现代化新道路、人类文明新形态实践工作相对应的政治构想。这种政治构想在实践中要尽可能地贯彻落实下去，真正做到知行合一，做到理论自觉、政治自觉和实践自觉。让这条道路和这个文明形态成为最广泛的共识、最坚定的方向和最清晰的目标，在长期主义的实践中最终变成未来的现实。未来的现实就是今天的梦想，今天的梦想就是未来的现实。从这个角度出发，一定要在学习中增强全党的政治理论素养，加深对重大问题的全面认识和理解，凝聚最广泛的党内共识与合力，只有这样，我们才能在行动 - 上做到同频共振，做到思想上、组织上、政治上团结统一，在建设性、未来性上实现传承与发展。

后 记

时间无声无息地流淌，时光里的人变成了岁月的镜像。人的活动场景各式各样，个人的、家庭的、社会的、政治的，不同场域的人遵循着不同秩序和规则。作为公共生活的主题，政治永恒承担着私人不能完成而又不得不面向的事情，因为私人领域和公共领域的竞争从未停止，所以公共领域的建设永远任重道远，且行且建。建设和维护好共同体的公共生活，既是政治领域的责任也是政治活动的伦理。把政治从时间更替中拯救出来，确立新时代的政治秩序和面貌，依托新时代政治资源解决困在时间里的“人”各种各样的问题，缔造隐喻新时代的主题和归藏，是为破题初衷和潜意。有立在先方言破，无名不师方立题。破意味着冲决，题昭示着凝练，冲凝成一统，其作难不言自明。详略个人、社会、国家于政治经纬，各安其道，各得其身，既是政治经世致用之志，也是时代万象更迭之意。志于世而新于人，时代之新就在世人之藏。破题新时代，本就是在隐匿中前行，勇敢无畏，唯有面向本来，才能终得未来。

作者

2022 年 5 月 12 日